JN432118

해석과 비판

해석과 비판

진리와 논리 사이에서

최고원 지음

인간사랑

INTERPRETATION AND CRITICISM

해석과 비판

C·O·N·T·E·N·T·S

이 책을 쓰게 된 동기

어느 나른한 오후, 강의실에서는 교수님의 열강이 벌써 두 시간째 이어지고 있었다. 교수님의 이마에는 땀이 송글송글 맺혔고, 목소리는 이미 여러 갈래로 갈라져 버렸다. 학생들은 집중해서 듣고 있는 것 같기는 했지만 어쩐 일인지 교수님과 눈이 마주치는 것은 무척 부담스러워 했다. 그렇게 얼마의 시간이 흐른 다음, 강의가 끝나고 교수님께서 강의실을 나가시자마자 여기저기서 한숨 소리가 새어나오기 시작했다. 강의내용이 너무나 어려웠기 때문에 제대로 알아들은 학생이 거의 없는 듯했다. 그 학생들 중 한 명이 바로 이 책의 저자였다.

기왕에 공부를 해보기로 했으니까 먼저 도서관에 가서 관련된 내용의 책들을 찾아보기로 했다. 책은 많이 있었다. 그런데 책들을 수북하게 쌓아놓고 이리 뒤적 저리 뒤적 해보았지만 책에서조차도 알아들을 수 있는 말은 별로 없었다. 마치 교수님의 강의를 그대로 받아 적어놓은 듯 했다. 공부를 포기해 버리고 싶을 정도로 난감했다. 그날 저녁 집으로 돌아오는 길에 저자는 깊은 생각에 잠겼고, 자연스럽게 이런 결심을 하게 되었다. 내가 만약 언젠가 학생들을 가르치는 입장이 된다면 반드시 그들이 알아들을 수 있을 만한 이야기를 하겠노라고. 그리고 내가 공부한 모든 것들을 그들이 알아들을 수 있는 수준에 맞춰 책으로 엮어내겠노라고. 그것은 어쩌면 저자가 저자 자신에게 했던 약속이었고, 이 책은 바로 그 약속을 지키기 위한 출발점이라 할 수 있겠다.

이 책의 목적과 내용

이 책은 사실 전문가 선생님들을 위한 것이 아니다. 전문지식이 없는 일반인들이나 대학생들이 교양서적 정도로 읽을 수 있도록 만든 책이다. 다시 말해서 학술적인 가치보다는 교육적인 가치에 비중을 두었다는 의미이다. 그래서 학술적인 느낌이 나지 않도록 최대한 애를 썼으며, 어려운 이야기들을 쉽게 풀어놓았고, 가능한 한 자세한 설명을 곁들였다. 그러다 보니 경우에 따라서는 이야기를 과감하게 단순화한 곳도 있었고, 전체적인 흐름을 유지하기 위해서 조금은 무리하게 끼워 맞춘 곳도 있었다. 아마도 전문가 선생님들이 이 책을 보게 되면 나름대로 하고 싶은 말씀들이 적지 않을 것이라고 생각한다. 그럼에도 불구하고 이 책을 쓰게 된 동기를 잘 살피셔서 가능하면 너그러이 양해해 주시기 부탁드린다. 말씀드렸다시피 저자는 이 책을 학술적인 목적으로 전문가 선생님들께 드리기 위해 쓴 것이 아니기 때문이다.

철학을 공부하기로 마음을 굳히고 나서 가장 곤란했던 것은 어떤 책부터 읽기 시작해야 할지 전혀 감이 잡히지 않았다는 것이다. 몇 분 선생님들께서 추천해 주신 책들을 읽어보기는 했지만 저자가 아둔한 탓이었는지 익숙해지는 데 너무나 많은 시간이 걸렸다. 이 책은 바로 그런 분들을 위한 것이다. 관심은 있는데 엄두가 나지 않거나 시작할 적당한 책을 찾지 못해서 망설이고 있는, 그때의 저자와 같은 분들. 그 분들이 이 책의 내용에 익숙해지고 그것을 기준으로 다른 책들을 읽어 나간다면 넓고 깊은 철학의 세계를 조금 더 수월하게 여행할 수 있을 것이다.

이 책은 우리가 흔히 '진리(眞理)' 라고 생각하는 것이 생각보다는 '진리스럽지' 못하다는 내용을 배경으로 하고 있다. 그런 것이 우리에게 대단히 중요할 수밖에 없는 이유는 이러하다. 진리의 반대가 대충 '거짓' 인 것 같은데, 그렇다고 한다면 그것은 '우리의 모든 것들이 거짓의 토대 위에 세워져 있을 수도 있다' 는 것과 비슷한 이야기가 되어 버리기 때문이다. 생각만 해봐도 끔찍한 일이다. 내가 배우고 익히고 따르고 지키는 모든 것들이 '거짓스러운' 것일 수도 있다니…….

도대체 어떤 논리에서 그런 이야기가 나올 수 있는 것일까? 또한 우리는 어떤 논리로 그런 이야기에 맞설 수 있을까? 혹은 우리에게 어떤 대안이 있을 수 있을까? 이러한 주제로 위대한 두 학자, 가다머와 하버마스가 벌써 오래 전에 '학문적인 말싸움'을 벌인 일이 있었다. 사람들은 그것을 일러 '세기의 논쟁'이라고 부르기도 한다. 그러나 저자가 보기에 그것은 세기를 넘어서 '인류 역사상 가장 위대했던 논쟁'들 중 하나인 것 같다.

논쟁과정에서 정말로 많은 이야기들이 오가게 되는데, 이 책을 읽는 분들은 다른 무엇보다도 '훌륭한 토론'이 '유치한 말싸움'과 어떻게 다른지를 제대로 경험하게 될 것이다. 그 두 학자는 '인간, 문화, 역사'와 같은 폭넓은 주제들과 그에 상응하는 '이해, 놀이, 전통'과 같은 개념들을 놓고 열띤 토론을 벌이게 된다. 그것들 모두는 우리의 본질에 관련된 내용들이기 때문에 우리 자신이 과연 어떤 존재인지 이해하는 데 정말로 많은 도움을 줄 수 있는 것들이다.

한편으로 우리가 가지고 있는 '논리, 반성, 비판'의 능력은 앞에서 열거된 개념들이 가진 약점들을 보완하거나 개선시키는 역할을 할 수 있다. 그런 역할들을 통해서 우리는 우리 자신에 내재되어 있는 새로운 가능성 또한 엿볼 수 있게 될 것이다. 이렇게 우리의 본질과 가능성에 대한 다양한 이야기들이 펼쳐지고 있기 때문에, 만약 이 책을 제대로 소화할 수만 있다고 한다면 이 책을 읽는 여러분들은 소위 '교양'이라고 하는 것들 중에서도 아주 그럴듯한 교양을 가지고 살아갈 수 있을 것이다.

참고할 사항

앞에서 말씀드린 바와 같이 학술적인 느낌을 주지 않기 위해 애쓰다 보니 애매한 문제들이 조금씩 생기기 시작했다. 그 중에 제일 곤란했던 것은 직·간접적으로 인용된 어구들의 출처를 밝히는 일이었다. 정확하게 낱낱의 것을 다 밝히면 상당히 무겁고 복잡하게 보일 것 같고, 그래서 그렇게 하지 않으려고 했더니 찜찜한 느낌을 도저히 지울 수가 없었다. 그래서 일단 꼭 필요하다고 생각되는 경우에 한해서 출처를 밝혀놓기로 했다. 하지만 매번 그렇게 하지는 않았는데, 비슷하게 반복되거나 미루어 짐작할 수 있는 경우, 혹은 경미하게 인용된 부분들은 과감하게 생략해 버렸다. 또한 아직 우리말로 번역되지 않은 책들이 많아서 어찌할까 고민하다가 혹시 필요한 분들이 있을지도 몰라 원서의 정보를 그대로 밝혀놓았다.(인용하거나 참고한 책들에 대한 자세한 정보는 이 책의 끝부분에 있는 '참고문헌'을 통해 확인하기 바란다.)

한 가지 더 말씀드릴 일은 이 책의 난이도에 관련된 것이다. 책을 읽어내려 가다 보면 느끼겠지만 아마도 다른 책들보다는 비교적 읽기가 편할 것이다. 그런데 중간쯤 읽다보면 조금씩 어려워지기 시작해서 후반부로 갈수록 점점 더 그런 느낌을 강하게 받게 될 것 같다. 사실 그것은 저자가 의도한 바로서 이 책은 실제로 그렇게 구성되어 있다. 책의 앞부분은 뒷부분으로 진행하기 위한 준비단계로서 친절한 설명과 자세한 예시를 곁들여 놓았다. 그러다가 점점 난이도를 높여서 뒷부분은 어느 정도 전문성이 있는 이야기들이 등장하게 된다. 그럼에도 불구하고 가능하면 쉽게 설명하려 노력했으며, 또한 상승 각도가 그리 크지 않기 때문에 훈련이라고 생각하고 조금만 집중한다면 이 책을 읽는 분 누구나 다 정점(頂點)에까지 무사히 도달할 수 있을 것이다.

감사의 말

감사드릴 분들이 너무나도 많다. 우선 '마땅히 감사를 받으셔야 할

분' 께 감사를 드린다. 그리고 그동안 지도해 주시고 지켜봐 주신 여러 선생님들, 힘들 때마다 없는 힘도 내게 해주신 부모님과 가족들, 또 친구들, 함께 생활하면서 많은 이야기를 나누었던 여러 학생들(어느 분 말처럼 '학생들은 나의 제자라기보다는 오히려 나의 스승이었다'), 또한 출판사 관계자 여러분들께도 감사의 마음을 전하고 싶다. 무엇보다 이 책을 읽어주시는 모든 분들께 진심으로 머리 숙여 감사드린다.

부족한 점이 너무나 많은 책이다. 어느 유명한 철학자가 했던 말과 같이 이 책이 그저 다 올라가고 나면 던져버리는 일종의 '사다리'와 같은 역할을 할 수 있었으면 좋겠다. 읽는 분들의 반응이나 평가를 세세하게 살펴서 다음에는 더 쉽고 더 좋은 책을 쓸 수 있도록 더욱 노력할 생각이다.

2012년 5월

저자

해석과비판

INTERPRETATION AND CRITICISM 01

CHAPTER 01

학문과 진리

그것은 바로 '학문이라는 것이 우리가 생각하는 것보다
상당히 허술한 것일 수도 있다'는 사실이다.

1. 학문의 영역에서 객관성 문제

어떤 학문분야의 성격에 대해서 이야기하게 될 때, 일반적으로 우리는 그것이 '정신과학에 속하느냐, 아니면 자연과학에 속하느냐' 하는 것을 제일 우선적으로 따지게 된다. 일단 그렇게 작업이 시작되고 나면 그것들 각각은 여러 가지 기준들에 의해서 나뉘기를 반복하면서 점점 더 세분된 모습을 보이게 될 것이다. 우리가 흔히 접할 수 있는 대학교 안내책자들, 그 안에 나열되어 있는 다양한 학과들이 바로 그런 '하향식 세분화'의 작업을 거친 결과물들이라 할 수 있겠다. 그런데 이런 방식으로 학문분야를 나누어 내려가려 할 때, 우리는 그 첫 단계에서 다음과 같은 점에 유의해야 할 것이다.

'정신과학과 자연과학이 성격상 어떤 차이점을 가지고 있을까?' 우리가 그 물음에만 집중하다 보면 그것들의 공통점에 대해서는 무관심하게 될 가능성이 높다. 그러나 그것들은 분명히 '학문'이라는 공통의 뿌리에서 나온 것이고, 그런 전제 아래에서 차이점을 이야기하는 것이 훨씬 더 바람직할 것이다. 그런데 그렇게 공통점을 따져보다 보면 우리는 그것이 결국 '학문 그 자체의 성격'에 대해서 이야기하는 것과 별로 차이가 없다는 것을 깨닫게 될 것이다. 그러나 이런 배경을 가지고 학문의 성격을 이야기할 경우, 우리가 별로 생각하지 못했던 점 하나가 드러나게 될 것인데, 그것은 바로 '학문이라는 것이 우리가 생각하는 것보다 상당히 허술한 것일 수도 있다'는 사실이다.

학문 그 자체의 성격은 어떤 것일까? 이 물음에 대해서 '그것은 바로 이것이다' 하고 잘라서 말하기는 상당히 어렵다. 적어도 거기에는 학문과 학문 아닌 것, 즉 학문적인 것과 비학문적인 것을 나누는 문제가 앞서 자리하고 있으며, 그렇기 때문에 학문 그 자체의 성격은 그러한 문제를 풀어나가는 과정에서나 비로소 답이 가능할 것이다. 그러나 한편으로 우리가 그것을 '비학문적이지 않으면 학문적이다' 이렇게 간단하게 정리해 버린다면 그것은 물론 매우 단순하고 소박한 방식이기는 하겠지만, 그것으로도 얼마든지 만족스런 답을 찾을 수 있을 것이다.

여기쯤 해서 아마 이런 생각이 떠오를 수도 있을 것이다. 정신과학과 자연과학을 포괄하고 있는 테두리가 학문이라고 한다면, 그와 마찬가지로 학문과 비학문을 포괄하는 상위 테두리도 있는 것이 아닐까? 만약 그렇다고 한다면 지금보다 한 단계 더 올라가서 거기에서부터 이야기를 풀어나가는 것이 옳지 않을까? 물론 두말 할 나위 없이 맞는 생각이다. 그렇다면 학문적인 것과 비학문적인 것을 포괄하는 더 큰 테두리는 과연 무엇일까? 다소 애매한 느낌이 있기는 하지만 우선 '인간으로서 우리의 생각 전체'라는 정도로만 거칠게 정리해 두기로 하자. 여기에서 더 따지고 올라간다고 한다면 다시 생각과 생각 아닌 것을 나누어야 할 것인데, 이야기의 흐름상 아무래도 거기까지는 별로 의미가 없어 보인다. 따라서 학문적인 것과 비학문적인 것을 나누는 것, 그 이상의 이야기는 모두 접어두기로 하고 바로 그것을 지금 이야기의 출발점으로 삼기로 하겠다.

학문적인 것의 가장 기본적인 특징은 그것이 혼자 하는 것이 아니라는 것이다. 혼자 생각하고 혼자 결론을 내리고 혼자 만족스럽게 생각한다고 해서 그것을 곧바로 학문적인 것으로 받아들일 수는 없다는 뜻이다. 학문적인 것은 기본적으로 체계화된 이후의 지식과 관련되어 있기 때문에 확실한 검증과정을 거쳐서 이론으로 정리되거나, 아니면 적어도 이미 정리된 이론을 바탕으로 해야 그 가치를 인정받을 수 있다. 그렇다고 한다면 학문적이기 위해서는 결국 여러 사람들의 판단이 개입될 수밖에 없을 것인데, 그것을 일반화된 용어로 표현한다면 아마도 '객관성'이라는 말이 가장 적합할 것이다.

학문적인 것은 객관성을 가장 기본적인 특징으로 한다. 객관성이 없다고 한다면 그것이 무엇이든 학문의 영역에 온전하게 남아 있기는 매우 어려울 것이다. 그러므로 정신과학이든 자연과학이든 그것이 학문적이기 위해서는 반드시 객관성을 가지고 있어야만 한다. 그런데 학문의 성격을 객관성이라는 기준으로 따져볼 경우, 얼핏 생각해 보아도 자연과학이 정신과학보다 훨씬 더 유리한 위치에 있는 것처럼 보인다. 예를 들어 초승달을 '그리운 님의 눈썹'이라고 표현한 시(詩)가 있다고 가정해 보자. 그 시가 학문적으로 다뤄볼 가치가 있는 시라고 한다면 학자들은 그에 대한 모범적인 감상기준 혹은 이해기준을 정리해서 밝히게 될 것이다. 반면에 또 어떤 학자들은 초승달에 대해서 달, 지구, 태양의 상대적 위치를 기준으로 그것이 발생하게 되는 원리를 과학적으로 설명할 수도 있을 것이다. 그 두 가지 중에서 과연 어느 것이 더 객관성에 가깝다고 말할 수 있을까?

평소에 정신과학과 자연과학은 각각의 영역에서 그것들의 성격에 맞는 대상에 대해서 그것들의 성격에 맞는 방식으로 학문적 논의를 진행시켜 나간다. 하지만 학문의 대상이 워낙 다양하다 보니 정신과학과 자연과학은 언제 어디서든 동일한 대상을 놓고 서로 맞부딪치게 될 가능성을 안고 있다. 그러다가 혹시라도 서로 격하게 대립하게 된다면 과연 어떤 일들이 벌어지게 되는 것일까? 물론 사안에 따라 많이 다르겠지만 한 가지 확실한 것은 이야기가 결국 근본적인 문제로 거슬러 올라가게 될 것이라는 점이다. 즉 자연과학은 당연히 정신과학에 더 객관적일 것을 요구하면서 '정신과학이 학문적으로 충분한 가치를 가질 수 있겠는가?' 하는 식의 의문을 던질 것이다. 또한 그런 의문에 대해서 정신과학은 학문이라는 것이 객관성이라는 하나의 기준으로만 평가되는 것은 불공평한 일이라고 반론을 제기하게 될 것이다. 그러나 방금 우리는 학문적인 것의 가장 기본적인 특징이 객관성이라는 것에 동의하지 않았던가? 그렇다고 한다면 이제부터 정신과학은 상당히 곤란한 처지에 놓일 수밖에 없을 것이다. 왜냐하면 그것이 '학문성'을 갖추기 위해서는 어떻게든 자기 자신을 객관성에 더 가깝게 접근시킬 궁리를 해야만 할 것이기 때문이다.

학문의 일반적인 성격을 객관성으로 규정하고 정신과학과 자연과학 모두에게 그것을 요구하는 것. 표면적으로 그것은 매우 공평하고 중립적인 것처럼 보이지만 결과적으로 자연과학을 압도적으로 유리하게 만드는 일이 되고 만다. 흔히 학문으로서 자연과학의 방식이 주로 '설명'하는 것이라고 한다면, 그것은 어느 면에서 보나 정신과학의 방식으로서 '이해'하는 것보다 객관성에 훨씬 더 가까워 보이기 때문이다. 바로 그런 이유 때문에 자연과학이 대세(大勢)인 요즘 들어 정신과학이 많이 힘들어지는 것은 어쩌면 당연한 일처럼 보인다. 어쨌든 정신과학은 이제 그것의 고유한 방식인 이해를 어떻게든 객관성에 더 가까이 접근시켜야만 학문으로서 자신의 위치를 유지해 나갈 수 있을 것 같다. 이 문제를 조금 더 그럴싸한 형태의 물음으로 고정시켜 보기로 하자.

'정신과학에서도 과연 객관적 인식이 가능할까?'

'인식'은 일반적으로 '지적인 의식작용' 전체를 일컫는 말로서 영어로는 'cognition', 독어로는 'Erkenntnis'라고 한다. 풀어서 이야기해 보면 인식은 어떤 것에 대해서 보거나 듣거나 하는 식으로 알게 된 감각적 지식, 그리고 그런 감각과 무관하게 순전히 생각으로만 얻게 된 지식, 그 모두를 일컫는 말이다. 따라서 인식에 대한 이론으로서 '인식론'은 지식의 기원이나 성격을 따져보는 학문분야라고 할 수 있겠는데, 인식론의 영어 표기인 'epistemology'는 실제로 'theory of knowledge', 즉 '지식이론'을 의미한다(독어로는 인식론을 'Epistemologie' 혹은 'Erkenntnisth- eorie'라고 한다). 인식론은 주로 근대 유럽에서 많이 연구되다가 차츰 세분화되어 퍼져나가더니 이제는—주로 대학교가 있는 곳이라고 한다면—지구촌 어느 곳에서나 어렵지 않게 만나볼 수 있을 정도로 대중적인 것이 되었다.

정신과학과 자연과학의 관계를 바탕에 깔고 잘 생각해 보면 앞서의 물음, 즉 '정신과학에서도 과연 객관적 인식이 가능할까?'라는 물음에는 다음과 같은 두 가지 물음이 다소 투박한 형태로 섞여 있음을 알 수 있다. 하나는 '정신과학에서의 인식은 어떤 것인가?' 하는 것이고, 다른 하나는 '그것이—자연과학에서 말하는, 그리고 학문의 기본적인 특성으로서—객관성에 연결될 수 있을 만한 것인가?' 하는 것이다. 다시 한 번 분명하게 해두자면, 이 물음들에 대해서 정신과학이 과연 어떤 대답을 내놓느냐에 따라서 그것이 하나의 학문영역으로 자기 자리를 지킬 수 있느냐 없느냐 하는 것이 결정될 것이다.

인식의 발생은 무엇보다 '인식하는 주체'와 '인식되는 대상' 사이의 관계로부터 살펴보는 것이 합리적이다. 인식주체에 대해서는 '인식을 경험하는 특정한 어느 사람'으로 생각하면 될 것이고, 인식대상에 대해서는 '사람이 알 수 있는 모든 것들 중에서 지금 경험하고 있는 특정한 어느 것'이라고 생각하면 비교적 이해가 빠를 것이다. 예를 들어 지금 내가 별을 보고 있거나 별에 대해서 무슨 생각을 하고 있다면 인식주체는 '나'이고 인식대상은 '별'이 된다. 그리고 인식주체와 인식대상의 관계에 대해서 생각할 때 한 가지 주의해야 할 것이 있다. 그것은 자연과학에서든 정신과학에서든 인식주체가 언제나 같은 방식으로 인식한다고 가정해야 한다는 것이다. 만약 어떤 대상에 대해서 인식주체가 각각 다른 방식으로 인식한다면, 우리가 인식과 관련해서 일반성을 전제로 이야기하기는 대단히 곤란해지게 될 것이기 때문이다.

정신과학에서의 인식은 어떤 것일까? 우선 정신과학 영역에서도 판단이나 평가가 가능하다는 것은 의심의 여지가 없다. 예를 들어 어떤 미술작품에 대해서 학문적 논의가 이루어지는 경우, 그것은 반드시 어떤 판단이나 평가로부터 시작될 수밖에 없다. 그리고 그런 판단과 평가는 당연히 감상과정에서 나온 것일 텐데, 그러므로 감상, 판단, 평가 등은 정신과학에서의 인식을 구성하는 중요한 요소들, 다시 말해서 '이해'를 구성하는 중심적 요소들이라고 할 수 있을 것이다. 그러나 감상에 기초한 판단과 평가는 아무래도 개인적인 측면이 강해서 어떤 법칙을 적용한 객관적인 설명과는 거리가 있기 마련이다. 그렇기 때문에 정신과학에서의 인식이 자연과학에서의 인식보다 상대적으로 객관성이 떨어진다는 주장은 충분한 설득력을 가질 수 있는 것이다.

자연과학의 경우 인식대상과 관련해서 가장 큰 특징은 그것을 기본적으로 '법칙성'이라는 시각에서 바라본다는 것이다. 예를 들어 '아니 땐 굴뚝에 연기 나랴?' 하는 속담을 생각해 보자. 그것은 불을 때야 굴뚝에 연기가 난다는 것을 반복적으로 경험하면서 얻은 결론일 것이다. 다시 말해서 그런 상황을 여러 차례 반복적으로 경험하면서 거기에서 어떤 규칙(성)을 발견하고, 그것을 일종의 법칙처럼 삼게 된 것이다. 이와 같이 법칙성은 동일한 상황의 규칙적 반복을 전제하며, 따라서 그것은 확실히 정신과학에서의 감상, 평가, 판단과는 질적인 면에서 상당한 차이가 있는 셈이다. 설사 우리가 다른 사람의 감상이나 평가 혹은 판단에 대체적으로 공감하고 동의를 표할 수 있다 하더라도, 자연과학의 법칙(성)과 비교했을 때 그것은 상대적으로 느슨하고 불분명한 성격을 갖는다고 볼 수 있다. 그래서 정신과학은 결국 자연과학으로부터 다음과 같은 식의 비난을 받게 되는 것이다.

> 정신과학은 주관성 안에 갇혀 있기 때문에 객관성을 결여하고 있으며, 그 결과 학문으로서 기본적인 요건을 충족시키지 못하고 있다.

2. 대상과 현상 사이에 선 객관성

정신과학이 자연과학에 비해서 객관성이 부족하다는 것. 만약 그런 지적을 사실로 받아들인다고 한다면 그것은 곧바로 이런 이야기로 이어지게 될 것이다. 정신과학이 부족해서 생긴 문제니까 정신과학 스스로 자연과학을 본받으려 하거나, 아니면 자연과학에게 직접 도움을 요청해야 한다. 적어도 지금까지는 그게 순리적인 것처럼 보인다. 그러나 곰곰이 생각해 보면 그것도 어딘가 모르게 어색한 면이 없지 않다. '객관성이 없으면 학문이라 하기 어렵고, 자연과학은 확실히 있는데 정신과학은 그렇지 않으니까 정신과학이 학문의 무대에서 퇴장당하지 않으려면 어떻게 해서든지 자연과학처럼 되어야 한다?' 그러나 이 말은 이렇게도 해석될 수도 있을 것 같다.

> '학문적이냐 아니냐?' 하는 것을 결정하는 기준은 '자연과학적이냐 아니냐?' 하는 것이고, 결과적으로 그것은 학문의 영역이 실제로는 자연과학의 영역이라는 것과 마찬가지 이야기이다.

그렇다고 한다면 예를 들어 시, 소설, 영화, 음악과 같은 것들에 대한 우리의 감상이나 판단 혹은 평가는 어찌되는 것인가? 그것들은—객관적이라기보다는 너무나—주관적이어서 학문의 영역에서는 그다지 가치 있게 다뤄질 이유가 없다는 것인가? 또는 그것들에 대해서 그간 우리가 해온 모든 것들이 기껏해야 사이비 학문의 수준을 벗어나지 못한다는 말인가?

'비록 정신과학이 자연과학과 다르기는 하지만 그래도 학문적으로는 전혀 문제될 것이 없다.' 혹시 우리가 이렇게 주장하려 한다 해도 아직까지는 그 근거가 마땅치 않은 것 같다. 그렇기 때문에 아마도 여기에서부터는 전문가의 이야기에 귀를 기울여 보는 것이 좋을 듯하다. 현대 철학을 대표하는 학자들 중 한 명인 가다머(H. G. Gadamer)는 이 상황에 대해서 다음과 같이 날카로운 지적을 날림으로써 학계에 상당한 반향을 불러일으킨 바 있다.

> 정신과학의 고유한 성격에 대한 고려 없이 자연과학적 방법을 정신과학에 적용하려 한다면 그것은 정신과학을 '자기 파멸'로 이끄는 것과 같을 것이다.
>
> *Wahrheit und Methode*, 24쪽.

실제로 정신과학 영역에서 활동했던 몇몇 학자들은 '객관성 확보'라는 부담에 못 이겨 정신과학에 자연과학적 방식을 도입하려 하기도 했다. 그러나 가다머는 그런 부담과 유혹을 이겨내면서 정신과학과 객관성을 연결시키려는 시도 자체가 잘못된 것이라 주장하고 있는 것이다. 그의 주장은 크게 두 가지 내용으로 뒷받침될 수 있다. 하나는 정신과학이 자연과학과는 구별되는 고유한 성격을 가지고 있음에도 불구하고 지금 그것이 철저하게 무시되고 있다는 것이다. 그리고 다른 하나는 논란의 핵심인 객관성 개념 자체에 극복하기 어려운 한계가 담겨 있다는 것이다. 정신과학의 고유한 성격에 대해서는 다음에 이야기하기로 하고 우선 객관성 개념에 담긴 한계에 대해서 살펴보기로 하자.

가다머의 시각에서 보았을 때, 문제는 정신과학이 아니라 거꾸로 자연과학에 있었다. 왜냐하면 객관성이라는 것 자체가 흔히들 생각하는 것처럼 그렇게 객관적이거나 확실한 것은 아니기 때문이다. 예를 들어 내 앞에 지금 황금으로 만든 사과가 한 개 놓여 있고, 내가 그것을 보고 있다고 가정해 보자. 그리고 이 상황을 사진을 찍는 행위와 연결시켜 생각해 보기로 하자. 즉 내 앞에는 지금 황금사과가 하나 놓여 있다. 나는 내 눈이라는 카메라를 가지고 사진을 찍었고, 그 결과 지금 내 머릿속에는 황금사과의 모습이 찍혀 있다.

자, 이제 황금사과는 두 개가 되었다. 하나는 내 앞에 놓여 있는 (진짜) 황금사과이고, 다른 하나는 내 머릿속에 있는 황금사과(사진)이다. 이 두 황금사과는 같은 것인가, 아니면 다른 것인가?

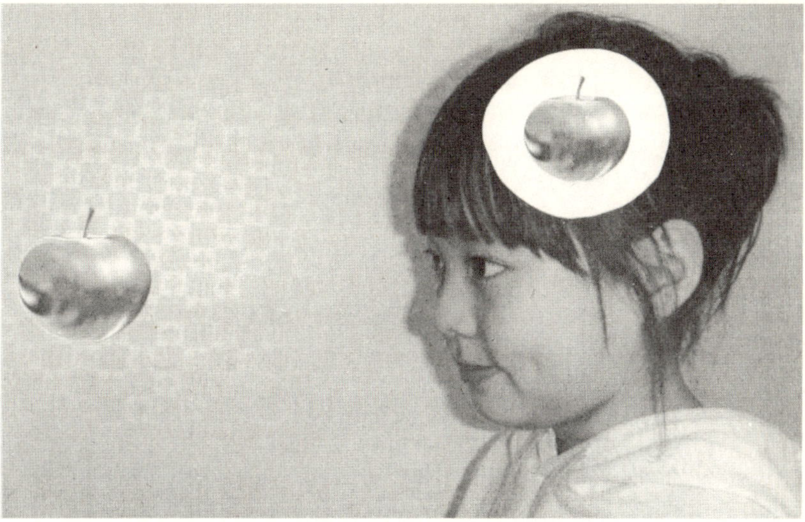

물론 상식적으로는 '다르다'고 말하는 것이 옳을 것이다. 어찌 보면 이것은 원본(原本)과 사본(寫本) 사이의 관계인데 아무리 비슷하다고 해도 어떻게 원본과 사본이 동일할 수 있겠는가? (어떻게 '진짜 황금사과'와 '황금사과의 사진'이 같을 수가 있겠는가?) 그런데 따지고 보면 이것은 단순하게 '어느 정도 비슷하다, 아니다' 하는 수준을 넘어서 한순간에 '진짜냐, 가짜냐?'를 구별하는 심각한 논란으로 비화되기에 이른다. 앞서 인식론이 주로 근대 유럽에서 많이 연구되었다고 이야기했던 바 있다. 당시 인식론에서 가장 중심에 있었던 문제 중 하나가 바로 이것이며, 철학사 전체를 놓고 보았을 때도 이것은 대단히 중요하게 다뤄질 만한 내용일 것이다.

모든 경우에 다 그런 것은 아니겠지만 대체적으로 자연과학은 관찰에 의존한다. 관찰은 방금 했던 이야기에서와 같이 마치 사진을 찍는 것과 다를 것이 없어서, 대상이 내 머릿속에 사진처럼 찍히지 않으면 나는 그것을 관찰했다고 말할 수 없다. 그런데 이 이야기는 결국 다음과 같은 의미를 갖게 될 것이다. 즉 사진이 찍히듯 대상이 내 머릿속에 들어오는 것을 관찰이라고 한다면 내가 '원본'이라고 믿으면서 지금 대상으로 삼고 있는 것은 사실상 '사본', 즉 가짜일 수밖에 없다. 그러므로 그것에 관련되어 이어지는 모든 행위는 실제로는 가짜를 대상으로 하는 행위가 될 것이다. 만약 그렇다고 한다면 더 이상 어떻게 자연과학의 객관성을 학문과 학문 아닌 것을 나누는 기준으로 삼을 수 있겠는가?

이 시점에서 원본과 사본 이야기를 꺼낸 것은 사실 대단히 의도적인 것이었다. 누군가 객관성을 기준으로 학문성을 따지고 그것으로 정신과학을 무기력하게 만들려고 한다면, 정신과학 쪽에서도 만만치 않은 반격을 가할 수 있다는 것을 보이기 위함이다. 즉 객관성 자체에 담긴 근본적인 한계를 드러냄으로써 자연과학의 토대를 흔들어 놓겠다는 것이고, 그러한 반격은 일단 성공적인 것으로 보인다. 그러나 그렇다고 해서 우리가 자연과학에 실망하고 '과연 그것을 믿고 의지해도 되겠는가?' 하는 식의 공연한 고민에 빠져들 필요는 없을 것 같다. 이러한 논란은 지금처럼 근본적인 토대 문제와 같이 대단히 특수하고 전문적인 사안에나 적합할 뿐이지, 일상적으로나 학문적으로나 자연과학은 충분히 받아들일 만한 내용을 다루고 있다고 보는 것이 옳을 것이다.

인식론은 학문의 객관성 논란에만 국한된 것이 아니라 철학의 주요 이론들에 상당한 영향을 미치고 있다. 그 이론들에 접근해 들어가기 위해서라도 지금 하고 있는 이야기는 매우 중요하다. 다시 황금사과 이야기로 돌아가 보기로 하자. 앞에서 우리는 내 앞에 있는 황금사과와 내 머릿속에 있는 황금사과, 이 두 가지 황금사과가 서로 다르다고 전제하고 나서 이야기를 진행시켰다. 그런데 이번에는 '그 두 가지가 실제로는 같은 것일 수도 있다'는 가능성에 대해서 생각해 보기로 하자.

만약 그것들이 정말로 같은 것이라고 한다면 과연 어떤 경우를 설정해야 그렇게 될 수 있는 것일까? 이 물음에 대해서 우리는 아마도 다음과 같은 두 가지 경우 중에 하나를 선택해야만 할 것 같다. 그 황금사과가 지금 우리의 머리 안에 있는 경우, 아니면 그것이 지금 우리의 머리 밖에 있는 경우. 그 두 가지 경우 모두 아니라고 한다면 내 앞에 있는 황금사과와 내 머릿속 황금사과는 서로 다른 것일 수밖에 없다.

그동안 우리는 내 앞에 있는 황금사과가 진짜이기 때문에 내 머릿속에 있는 황금사과는 당연히 가짜일 것이라고 생각했다. 그러나 이제는 그러한 구별을 버리고 '황금사과는 처음부터 하나였으며, 그것이 지금 어디에 있는가?' 하는 것만 생각하기로 하자. 방금 던진 질문과 같이 둘 중에 하나일 것이다. 내 머리 안에, 아니면 내 머리 밖에. 도대체 어느 쪽일까? 우선 흔히들 생각하듯 그것이 내 머리 밖에 있다고 가정해 보자. 그렇다면 적어도 나는 그것을 보고 있는 것이 아니다. 왜냐하면 보고 있다면 반드시 내 머리 안에도 있어야만 할 테니까. 그러므로 이런 경우에 '내 머리 안에 없다'는 말은 한편으로 '내 머리 밖에 있다'는 것이 아니라, 결과적으로 아무런 의미도 없는 이상한 이야기가 되고 마는 것이다.

내가 지금 내 앞에 놓여 있는 황금사과를 보고 있다면 그 황금사과는 의심의 여지없이 내 머릿속에 있는 것이다. 바꾸어 말하자면 지금의 상황을 기준으로 했을 때, 황금사과가 내 머리 안에 있다면 나는 분명히 지금 황금사과를 보고 있는 것이다. 그렇다면 내 머리 밖에는? 상식적으로 그리고 일상적으로 우리는 자연스럽게 이런 식의 물음을 던질 수 있을 것이다. 그러나 따지고 들어가 보면 우리는 어떤 경우에도 머리의 안과 밖을 나누어 생각할 수 없다. 일단 머릿속에 들어와 있어야 그것에 대해서 어떤 생각이든 할 수 있을 것이기 때문이다. 즉 머리 안에 없으면서 '있다'고 말할 만한 유의미한 어떤 것도 우리에게는 있을 수 없는 것이다.

내가 보는 모든 것은 내 머리 밖에 무엇이 있기 때문이 아니라, 단순히 그것이 지금 내 머리 안에 있기 때문에 그렇게 보이게 되는 것이다. (그러면서 마치 나는 내가 내 머리 밖에 있는 어떤 것을 보고 있다고 느끼고 있을 뿐이다.) 그렇다면 '내가 어떤 것을 보고 있다'는 표현은 더 이상 적절하지 않은 것 같다. 이것을 내 입장에서가 아니라 가능한 한 중립적인 입장에서 다시 표현해 보자. 그러면 아마 이렇게 이야기할 수 있을 것이다. '어떤 것이 내게 드러나 보인다.' 겉보기에는 같은 사건을 말만 바꿔 표현한 것 같이 보이기도 한다. 그러나 그것은 지금까지 썼던 표현, 즉 '내가 어떤 것을 보고 있다'는 것과는 근본적으로 다른 방식의 표현이다. 왜냐하면 내가 어떤 것을 보고 있다고 한다면 내 머리의 안과 밖을 나누어 놓고 생각해야 할 것이며, 그것은 결국 나와 내가 인식하는 어떤 것 사이의 근본적인 차이를 극복할 수 없다는 이야기로 귀결될 것이기 때문이다.

여기서부터 '머리 안'이라는 말 대신에 학문적으로 널리 쓰이는 말,

즉 '의식'이라는 말로 바꿔 쓰도록 하자. 의식은 영어로는 'consciousness', 독어로는 'Bewusstsein'이라고 하는데, 철학사에서 '의식' 개념의 등장은 많은 논란을 예고하는 사건이었다. 예를 들어 실재론(實在論)과 관념론(觀念論)의 대립이 대표적인 경우인데, 머리 안과 밖을 나누어 놓고 머리 밖에 뭔가가 정말로 있다고 생각할 경우, 그것은 대체적으로 실재론에 가까운 입장이다. (실재론은 영어로는 'realism', 독어로는 'Realismus'라고 한다.) 반대로 지금 우리처럼 머리 안과 밖은 없고 모든 것이 의식에서 발생하는 사건일 뿐이라고 생각한다면, 그것은 대체적으로 관념론에 가까운 입장이다. (관념론은 영어로는 'idealism', 독어로는 'Idealismus'라고 한다.) 근대로부터 현대에 가까워질수록 실재론보다는 관념론 쪽으로 기우는 경향이 비교적 강하게 나타나며, 우리도 지금 그렇게 관념론 쪽을 따라가고 있는 중이다. 그러나 그보다 더 중요한 것은 의식에 대한 관심이 고조되면서 관념론이 앞으로 살펴보게 될 '현상학(現象學)'으로 발전해 나가게 된다는 사실이다.

현상학이란 말 그대로 현상을 다루는 학문이다. (현상학은 영어로는 'phenomenology', 독어로는 'Phänomenologie'라고 한다.) 그렇다면 '현상이 도대체 무엇이냐?' 하는 것이 문제가 될 텐데, 그것에 대해서는 다시 실재론과 관념론 사이의 관계로 돌아가서 거기에서부터 이야기를 풀어나가는 것이 좋겠다. 앞에서 우리는 머리 안과 밖을 나누어 놓고 머리 밖에 뭔가가 있다고 생각한다면 실재론에 가깝다는 이야기를 했었다. 여기에서 말하는 그 '뭔가'가 바로 '대상'에 근접한 개념이다. (대상은 영어로는 'object', 독어로는 'Gegenstand'라고 한다.) 물론 대상이라는 말은 훨씬 더 폭넓고 다양한 의미로 쓰일 수 있을 것이다. 그러나 지금의 맥락에서라고 한다면 그것을 우선 그런 단순한 의미로 받아들인다 해도 별 문제가 되지는 않을 것이다.

앞에서의 이야기와 비교해 본다면 대상은 원본과 같은 것이었고, 그것이 우리 머리 안에 들어오면 사본이 되는 것이다. 그런데 원본과 사본 사이의 질적인 차이는 분명한 것이어서, 어떤 방법으로도 그것들 사이의 (추상적) 거리를 완전하게 좁히거나 그 두 가지를 일치하게 만들 수 없었다. 반면에 머리 안과 밖의 구분 없이 모든 것이 의식에서 발생하는 사건이라고 생각할 수도 있었는데, 그것은 대체적으로 관념론에 가까운 입장이라고 이야기했었다. 그리고 만약 의식에 어떤 것이 드러나는 사건이 발생했다고 한다면 여기에서 말하는 '어떤 것'이 바로 '현상'에 근접한 개념이다. (현상은 영어로는 'phenomenon', 독어로는 'Phänomenon'이라고 한다.)

현상은 물론 의식에 드러난다. 그런데 그것은 도대체 '왜 드러나는 것일까?' 혹은 '무엇이 그것을 드러나게 만드는 것일까?' 만약 누군가 이렇게 묻는다고 한다면 그 사람은 현상이 어떤 의미를 갖는지 제대로 이해하지 못하고 있을 가능성이 높다. 현상에 대해서는 드러남에서부터, 즉 드러난 이후에나 그것에 대한 이야기를 시작할 수 있는 것이지, 그 이전에 대해서 우리는 결코 아무것도 알 수 없으며, 또한 어떤 것도 말할 수 없다. 쉽게 말해서 '머릿속에 떠오르지 않은 것에 대해서 우리가 어떤 생각을 할 수 있다', 그런 것이 과연 가능하기나 할까? 혹은 '머릿속에 떠오르기 전에 그것은 무엇이었나?' 하는 물음이 과연 어떤 의미를 가질 수 있을까?

만약 누군가 '현상' 이전에 대해서 이야기해 보겠다고 한다면 그것으로 이야기는 곧바로 원점으로 되돌아가 버리게 되고 말 것이다. 왜냐하면 그것은 의식이라는 인화지에 현상이라는 사진이 찍힌다는 생각을 아직까지 버리지 못한 것이고, 그럴 경우 우리는 또 다시 현상은 사본이니까 원본을 찾아야 한다는 식의 이야기에 휘말려 버리게 될 것이기 때문이다. [이것은 어떤 경우에라도 금기(禁忌)시해야 할 대표적인 악순환에 속한다.] 따라서 현상에 대해서 우리가 물을 수 있는 것은 그것이 '왜 드러나는가?' 혹은 '무엇이 그것을 드러나게 만드는 것일까?' 하는 것이 아니라, '어떤 방식으로 드러나는가?' 하는 것뿐이다. 그리고 그것은 이야기가 결과적으로 현상 자체에 머무르는 것이 아니라, 오히려 의식의 성격에 대한 것으로 바뀌게 됨을 의미한다. 왜냐하면 현상이 드러나는 방식은 그것이 드러나게 될 의식의 성격에 전적으로 좌우될 것이기 때문이다.

3. 현상, 의식, 그리고 생활세계

내가 무엇을 보는 것이 아니라 내게 무엇이 드러나(보이)는 것이다. 현상은—말 자체의 의미가 '드러남'인 이상—그렇게 드러나는 것일 뿐, 그것의 이면(裏面)이나 배후(背後)는 없다. 그리고 우리는 우리의 의식에 드러나는 현상을 그렇게 '드러남'으로서 경험하고 있을 뿐이다. 그러므로 우리는 어떤 경우라 할지라도 현상 그 자체에 인위적으로 손을 대거나 하는 방식으로 그것을 분석할 수 없다. 분석이라는 관점에서 우리가 할 수 있는 일이라고 한다면 그것은 현상 그 자체가 아니라, 현상이 드러나는 곳으로서 의식에 대해서 그것이 어떤 성격을 가지고 있는지 따져보는 것뿐이다.

그렇게 따져나가다 보면 우리는 머지않아 다음과 같은 매우 중요하면서도 흥미로운 사실 한 가지를 발견할 수 있게 될 것이다. 즉 '현상은 의식과 독립되어 있는 것이 아니라 항상 의식(의 성격)에 의존하고 있다.' 이 말은 현상과 의식이 따로 있다가 마치 백지장 같은 의식에 현상이 그대로 투사되듯 드러나는 것이 아니라는 것이다. 현상이라는 것 자체가 이미 우리 의식의 성격, 즉 우리 의식의 구조와 맞물려 나타난 결과임을 말한다. 다시 말해서 현상은 필연적으로 이미 우리의 의식구조와 맞물리고 뒤섞인, 그래서 우리 의식의 성격이 확실하게 반영된 결과라고 할 수 있다.

대상에 대한 논의의 한계를 극복하고 현상으로 넘어와 그와 관련된 이론을 펼치기 시작했던 학자는 그 이름도 유명한 칸트(I. Kant)였다. 칸트의 업적에 대해서는 의견이 정말로 분분하다. 그렇지만 흔히들 하는 평가에 따르자면, 칸트는 아직 대상과 완전하게 결별하지는 못했던 것 같다. 그에 비해서 지금과 같은 식의 현상 이야기를 펼쳐나갔던 사람은 —칸트보다 후대에 등장했던—후설(E. Husserl)이라는 학자였다. 그래서 후설은 본격적인 현상학의 창시자로 숭앙(崇仰)받으면서 소위 현대철학을 대표하는 학자들의 반열에 당당히 자신의 이름을 올리고 있다.

후설 이야기에 앞서 칸트의 입장을 간단하게 정리해 보도록 하자. (이것 역시 흔히들 하는 평가를 그대로 따라가 본 것이다.) 그의 시각에서 우리가 대상이라고 여기는 것은 사실상 현상일 뿐이다. 그러나 그에게 있어서 현상은 어디까지나 사본의 차원이었고, 그것에 대한 원본으로서—현상을 넘어—대상이 있다는 생각을 그가 완전히 버렸던 것은 아니다. 물론 당시로서는 그것만으로도 대단히 획기적인 생각임에 틀림이 없었다. 그럼에도 불구하고 그의 생각은 결국 우리가 볼 수 있는 것이 사본일 뿐이라는 다소 비관적인 방향으로 흘러가게 되고 말았다. 그와 비교했을 때 후설은 앞서 언급되었던 바와 같이 의식에 드러난 현상만을 의미 있는 것으로 생각했으며, 그것으로 원본과 사본 사이의 관계로부터 발생하는 문제들 모두를 매우 자연스런 방식으로 해소시킬 수 있었다.

후설은 무엇보다도 학문의 '엄밀성'에 관심이 많았다. 학문은 엄밀해야 하며, 엄밀하지 않으면 진정한 의미에서의 학문이라 할 수 없다는 것이다. 그런데 여기서 말하는 '엄밀함'이란 정확하게 어떤 것을 의미할까? 그리고 그것이 현상에 대한 그의 관심과 어떻게 연결될 수 있을까? 어쩌면 이 물음이 후설이 의도했던 바를 정확하게 알아내기 위한 열쇠, 구체적으로 그가 어떤 이유로 '의식의 성격'에 대한 연구에 집중했는지 알아내기 위한 결정적인 열쇠가 될 수도 있을 것이다.

후설의 입장에서 보았을 때, 모든 학문적 성과들 역시 어떤 식으로든 우리의 의식이 개입해서 나온 결과물이다. 그리고 그것은 한편으로 그 결과물들에 아직까지 우리 의식이 작용했던 내용이 마치 '때'처럼 묻어 있다는 것을 의미한다. 만약 우리가 그런 '의식의 때'를 완전하게 벗겨내지 않는다면 그 결과물들은 결코 온전한 성과로 받아들여질 수 없을 것이다. 역으로, 우리가 그러한 결과물로부터 우리의 의식이 작용한 부분을 완전하게 분리해낼 수만 있다고 한다면 남는 것은 이제 그야말로 순수한, 또한 그런 의미에서 온전한 어떤 것이 될 것이다. 후설은 그러한 순수성을 다름 아닌 학문적 엄밀성에 연결시켜 생각하자고 제안하는 동시에 한편으로 그런 방식으로 순수하지 않으면 학문적으로 엄밀한 것이 아니라고 주장하고 있다.

순수함과 엄밀성을 학문에 연결시키고자 했던 후설의 생각 자체는 이론적인 차원에서 매우 훌륭한 것이었다. 그러나 실제로 그의 시도가 성공할 수 있을까 하는 것은 또 다른 차원의 문제일 뿐이다. 결론부터 간단하게 말해보자면, 그의 생각은 여러 가지 면에서 어려운 상황 속으로 빠져들게 되고 만다. 여기에서 다시 의식과 현상 사이의 관계로 돌아가서 지금까지의 이야기를 이렇게 한번 정리해 보도록 하자. 후설의 요구가 충족되기 위해서 우리는 다음과 같은 두 가지 중에서 적어도 한 가지는 할 수 있어야 한다. 하나는 의식의 성격이나 구조를 미리 파악하고 있다가 나중에 현상으로부터 그것들을 기술적으로 제거하는 것이다. 다른 하나는 현상이 드러나는 순간 모든 의식적 개입을, 예를 들어 '판단'과 같은 것을 중지 또는 배제해서 아직까지 의식이 작용하지 않은 순수한 '현상 그 자체'를 포착해내는 것이다.

의도 자체는 좋았지만 따지고 들어가 보면 후설의 생각은 이만저만 까다로운 것이 아닐 수 없다. 무엇보다도 우리 의식의 성격이나 구조를 파악하는 것도 결국 우리의 의식일 것인데, 우리의 의식에 드러난 것은 그것이 어떤 것이든 하나의 현상으로서 이미 우리의 의식과 결부된 다음이기 때문이다. 현상이 의식과 그렇게 결부되어 있는 한, 어떠한 경우를 가정한다 하더라도 그것에 의식의 때는 묻기 마련이다. 그것은 절대로 피할 수 없는 일이다. 그렇다면 이것으로 후설의 시도는 실패한 것이고, 그와 관련된 이야기는 완전히 막을 내려버리게 되는 것일까?

대상이 차지하고 있던 자리에 현상이 올라서면서 실재론적 흐름은 자연스럽게 그리고 성공적으로 극복되고 있는 것 같다. 그렇다면 우리는 이것을 관념론이 실재론을 무너뜨리면서 우위를 점해나가는 과정으로 보아야 하는 것일까? 후설은 정말로 실재론을 물리치고 관념론을 승리로 이끌었던 장본인이 되는 것일까? 아마도 반쯤은 그렇기도 하고 반쯤은 아니기도 할 것이다. 물론 현상에 대한 강조가 실재론을 위축시키게 된다는 것은 맞는 이야기이다. 그럼에도 불구하고 그런 이유만으로 후설을 관념론자로 단정하는 것은 그리 바람직한 일이 아닐 것 같다. 왜냐하면 겉보기와 다르게 그는 모든 것을 의식 안에 가두어 놓으려 하지 않았기 때문이다.

후설은 우리의 의식이 우리가 살아가는 세계 안에 속해 있다고 생각했다. 물론 현상이 우리의 의식 안에 드러난다는 그의 주장은 옳다. 그런 맥락에서 우리는 모든 것이 우리의 의식 내부에 있다고 생각하기 쉽다. 다시 말해서 우리의 의식에 현상으로 드러나지 않으면 어떤 것이든 '있다'고 말하기 곤란하며, 그런 이유로 우리의 의식은 모든 것을 말 그대로 '있을 수 있게 만드는' 가장 기본적이면서도 최종적인 조건이라고 생각하기 쉽다는 것이다.

한편으로 우리는 살아가는 동안 쉬지 않고 배우고 익히며 성장하게 된다. 그런 과정은 우리가 우리의 의식 안에 갇혀 있어서는 일어날 수 없는 일들이다. 그러므로 만약 그것이 우리가 어떤 세계 안에 속해 있기 때문이라고 한다면, 그것은 '모든 것이 의식 안에 있다'는 생각과 정면으로 배치(背馳)되는 이야기가 될 것이다. 그에 따라 의식은 현상이 드러나는 곳인 동시에 단순히 현상을 가두고만 있는 폐쇄적인 곳이 아니라, 어떤 면에서는 세계를 향해 열려 있으며, 이미 세계 안에 속해 있다고 보는 것이 옳을 것이다. 그렇게 본다면 후설은 분명히 '모든 것을 의식 안의 관념으로 생각한다'는 의미에서의 진부한 관념론자는 아닌 셈이다.

현상 개념을 중심으로 실재론의 한계를 극복하고 있다는 면에서 후설은 관념론 쪽으로 기울어 있는 듯 보인다. 하지만 동시에 그는 의식이 세계 안에 (속해) 있음을 강조함으로써 관념론으로부터도 벗어나고 있다. 그러므로 그는 사실상 실재론도 관념론도 아닌 제3의 길을—즉 현상학이라는 새로운 길을—개척하고 있는 것이다. 여기에서 말하는 '세계'를 후설은 '생활세계'라고 불렀는데, 그것은 어쩌면 대단히 이해하기 어려운 개념일 수도 있을 것이다. (생활세계는 영어로는 'lifeworld', 독어로는 'Lebenswelt'라고 한다.) 그러나 여기에서는 우선 그것을 사람들이 흔히 '세상'이라고 부르는 그런 추상적인 세계와 비슷한 개념으로 정리해 두어도 크게 무리가 없을 것이다.

의식에 대한 후설의 생각을 종합해 보면 대체적으로 그는 이런 이야기를 하고 싶어 하는 것 같다. 우리의 의식은 생활세계 안에 있으면서 그 안에서 어떤 현상들을 경험하고 있는 의식이다. 그리고 이러한 내용은 계속해서 후설의 후배 학자들에게 전승되면서 훨씬 더 발전된 모습으로 다듬어지게 되는데, 우리가 앞으로 살펴보게 될 몇몇 학자들, 예를 들어 하이데거, 가다머, 하버마스 등이 그런 학자들에 속한다. 그 중에 특히 하이데거는 후설의 현상학을 독특한 방식으로 해석해서 '현상학적 해석학', 그리고 '존재론적 해석학'으로 나아가는 길을 개척하게 된다.

4. 존재와 현존재

우리의 의식에 관해 이야기하면서 우리는 처음에 그것이 모든 것을 담을 수 있는 가장 넓은 개념인 줄 알았다. 그런데 이야기의 말미에서 우리는 우리의 의식도 결국은 생활세계 안에 속해 있는 의식임을 확인할 수 있었다. 그런 흐름을 이어받아서 이야기를 진행해 나간다고 한다면 이제부터 우리가 관심을 두어야 하는 문제는 다음과 같을 것이다. '우리의 의식이 속해 있는 세계와 그런 세계 속에 있는 우리의 의식은 과연 어떤 관계를 맺고 있는 것일까?'

후설의 제자이자 훗날 그를 넘어선 동료가 되었던 하이데거(M. Heidegger)는 이 물음을 더 근본적인 방향으로 거슬러 올라가서 다음과 같이 바꾸어 표현했다. '인간으로서 우리는 어떤 상황 속에 있는가?' 여기에서 말하는 상황은 기본적으로 우리의 의식이 처해 있는 상황이며, 더 넓게 보자면 인간으로서 우리가 처해 있는 공통된 상황을 의미하기도 한다. 어쨌든 그것은 우리의 힘으로는 바꿀 수 없는 숙명과도 같은 것이기 때문에 이 물음은 사실상 이러한 것을 문제 삼고 있는 것이다.

우리는 과연 어떤 존재인가?

['존재(存在)'는 영어로는 'being', 독어로는 'Sein'이라고 한다.] 실제로 하이데거는 매우 다양한 관점으로부터 우리의 존재를 규명하려 애쓰고 있는데, 그에 관련해서 대단히 많은 이야기들이 나와 있지만 여기에서는 지금 다루고 있는 이야기와 직접 관련이 있는 몇 가지만 골라서 살펴보기

로 하겠다.

우리의 존재를 의식과 관련시켜 생각해 본다면 우리는 현상을 경험하는 존재로 규정될 수 있을 것이다. (지금까지의 이야기에서 '우리의 의식은 현상이 드러나는 곳이다'라고 분명하게 밝혀두었다.) 그러나 현상에 대해서 어떤 입장을 갖느냐에 따라서 자연스럽게 현상을 경험하는 존재로서 우리의 성격 역시 상이한 평가를 받게 될 것이다. 또한 그렇다고 한다면 하이데거가 과연 어떤 관점이나 입장에서 현상을 바라보고 있는가에 따라서 우리의 존재도 그에 걸맞는 모습으로 드러나게 될 것이다.

철학사를 훑어보다 보면 칸트 다음에 헤겔(G. W. F Hegel)이라는 꽤나 유명한 철학자가 등장한다. 헤겔은 일부 학자들이 현상을 사본처럼 취급했던 것에 대해서 적지 않은 불만을 가지고 있었다고 한다. 그는 적어도 현상을 '존재의 드러남'과 무관하지 않다고 생각하고 있었으며, 그런 면에서 하이데거는 후설의 후배인 동시에 헤겔의 후배라고도 볼 수 있겠다. 어쨌든 하이데거는 현상을 존재가 자신을 드러내는 것이라는 관점에서 보았는데, 그런 면을 고려한다면 우리(의 존재)는 '존재가 드러나는 장소'라고 정의될 수 있을 것이다. 잘 생각해 보면 그런 식으로 존재가 드러나는 장소(로서의 존재)는 우리 인간뿐이며, 그래서 하이데거는 우리 인간을 그렇게 특수한 존재라는 의미에서 '현존재(現存在)'라고 불렀다. ('현존재'는 영어로는 'There-Being', 독어로는 'Dasein'이라고 한다.)

다른 동물들에게서는 어떨까? 그들에게서도 분명히 현상은 드러날 것이며, 그렇다고 한다면 그들도 우리처럼 현존재가 될 수 있지 않을까? 물론 따지고 들어가면 들어갈수록 논란의 여지가 많아지게 될 것은 분명하다. (더구나 우리처럼, 혹은 우리보다 훨씬 더 지능이 발달한 외계인이 있을 수 있다고 생각한다면 이 이야기는 더욱 힘들어지게 될 것이다.) 그럼에도 불구하고 일단은 우리 외에 현존재는 없다고 보아도 크게 문제가 되지는 않을 것 같다. 왜냐하면 존재는 현존재에게 언제나 특정한 방식으로 드러나게 되는데, 그런 점을 고려한다면 인간을 제외하고 아직까지 그럴 만한 누군가가 뚜렷하게 발견된 일이 없다고 보는 것이 타당하기 때문이다.

구체적으로 인간 현존재에게 존재가 드러나는 방식은 언제나 '~로서'이다. 그것은 존재가 거울에 뭔가가 비치듯 그렇게 드러나는 것이 아니라, 항상 '어떤 것으로서 파악되는 방식으로' 우리에게 드러난다는 의미이다. 예를 들어 망치가 망치로서 사용될 수 있는 것은 먼저 그것이 우리에게 '못을 박는 도구'로서, 즉 '망치로서' 드러났기 때문이다. 만약 그렇지 않다고 한다면 그것은 '~로서'라는 의미에서 길가에 굴러다니는 돌멩이와 아무런 차이도 없을 것이다. 망치를 볼 때 적어도 우리는 그것을 단순히 '길쭉한 나무에 쇳덩이가 꽂혀 있는 어떤 것'으로 보게 되지는 않는다.

'~로서 드러나는 것' 혹은 '~로서 파악되는 것', 그것은 언제나 '있는 그대로 혹은 한꺼번에 모두'가 아니라 어떤 면이 강조되어, 동시에 어떤 면은 무시되어 드러나고 파악된다는 의미를 담고 있다. 만약에 지금 연쇄 살인범이 망치를 들고 있다고 한다면 그에게 망치는 '길쭉한 나무에 쇳덩이가 꽂혀 있는 어떤 것' 혹은 '못을 박는 도구'라는 면은 무시되고 '누군가를 공격할 수 있는 무기'라는 면이 강조되어 드러나고 파악된 것이라 할 수 있겠다.

다른 예를 조금 더 들어보기로 하자. 많은 사람들 속에 어떤 여인이

서 있는데, '내 눈에는 오직 그녀만 보인다'고 생각해 보자. 그럴 경우 그것은 그녀와 같이 있는 다른 많은 사람들은 무시되고, 오직 그녀만 특별한 의미로 강조되어 드러나고 파악된 것이다. 또한 어떤 어머니가 잃어버린 아이를 애타게 찾고 있었는데, 마침 그때 거기서 그 어머니가 자신의 아이를 발견했다고 가정해 보자. 그 어머니의 눈에는 누구만 보일까? 마치 이런 것처럼 우리에게 존재는 무심코 찍은 사진에 어떤 것이 우연히 찍히듯 그렇게 드러나는 것이 아니라 언제나 그때그때의 특정한 모습으로, 즉 '~로서' 우리에게 드러나고 또한 그렇게 파악되는 것이다.

5. 현존재의 역사성

하이데거의 생각을 따른다면 우리의 지식은 모두 다음과 같은 과정을 거쳐서 나오게 되는 것으로 보인다.

> 우선 현존재로서 우리에게 존재가 드러나고, 그렇게 드러난 존재에 대해서 우리가 숙고를 하게 되며, 그 숙고의 결과물이 바로 지식이 되는 것이다.

그런데 그런 결과물들이 존재에 그 기원을 두고 있는 한, 그것들은 다음과 같은 이유 때문에 언제나 불완전한 상태에 머무를 수밖에 없다. 우리에게 존재가 드러나는 방식이 '~로서'였음을 기억해 보자. 그것은 적어도 '있는 그대로, 혹은 한꺼번에 모두' 와는 확실히 거리가 먼 이야기였다. (존재에 기원들 둔다는 것, 그것은 어떤 면은 강조되고 그와 동시에 어떤 면은 무시된다는 의미를 담고 있다.) 존재가 그렇게 드러난다고 한다면 그것에 대한 숙고 역시 자연스럽게 그 기원에 담긴 문제점, 즉 '불완전한 상태' 라는 문제점을 그대로 이어받게 될 것이다.

한편으로 우리는 존재가 드러나는 방식을 또 다른 각도에서도 볼 수 있을 것 같은데, 그것은 존재가 현존재인 우리에게 드러날 때, 그때 그때마다 모두 다르게 드러난다는 것이다. 우연히 서랍을 뒤지다가 어릴 때 가지고 놀던 장난감을 보게 된 경우, 우리는 아마도 어렸을 때와는 사뭇 다른 느낌을 가지게 될 것이다. 처음 그 장난감을 갖게 되었을 때, 그때는 오직 그것에만 신나게 몰두하지만, 하루하루 지나가면서 조금씩 관심을 잃어가다가 이내는 서랍 한구석에 넣어두고 거의 완전히 잊어버리게 된다. 그리고 오랜 시간이 흘러 우연히 그것을 다시 보게 되었을 때, 우리는 어릴 적과는 전혀 다른 느낌을 갖게 된다. 그것은 그 장난감 자체가 변했기 때문에 그런 것일까? 아니다. 장난감은 예전이나 지금이나 변한 것이 없을 것이다. 그렇다면 내게서 일어난 그와 같은 변화를 어떻게 받아들여야 할까?

장난감 이야기를 우리가 하고 있던 이야기와 연결시켜 보기로 하자. 원인은 아무래도 둘 중에 하나인 것 같다. 어려서부터 지금까지의 과정 모두에서 그 장난감이 우리에게 매번 다르게 드러났거나, 아니면 아주 간단하게 생각해서 장난감은 그대로인데 우리가 계속해서 변했기 때문일 것이다. 과연 둘 중에 어느 쪽이 맞는 것일까? 그런데 잘 생각해 보면 이것을 꼭 양자택일의 문제로 받아들여야만 하는 것은 아닐 수도 있다.

예를 들어 이런 식으로 생각해 보면 어떨까? 우리도 계속해서 변해가지만 장난감의 존재도 그때그때마다 우리에게 다르게 드러난다.

우리가 변한다는 것은 어떤 의미일까? 단순히 '오늘의 나는 더 이상 어제의 나가 아니다' 이런 의미일까? 물론 일상적으로는 그렇게 생각해도 별로 문제가 없을 것이다. 그리고 경우에 따라서는 그런 생각이 지쳐가는 삶에 새로운 활력을 불어넣어 줄 수도 있을 것이다. 하지만 그런 것과는 별개로 따지고 들어가 보면 우리는 금방 '오늘의 나가 어제의 나와 결코 무관할 수 없다'는 사실을 받아들이게 될 것이다. 왜냐하면 우리는 우리 자신에 대해서 다음과 같이 평가할 수 있기 때문이다.

우리는 우리의 역사를 우리 자신 안에 그대로 담고 있는 존재이다.

태어나서 지금까지 우리는 계속해서 변해왔지만, 또 앞으로도 그렇게 계속해서 변해가겠지만, 그러다가 어느 날인가 내가 나 아닌 남이 되어버리는 것은 결코 아니다. 태어나면서 시작된 내 삶의 역사는 내가 죽을 때까지 계속될 것이고, 그 사이에 내게서 일어나는 크고 작은 변화들은 그렇게 이어지는 내 삶의 역사를 결코 단절시킬 수 없다.

우리는 앞에서 존재에 대해서 주로 이런 이야기들을 했었다. 존재가 우리에게 드러나는 방식은 '~로서'이며, 또한 그런 방식으로 그때그때마다 다르게 드러난다. 그리고 그 이야기로부터 우리는 지식이, 만약 그것이 존재에 대한 숙고의 결과물이라고 한다면 그것은 절대로 완전할 수 없다는 결론을 이끌어냈었다. 다른 한편으로 숙고하는 우리 자신 역시 일정한 한계를 가질 수밖에 없는데, 그것은 존재에 대한 우리의 숙고가 어쨌든 우리 자신의 고유한 삶의 역사 속에서 지속적으로 변해 가면서 이루어지는 것이기 때문이었다. 이런 내용을 바탕으로 지금까지 진행된 이야기를 종합해 본다면 그것은 아마도 다음과 같이 정리될 수 있을 것이다.

> 우리는 역사적 성격, 즉 '역사성'을 가지고 우리에게 드러나는 존재를 경험하고 있는 존재이다. 그런 의미에서 우리는 현존재이며, 또한 현존재로서 우리는 그렇게 드러난 존재에 대해서 숙고하고 그것을 지식으로 정리하면서 살아가고 있다.

현존재와 그것의 역사성에 관한 전반적인 이야기는 하이데거로부터 나온 것이지만, 그것을 튼실한 이론으로 정리해서 학문적 발전을 가속화시킨 것은 그의 제자 가다머였다. 가다머는 앞에서 이야기했던 '존재에 대한 우리의 숙고'에 대해서 그것을 '존재의 드러남'과 '그렇게 드러난 것에 대한 우리의 숙고', 이 두 가지로 나누어 생각했는데, 그가 그것들 사이의 질적인 차이를 밝힘으로써 궁극적으로 하고 싶었던 이야기는 이런 것이었다. '우리의 지식은 과연 진리가 될 수 있을까?'

이 물음과 관련된 내용은 그의 대표작인 『진리와 방법』이라는 책에 자세하게 나와 있다. ('진리와 방법'은 영어로는 'Truth and Method', 독어로는 'Wahrheit und Methode'이다.) 그러나 그 책에는 대단히 복잡하고 어려운 내용들이 많이 담겨 있기 때문에 그 자세한 이야기를 여기에서 다 할 수는 없을 것 같다. 우리는 단지 그가 그 책에서 말하고자 했던 바를 지금 우리가 하고 있는 이야기에 연결시켜 보는 정도에서만 그치기로 하자.

그 책의 내용은 책 이름 그대로 진리와 방법 사이의 관계를 다루고 있는데, 한마디로 말해보면 '진리에 도달할 방법이 있겠는가?' 하는 것이다. 여기에서의 방법은 물론 학문적 방법을 말하며, 그냥 단순하게 '학문'으로 생각해 버려도 될 것이다. 그렇다면 우리는 그 물음을 이렇게 바꿔서 써볼 수도 있겠다.

'학문적 방법으로 진리에 도달할 수 있을까?'

가다머는 학문적 방법으로는 진리에 도달할 수 없다고 확신했다. 하이데거에게서도 그랬듯이 그 역시 우리가 역사성을 갖는 한, 어떤 방식으로 숙고하든 그 결과로서 지식은 필연적으로 한계가 있다고 생각했다. 그런 맥락에서 우리는 지금 가다머로부터 바로 그 '역사성'에 대해서 조금 더 소상한 이야기를 들어보고자 하는 것이다. 즉 '역사성은 구체적으로 우리에게 어떤 역할을 하고 있는가? 혹은 어떤 영향을 미치고 있는가?' 하는 문제를 다뤄보고자 하는 것이다. 그러기 위해서 다시 존재가 드러나는 방식인 '~로서'로 돌아가서 거기에서부터 이야기를 다시 정리해 내려오기로 하자.

어째서 존재는 '~로서' 드러나는 것일까? 우리는 마치 백지장처럼 그냥 있고, 존재가 어떤 이유에서건 스스로 자신을 '~로서' 드러내는 것일까? 아니면 우리의 어떤 특성 때문에 존재가 우리에게 '~로서' 드러날 수밖에 없는 것일까? 앞의 것이 맞는다고 한다면 존재는 의지를 가진 '실체(實體)'가 되며, 우리는 실체로서 그것을 연구할 수 있을 것이다. 반면에 뒤의 것이 맞는다고 한다면 존재는 실체와는 무관한 것으로서 우리가 그것 자체에 대해서 어떤 이야기를 하기란 대단히 어려울 것이다.

이것은 사실 대상에서 현상을 거쳐 존재에 이르는 과정에서 이미 했던 이야기를 다른 방식으로 하고 있을 뿐이다. 특히 '현상의 드러남'에 관련된 이야기를 여기에 적용해 본다면 아마도 별다른 차이를 발견하기 어려울 것이다. 어쨌든 우선 그것을 그냥 단순한 선택의 문제로 놓아두기로 하고, 그 두 가지 중에 어느 것이 더 확실한지만 생각해 보기로 하자. 그렇게 한다면 아마도 뒤의 것이 맞는다고 보는 것이 합리적일 것이다. 아무래도 우리의 입장에서는 존재보다는 우리 자신에 대한 이야기가 훨씬 더 분명할 것이기 때문이다. 그리고 만약 존재의 성격과 관계없이 그 이야기로 지금의 문제가 모두 해명될 수 있다고 한다면 그것으로 적절한 답을 찾았다고 생각해도 별 상관이 없을 것이다.

6. 현존재의 역사성과 선입견

우리는 앞에서 역사성을 '우리가 고유한 삶의 역사를 가지고 있다'는 의미로 받아들였다. 그것은 존재가 우리에게 드러나는 방식에 대해서 이야기하면서 나온 것이었다. 존재는 우리 개개인의 특정한 상황 속에서 우리에게 드러나며, 그래서 그때그때마다 다르게, 구체적으로 '~로서' 드러나게 된다. 그 말은 마치 우리가 미리 어떤 생각을 가지고 무엇인가를 바라보는 것처럼 존재가 우리에게 드러나기 전에 이미 우리가 어떤 특정한 시각을 가지고 있게 된다는 것을 의미한다. 역으로, 만약 우리가 그런 특정한 시각을 가지고 있지 않다면 존재는 우리에게 '~

로서' 드러날 수 없을 것이다. (존재가 드러나는 것은 거울에 뭔가가 비치듯 그렇게 드러나는 것이 아니라는 말을 기억해 보자.) 그리고 그런 특정한 시각은 우리가 각자의 삶을 살아가면서 경험하고, 그렇게 경험으로 쌓인 역사로부터 만들어지는 것이다. 그렇다고 한다면 우리의 역사는 존재의 드러남이라는 측면에서 언제나 특정한 시각으로 기능한다고 볼 수 있을 것이다.

존재는 우리에게 드러나고, 우리는 그것을 특정한 시각을 가지고 '~로서' 경험하게 된다. 그런데 '우리가 그런 경험을 했다'는 것, 그것은 구체적으로 어떤 의미를 갖는 것일까? 다시 말해서 그 경험의 결과로서 우리에게 어떤 일이 일어난다는 것인가? 가다머는 존재가 우리에게 드러나고 우리가 그것을 '~로서' 받아들였다는 것, 그것을 이렇게 표현하고 있다.

'우리에게 이해가 발생한 것이다.'

물론 그것은 우리 입장에서 보자면 뭔가를 이해했다는 말이다. 우리가 무엇인가를 이해했다고 말한다면 우리는 흔히 누구의 말을 알아들었다거나, 혹은 어떤 것에 대해서 숙고해서 알게 되었다는 의미로 받아들인다. 그럴 경우 거기에는 언제나 '내가 이해했다'는, 그리고 '나의 의지로 이해했다'는 의미가 담겨 있기 마련이다. 그러나 가다머는 그것에 대해서 이전과는 다른 대단히 독특한 시각을 가지고 접근하고 있다. 그의 관점에서 이해는 더 이상 내가 나의 의지로 한 것이 아니라 '내게서 발생한 것'일 뿐이며, 나는 단지 그것의 발생을 경험하고 있는 것이다.

'이해'는 반드시 두 가지 요소가 일정한 정도로 각각의 몫을 해야 발생할 수 있다. 하나는 존재가 우리에게 드러나야 한다는 것이고, 다른 하나는 현존재로서 우리가 그렇게 드러나는 존재를 경험해야 한다는 것이다. 그 결과로서 이해가 발생하게 되는 것인데, 그 과정에서 현존재는 '특정한 상황' 속에서 존재를 경험하게 된다. 그 특정한 상황은 다름이 아니라 지금 다루고 있는 '현존재의 역사성'이다. 그러므로 이해란 우리가 역사성 속에서, 혹은 역사성을 가지고 존재를 경험하는 것으로 정리될 수 있을 것이다. 그런데 그렇게 이해가 발생한 다음은 어떻게 되는 것일까? 그것에 대해서는 우선 이런 생각을 해볼 수 있을 것 같다. 아는 것이 많아졌을 것이고, 그렇게 이해를 반복적으로 경험할수록 아는 것이 더 많아질 것이다. 그러나 더 근본적인 차원에서 이야기해 본다면 그것은 아마도 이런 의미를 갖게 될 것이다. '지금 경험한 이해는 자연스럽게 우리 삶의 역사의 한 부분이 되었으며, 그런 역사를 바탕으로 우리는 또 다시 새로운 이해를 경험하게 될 것이다.'

이해는 '역사성을 본질로 하는 나', 그리고 그런 '나에게 드러나는 존재', 이 둘이 만나서 이루어지는 사건이다. (지금 이해를 굳이 '사건'이라고 표현한 이유는 그것이 우리의 의지와 무관하게 발생한다는, 그래서 우리는 단지 그것을 경험하게 될 뿐이라는 내용을 그 말에 담아두기 위한 것이다.) 이 사건에서 역사성은 내가 나 자신의 삶의 역사를 담고 있다는 의미이며, 따라서 이해는 언제나 그런 삶의 역사 위에서 발생할 수밖에 없는 것이다. 그것은 사실상 다음과 같이 말하는 것과 다를 바가 없는 이야기이다. '이해가 발생할 때 내가 의식하지 못하는 사이에 거기에는 이미 나의 특정한 관

점이 작용하고 있다.'

특정한 관점에 대해서는 아마 이렇게 비유해 보면 조금 더 알아듣기 쉬울 것이다. 이해는 마치 우리가 의식하지 못하는 사이에 우리 자신의 삶의 역사가 담긴 '색안경'을 끼고 뭔가를 보게 되는 것과 같다. 그렇기 때문에 우리가 우리 삶의 역사를 우리 자신으로부터 완전히 걷어낼 수 없는 한, 우리는 결코 그런 색안경을 벗을 수 없는 것이고, 결국 우리는 언제나 자신만의 색안경을 끼고 뭔가를 보게 되는 것이다. 가다머는 그 색안경을 딱 찍어서 '선입견(先入見)'이라고 말하고 있다.

우리는 어려서부터 선입견은 나쁜 것이니까 버려야 한다는 말을 듣기도 하고, 스스로 하기도 하면서 자라왔다. 그런데 우리가 선입견을 벗을 수 없는 안경처럼 하고 살아가야 한다는 것은 도대체 무슨 말일까? 더구나 선입견은 이해의 발생을 위한 필수조건이고, 그래서 우리에게 선입견 없다면 우리가 아무것도 이해할 수 없다니……. 그러나 정말로 이해가 선입견으로부터 온 것이라고 한다면 어떻게 그것을 제대로 된 이해라고 할 수 있을까? 이것은 물론 상당히 혼란스러운 이야기임에 틀림이 없다. 그럼에도 불구하고 가다머가 말하는 '선입견'과 우리가 일상적으로 쓰는 선입견이라는 말 사이에는 의미상 상당한 차이가 있다. 만약 그 차이가 어떤 것인지 알게 된다면 우리는 그런 혼란으로부터 자연스럽게 벗어날 수 있게 될 것이다.

가다머는 독일 사람이다. 따라서 그가 말하는 선입견이 어떤 의미인지 알기 위해서는 독일어에 대한 이해가 약간 필요할 것 같다. 독일어로 선입견은 'Vorurteil', 소리 나는 대로 읽으면 '포어우어타일'인데, 그 말은 'Vor + urteil(포어 + 우어타일)'의 구조로 되어 있다. 'urteil(우어타일)' 이 '판단'이라는 의미이므로 'Vor + urteil을 그대로 우리말로 옮겨 보면 '선 + 판단'이 된다.

가다머가 말하는 선판단과 일상적으로 쓰이는 선입견이라는 말의 가장 큰 차이점은 선입견이 일종의 '편견' 혹은 편견을 유발하는 요인인 반면에 선판단은 그런 편견과는 직접적인 관계가 없다는 것이다. 선판단은 단순히 우리가 우리 자신의 삶의 역사를 담고 있다는 의미에서의 '역사성'이 이해가 발생하는 과정에서 하게 되는 역할을 가리키고 있을 뿐이다. 즉 우리 삶의 역사가 선판단으로 작용해 우리가 어떤 것을 '~로서' 받아들이게 해준다는 말이다. 그러므로 그런 선판단이 없다고 한다면 우리에게 '~'로서 드러나는 사건은 결코 발생하지 않을 것이다. 또한 그와 더불어 이해라는 사건도 발생하지 않게 될 것이다. 그렇다면 '선판단이라는 의미에서의 선입견'에는 어떤 내용이 담겨 있을까? 만약에 우리가 그것을 알 수만 있다면 우리는 '이해'라는 사건이 발생할 때 존재와 선입견을 나누어 놓고 따져볼 수 있을 것이고, 그 결과 우리는 다른 요소들이 배제된 정말로 순수한 존재를 접할 수 있게 될 것이다. (그러나 이것은 앞에서 후설이 했던 시도, 즉 현상으로부터 의식의 '때'를 벗겨내려던 시도와 비슷한 맥락의 이야기가 되고 말 것이다.)

7. 선입견과 존재의 진리

우리는 가다머의 '선입견'이 실제로는 우리의 역사성인 '선판단'이며, 그렇기 때문에 우리가 생각했던 것처럼 그렇게 부정적인 것은 아니라는 사실을 알았다. 더불어 선입견의 내용이 어떤 것인지 알 수 있다면 그것을 제거해 버리고 완전히 순수한 존재를 접할 수 있지나 않을까 하는 생각도 해보았다. 그런 생각은 대단히 중요한 의미를 갖는데, 그것은 우리에게 드러나는 것의 정체를 '완전히 순수하게 그것 자체로서' 파악하려는 시도이기 때문이다. 그리고 만약 실제로 그것이 가능하다고 한다면 그렇게 알게 되는 정체는 그 순수성만으로도 우리에게는 '진리'와 다를 바가 없을 것이다.

그런 면에 초점을 맞추고 보면 이해의 과정은 어쩌면 존재가 선입견과 뒤섞여서 변질되는 과정으로 비쳐질 수도 있을 것 같다. 그러나 그렇게 접근할 경우, 그것은 지금까지 우리가 해왔던 이야기들을 다시 원점으로 되돌리는 결과를 초래하게 될 것이다. 왜냐하면 존재가 우리에게 드러나는 동시에 변질된다고 한다면 그것은 변질되기 이전의 것과 분명히 다를 것이고, 그렇다면 우리는 그것을 마치 진짜와 가짜를 구별하려 했던 앞에서의 이야기와 비슷한 정도로 생각하기 쉬울 것이기 때문이다. 그러나 존재는 그 자체로 따로 있는 어떤 것이 아니라 '드러남 그 자체'이며, 그렇게 드러났다는 것은 바로 우리에게 드러났다는 것, 따라서 그것은 우리의 역사성으로서 선판단, 즉 선입견과 분리될 수 없는 관계를 이미 맺고 있는 것이다.

존재는 어떤 실체로서 따로 있는 것이 아니다. 그것은 어쩌면 개념적인 차원에서 우리가 그렇게 이름 붙여 놓은 것에 불과할 뿐이다. 우리에게 '~로서' 드러났다고 한다면 이미 그것은 우리의 선입견이 반영된 결과로서 우리에게 이해된 것이다. 이 이야기를 바탕으로 다시 지금 다루고 있는 문제로 돌아와 그것부터 확실하게 마무리해 보도록 하자. 우리는 과연 존재와 선입견을 분리해낼 수 있을까? 그래서 우리가 과연 순수한 존재를 접할 수 있는 것일까? 그렇게 해보자는 유혹이 끊임없이 우리를 끌어당기겠지만, 우리가 무슨 방법을 동원한다 하더라도 그것은 절대로 불가능한 일이다. 다시 한 번 말하겠지만 '~로서' 드러나는 것, 그것이 사실상 우리가 어떤 생각을 시작할 수 있는 출발점이기 때문이다. 그 이전에 대해서는 혹시 이론상 이야기 정도는 가능할지도 모르겠으나 그것이 실제적인 의미를 갖기는 대단히 어려울 것이다. 우리에게 드러난 이후에야 비로소 우리가 그것에 대해서 무엇이든 생각할 수 있기 때문이다. 그 이전에 우리가 도대체 무엇을 할 수 있을까?

우리가 어떤 것에 대해서 생각한다는 것, 그것은 우리에게 그 '어떤 것'이 이미 '~로서' 드러났다는 것을 전제한다. 그리고 거기에는 다시 우리의 역사성, 즉 선입견이 작용했다는 것이 전제되어 있다. 어떤 방법으로도 그런 과정을 피해가거나 거슬러갈 수는 없다. 다시 한 번 강조해두거니와, 우리에게 어떤 것이 '~로서' 드러났다고 한다면 거기에는 '선입견이 작용했다'는 사실이 이미 같이 엮여서 가고 있는 셈이다. 그러므로 이해로부터 존재와 선입견을 분리하려는 시도는 반드시 실패로 끝날 수밖에 없으며, 이제부터 우리는 그것을 우리의 숙명적인 상황으로 받아들여야만 할 것이다. 여기에서 숙명적인 상황이라는 말은 의미상 '본질'이라는 말로 바꿔 써도 별 무리가 없을 것이다. 그러므로 가다머가 옳다고 한다면 단언하건대,

> 우리의 모든 생각은 선입견의 바탕 위에서 이루어지고 있으며, 그것이 우리의 본질인 이상 우리에게 선입견을 극복할 방법이란 없다.

앞에서 존재에 관한 이야기를 하면서 그것을 그대로 진리와 연결시켜 보려고 했던 것 같다. 그러나 아직까지는 불분명한 상태로 남아 있기 때문에 그것에 관해서 조금 더 자세한 설명이 있어야 하겠다. 간단하게 말해서 그것은 이러한 것이다. '존재와 진리는 과연 어떤 관계인가?' 우선 이렇게 생각해 보기로 하자. '존재 = 진리'인가? 흔히들 그렇게 생각하기 쉬우며, 또 그냥 그렇게 믿어버리는 경향도 있는 것 같다. 물론 아직까지 어느 쪽이 확실하게 옳다고 단정할 수는 없을 것이다. 그렇지만 만약 정말로 그렇다고 결론이 나버린다면 우리는 대단히 힘든 상황을 맞게 될지도 모르겠다. 왜냐하면 존재는 그것이 우리에게 드러나야 거기에서부터 비로소 제대로 된 의미를 갖게 되기 때문이다.

앞에서도 이야기했지만 드러나기 이전에 존재는 단지 개념적인 차원에서나 이야기가 가능할 뿐, 아직까지 구체적인 의미를 부여할 만한 어떤 것도 아니다. 소위 '피안(彼岸)의 세계'에 속해 있다고 보는 것이 차라리 나을 것이다. 그런데 존재가 우리에게 드러나는 순간 우리 입장에서 그것은 존재가 본래 가지고 있던 순수성을 한꺼번에 잃게 되는 것과 같다. 그것은 물론 순수하다고 여겨지는 존재에 이미 우리의 선입견이 작용한 다음이기 때문이다. 그러므로 지금처럼 '존재 = 진리'라는 생각을 고수하려 한다면 우리는 순수한 의미에서의 진리와는 완전히 단절될 수밖에 없으며, 그 결과 그것은 단지 우리에게서 현실과는 무관한 이상(理想)으로만 남게 될 것이다.

우리에게 실제로 의미가 있는 것은 '순수한 개념으로서 존재' 혹은 '개념적으로 순수한 존재'가 아니다. 존재가 의미 있는 것이 되기 위해서는 그것이 우리에게 '~로서' 드러난 이후, 즉 '존재 + 선입견'이 된

다음부터이다. 이런 과정 전체를 한눈에 볼 수 있도록 도식화해 본다면 이해와 관련된 과정은 아마도 다음과 같이 표현될 수 있을 것이다.

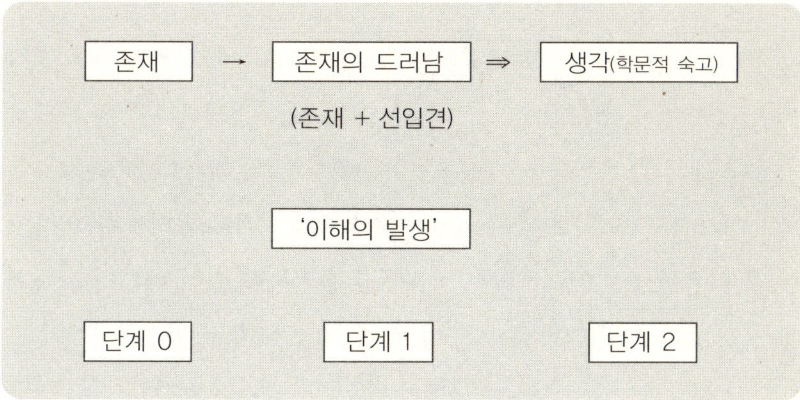

단계 0

존재는 우리에게 드러나기 전에 '순수하다'는 면에서 진리의 유력한 후보였다. 그러나 그것은 어디까지나 개념적으로 가정된 것에 불과했고, 그런 면에서 우리가 그 단계에서 구체적인 의미를 부여하기는 매우 곤란했다.

단계 1

우리에게 존재가 드러나는 순간으로서 실제로 의미를 가질 수 있는 첫 단계이지만, 그 순간 그것은 이미 본래의 순수성을 잃고 선입견이라는 '때'가 묻은 다음이었다. 그래서 그것을 진리와 직접 연결시켜 생각하기에는 아무래도 곤란한 면이 없지 않았다.

단계 2
우리는 그렇게 드러난 존재, 즉 '존재 + 선입견'을 가지고 어떤 생각을 하게 되는데, 학문적 숙고는 바로 그러한 단계에 속해 있다고 볼 수 있다.

오랜 동안 우리는 '단계 1'에서 '단계 0'으로 돌아가는 방법을 진리에 이르는 길로 생각했으며, 그 길을 찾는 것을 진정한 학문적 과제로 간주해 왔다. (그리고 어쩌면 지금 우리 자신이 바로 그런 생각에 빠져 헤매고 있을지도 모르겠다.) 그러나 만약 우리가 가다머식의 생각에 동의할 수 있다고 한다면, 유감스럽게도 우리는 처음부터 불가능한 일에 매달려 불필요한 고생을 하고 있었던 셈이다. 왜냐하면 우리에게 구체적인 의미가 드러나기 시작하는 곳, 그래서 우리가 실제적인 의미를 발견할 수 있는 곳은 '단계 0'이 아니라 '단계 1'이기 때문이다.

그런 맥락에서 가다머는 우리 이야기의 모든 시작점을 '존재 그 자체'(단계 0)가 아니라, '존재의 경험'(단계 1)에 두자고 제안하고 있는 것이다. 다시 말해서 우리는 존재의 경험을 거슬러 올라가 선입견을 제거하고 존재 그 자체에 도달할 수 없으니, 존재가 드러나면서 우리가 하게 되는 경험을 이야기의 출발점으로 삼자는 것이다. 그렇게 보았을 때 그 '거슬러 올라가는 작업'은 '단계 2', 즉 학문적 숙고에 해당하게 되는데, 그럴 경우 학문적 숙고는 존재 그 자체로 돌아가는 방향이 아니라, 오히려 그 반대쪽으로 진행하는 방향이라고 할 수 있을 것이다. 간단히 말해서 학문적 숙고인 '방법'으로는 결코 존재 그 자체, 즉 '진리'에 이를 수 없다는 것이다.

『진리와 방법』에서 어찌 보면 가다머는 우리에게 대단히 비관적인 소식을 전하고 있는 것 같았다. (진리에 도달할 방법이 없으니 포기하는 것이 차라리 현명할 테니까.) 그러나 그가 궁극적으로 하고자 하는 이야기는 결코 그런 것이 아니었다. 그의 이야기를 잘 따라가다 보면 우리는 그 안에서 한 가지 희망적인 내용도 발견할 수 있게 되는데, 필자가 보기에 그것이 바로 가다머가 우리에게 전하고자 하는 궁극적인 메시지라 할 수 있을 것이다.

위의 도식에서 '단계 2'를 기준으로 놓고 보았을 때, 만약 '존재 = 진리'라고 한다면 우리는 '단계 1'로부터 '단계 0'으로 되돌아갈 수 없다. 그런 면에서라면 우리가 힘들어지게 될 것이라는 이야기가 맞을 것이다. 그러나 '단계 1'을 기준으로 했을 때, 만약 '존재 = 진리'라고 한다면 분위기는 사뭇 달라지게 된다. 왜냐하면 그것은 우리가 이런저런 생각을 하기도 전에 이미 진리를 경험하고 있다는 의미가 되기 때문이다. 우리가 '현존재'임을 기억해 보자. 현존재는 존재가 드러나는 곳이며, 그렇다고 한다면 우리는 드러나는 존재, 즉 진리를 경험하는 그런 존재인 셈이다. (물론 거기에서 '단계 2' 로 넘어간다면 그것은 선입견의 때를 벗기고 온전한 진리로 돌아갈 가능성과는 거리가 더 멀어지게 된다.) 따라서 '존재 = 진리'라 하더라도 우리는 더 이상 힘들게 될 것을 염려할 필요가 없게 되는 것이다. 학문적인 방법으로 진리에 도달하는 것은 불가능하다 할지라도, 그 이전에 우리는 이미 우리에게 드러나는 진리를 경험하고 있기 때문이다.

해석과비판

INTERPRETATION AND CRITICISM 02

CHAPTER 02

진리와 비판

사회과학의 입장에서 비판이란 그럴듯하게 보이는
어떤 것의 표면 뒤에 숨어 있는 '이면' 또는 정상적으로 보이도록
꾸며진 어떤 것의 '배후'를 찾아내는 것이다.

1. 이해와 지평융합

제1장에서 우리는 학문의 기본적인 특성으로서 '객관성'이 학문적인 것과 그렇지 않은 것을 나누는 기준으로서 그다지 완벽하지 못하다는 사실에 대해서 살펴보았다. 가장 큰 문제는 우리 자신에게 있었는데, 우리의 역사성이 선입견으로 작용하고 있는 한, 우리의 학문적 숙고는 이미 모두 선입견의 때가 묻은 결과물로 볼 수 있었다. 그리고 그 때를 벗기려는 노력 역시 결국 학문적 활동인 한, 어떤 방법을 통해서도 그러한 한계를 완전히 극복해낼 수는 없었다. 이렇게 학문적으로 숙명적인 한계를 가지고 있는 반면에 한편으로 우리는 존재의 드러남을 통해서 진리를 경험하는 존재, 즉 '현존재'라는 희망적인 소식도 듣게 되었다.

특히 그 경험은 학문적인 노력과는 전혀 관계가 없다는 면에서 기존의 관점들을 뛰어넘는 새로운 위치에 자리했다고 볼 수 있을 것이다.

그런 희망적인 소식에 이르기까지 우리는 대상으로부터 출발하여 현상을 거쳐 존재에 이르는 꽤나 복잡한 과정을 밟아왔다. 비교적 긴 이야기였기 때문에 전체적인 흐름은 다음과 같이 간단하게 정리해서 기억해 두면 좋을 것 같다.

대상 ⇨ 현상 ⇨ 존재
(인식론) (현상학) (존재론)

칸트 후설 하이데거 가다머

근대 ←||→ 현대

인간과 학문 또는 학문과 진리에 대한 이야기는 '존재'에 이르러 일단락되었다고 보아도 무방하겠다. 그러나 모든 이야기가 한꺼번에 끝나버리는 것은 아니다. 존재로부터 또 다른 이야기들이 펼쳐지게 되는데, 거기에서 지금의 이야기는 다시 새로운 국면으로 접어들게 될 것이다.

가다머에 대한 이야기를 조금 더 해보기로 하자. 그는 선입견이 사람들이 생각하듯 그렇게 부정적인 것만은 아니라고 주장했다. 그 이유는 선입견이 단순한 편견과는 무관할 뿐만 아니라 이해의 발생에 필수적인 요소였기 때문이다. 그런데 거기서 한 걸음 더 나아가서 그는 만약 우리가 역사성의 존재라고 한다면, 이해의 발생과정에서 선입견은 다름 아닌 '우리 자신'을 의미한다고 주장하고 있다. 그의 견해에 따르면, 선입견의 형성 자체가 우리 자신의 역사성으로부터 기인한 것이며, 그렇게 형성된 선입견을 기반으로 이해가 발생하기 때문이다.

이해의 발생이 우리의 역사성과 무관하지 않다면 그러한 역사성 속에서 이해는 끊임없이 발생하게 될 것이다. 다시 말해서 이해의 발생은 따로 정해진 때가 있는 것이 아니라, 우리 개인의 역사가 중단되지 않는 한, 언제 어디서라도 계속해서 발생하게 된다는 것이다. 이해가 우리의 의식에서 발생한다는 점을 고려한다면, 물론 의식의 활동이 중단되었을 때, 예를 들어 우리가 잠이 들었을 때나 혹은 기절했을 때, 그때에도 이해가 발생한다고 보기는 매우 어려울 것이다. 그러나 그런 애매한 경우 몇 가지를 제외한다면 이해는 특별한 제한 없이 우리에게서 지속적으로 발생하고 있는 셈이다. 그래서 가다머는 우리를 '이해하는 존재'로 규정하고 있는데, 그것은 결국 우리가 평생 동안 이해를 경험하면서 살아가는 그런 존재라는 의미이다.

이해의 발생과 관련해서 가다머가 말하는 '우리에게'는 사실상 '우리의 의식에'를 의미한다고 보아야 할 것이다. 현상과 존재의 밀접한 관계에 근거했을 때 현상이 드러나는 곳이 의식이라고 한다면 존재의 경우에도 그것은 역시 마찬가지일 것이기 때문이다. 어쨌든 이해는 우리의 의식과 존재의 만남이라고 할 수 있겠는데, '만남'이라는 말로 이해라는 사건의 발생과정을 분명하게 하기에는 아무래도 역부족인 것 같다. 그래서 가다머는 이해의 발생과정을 설명하는 과정에서 의식과 존재의 만남 이외에 '지평융합(地平融合)'이라는 상당히 독특한 개념을 도입하고 있다.

가다머에게서 지평은 우리가 흔히 '시야가 좁다 혹은 넓다'고 말하는 경우, 그때의 그 '시야'와 비슷한 의미를 갖는 말이다. 또는 '이런 관점 저런 관점' 할 때, 그 '관점'과도 비슷한 의미를 갖는 말이다. 그래서 지평융합은 말 그대로 두 가지 서로 다른 시야가 만나서 합쳐지는 사건이라고 볼 수 있다. 그 두 가지 중 하나는 우리에게 드러나는 존재의 지평이고, 다른 하나는 우리 자신이라는 선입견 지평이다.

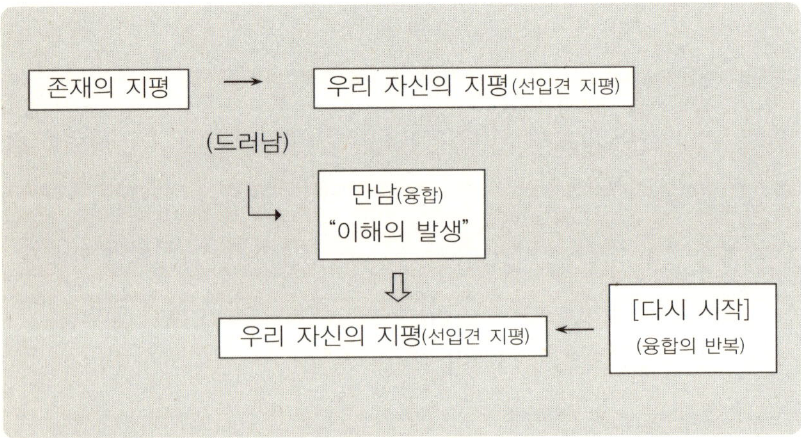

그렇게 이해가 발생하면 그것은 우리 자신의 지평이 어떤 식으로든 변화를 겪었다는 것을 의미한다. 그러나 그 변화는 양적인 변화라기보다는 질적인 변화에 가까워서 이미 이루어진 융합을 거슬러 그 융합의 결과인 이해로부터 그것의 요소였던 존재의 지평과 선입견 지평을 나눌 수 없다. 그리고 그렇게 변화를 겪은 우리 자신은 그 자체로서 다시 선입견이라는 지평이 되고, 또 다시 새로운 존재의 지평과 만나 그렇게 융합하기를 반복하게 된다. 그러한 반복은 우리가 살아 있는 한 끊임없이 계속되며, 그런 이유로 가다머는 우리를 다름이 아니라 '이해하는 존재'로 규정하고 있는 것이다.

이해의 발생에 대해 이야기하면서 우리는 '만남'과 더불어 '융합'이라는 개념을 받아들였다. 그것으로 이해가 발생할 때 나타나는 변화에 대해서는 어느 정도 설명이 된 것 같다. 이제 따져보아야 할 문제는 그러한 만남과 융합이 과연 어떤 방식이나 형태로 일어나는가 하는 것이다. 그렇게 해야만 이해의 발생과정을 통해서 그것에 참여하는 두 가지 요소, 즉 존재와 우리 의식의 성격이 더욱 분명하게 드러날 수 있을 것이기 때문이다.

가다머는 지평들 사이의 융합이 '대화'의 방식으로 발생한다고 추가적인 설명을 붙이고 있다. 그의 설명에 따르면, 두 지평이 만나서 융합하는 것은 대화와 같은 특정한 과정을 통해서 가능한 것이다. 존재의 지평이 드러나면 우리의 지평, 즉 선입견 지평은 그것에 반응하게 되고, 그 순간 그 두 지평이 융합해서 이해가 발생하게 되는데, 그 과정이 대화와 모종의 관계가 있다는 것이다. 대화는 언어 대 언어의 만남이다. 언어 없는 대화는 없다. 그렇다고 한다면 존재의 지평과 나의 지평은 언어로 이루어진 것일까? 지평의 융합이 대화의 과정을 통해서 발생한다면 당연히 그래야 맞는 것 아닐까?

우리는 앞에서 이해를 경험하는 '나'가 구체적으로 '나의 의식'이라는 것을 알았다. 그런 나의 의식은 '나의 지평'과 어떤 관계가 있는 것일까? 그리고 마찬가지로 '존재'와 '존재의 지평'은 어떤 관계가 있는 것일까? 지평융합에 대해서 설명을 할 때, 단순하게 다음과 같이 이야기하고 그냥 지나가 버리는 경우가 많은 것 같다. '그것은 대화의 과정을 통해서 발생한다.' 그래서 배우는 입장에서는 마치 '지평 = 언어'인 것처럼 들리고, 결국 그런 착각이나 혼란에 빠져 고생을 하게 되는 경우를 종종 보게 된다. 그러나 잘 따지고 들어가 보면 절대로 그렇지 않다는 사실을 알게 될 것이다.

가다머에게서 지평은 '시야 혹은 관점'과 비슷한 의미를 갖는 말이었다. 그렇다고 한다면 결국 '시야 = 언어', 아니면 '관점 = 언어'가 되어야 지평융합이 일종의 대화가 될 수 있을 것이다. 그런데 시야나 관점은 대화 참여자들 각각의 배경이나 기반의 역할을 하고 있을 뿐이지, 그것 자체가 대화 참여자로서 직접 대화를 하는 것은 아니다. 다시 말해서 시야나 관점이 대화를 하는 것이 아니라 시야나 관점을 '가지고' 대화하는 것이 맞는다는 뜻이다.

예를 들어 이렇게 한번 생각해 보기로 하자. A와 B가 대화를 하고 있을 경우, 실제로 대화를 하는 것은 누구인가? 당연히 A와 B이다. 그리고 그때 A와 B는 어떤 시야나 관점을 가지고 대화를 하게 될 것이다. (시야나 관점이 없는 대화는 있을 수 없다.) 이제 지평융합 개념으로 다시 돌아가서 방금 든 예의 A에는 '존재'를, B에는 '나의 의식'을 넣어보기로 하자. 그러면 아마도 다음과 같은 그림이 머리에 그려질 수 있을 것이다.

존재는 내게 말을 걸어오고, 나는—구체적으로 나의 의식은—응답한다. 그것이 대화인 한, 대화 참여자인 그 둘 모두 '언어'라는 사실

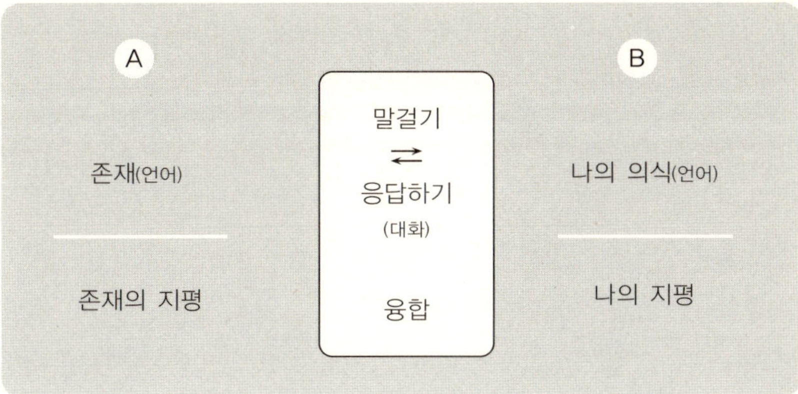

은 의심의 여지가 없을 것이다. 그리고 그 언어들이 대화하고 있는 동안 그것들의 기반인 관점이나 시야의 교류(交流)도 일어나게 될 것이다. 여기에서 관점이나 시야가 지평이라고 한다면 그것들 사이의 교류가 바로 '지평융합'이 아니고 무엇이겠는가? 따라서 이해는 결국 대화의 과정에서 시야나 관점의 교류가 발생하게 되는 사건을 말하며, 그것이 바로 가다머가 이해를 '지평융합'이라는 개념을 통해서 설명하면서 이야기하고자 했던 중심 내용이라 할 수 있을 것이다.

2. 존재와 해석학

일반적으로 우리는 '우리가 언어를 가지고 누군가와 대화를 한다'고 생각하는 것 같다. 그러나 그것은 대단히 잘못된 생각이다. 언어는 결코 대화를 하기 위한 도구나 수단이 아니다. 대화에서 대화에 참여하는 자와 언어는 절대로 분리될 수 없다. 즉 대화는 전적으로 그것에 참여하고 있는 언어들 사이에서 이루어지는 사건이다. 그렇다고 한다면 우리가 대화를 하고 있다는 것, 그것은 우리 자신이 '언어로서' 대화하고 있다는 의미가 될 것이다. 다시 말해서 우리가 대화를 하고 있다면 대화 참여자로서 우리는 의심의 여지없이 언어이다. 마찬가지로 우리와 대화하는 존재 역시 언어일 수밖에 없다. 그렇지 않다면 대화는 결코 이루어질 수 없을 것이기 때문이다. 그리고 그런 언어적 존재들 사이의 대화를 통해서 우리에게 이해가 발생하게 되는 것이다.

앞서 우리는 대상으로부터 출발해서 현상을 거쳐 존재에 이르는 과정을 도식을 통해 정리해 보았다. 그러나 이야기가 이미 존재를 지나쳐서 언어에까지 이르고 있기 때문에 더 이상 존재를 이야기의 종착점으로 볼 수 없을 것 같다. 그러므로 앞서의 도식은 그 끝에 언어를 추가하여 다음과 같은 모양으로 바꾸어 놓아야 할 것이다.

대상	→	현상	→	존재	→	언어
(인식론)		(현상학)		(존재론)		(언어존재론)

대상에서 현상으로, 그리고 현상에서 존재로, 다시 존재에서 언어로, 이것이 우리가 지금까지 이야기를 이끌어 온 경로라고 할 수 있겠다. 그와 더불어 우리는 그 각각의 것을 주제나 관심으로 하는 인식론, 현상학, 존재론에 대해서도 살펴보았다. 그런데 앞의 도식을 보면 유독 언어에 대해서만 '언어존재론'이라고 쓰고 그 뒤에 물음표를 붙여두었

다. 그것은 언어존재론이 어떤 학문분야를 지칭하는 말로서 정식화되어 널리 쓰이는 표현이라고 볼 수 없기 때문이다. 그럼에도 불구하고 이해가 대화하는 방식으로 발생하고, 그 대화의 참여자로서 우리와 존재가 언어일 수밖에 없다는 점을 고려한다면 그렇게 표현한다고 해서 크게 문제가 될 것 같지도 않다. 더구나 존재와 언어 사이의 관계에 대한 가다머의 견해를 함축하고 있는 다음과 같은 한마디의 의미를 되새겨 본다면 그것은 한편으로 매우 적합한 표현으로 보이기도 한다.

> '이해될 수 있는 존재는 언어이다.'
>
> *Hermeneutik und Ideologiekritik*, 71쪽.

언어존재론이 말 그대로 존재론의 연장선상에 있다는 점에서, 그리고 가다머의 입장이 존재와 언어의 관계를 특히 '이해'라는 관점에서 바라보고 있다는 점에서 그런 점들을 고려한다면 앞의 도식은 실제로는 다음과 같은 구조를 갖게 될 것이다.

대상	→	현상	→	[존재	→	언어]
(인식론)		(현상학)			(해석학)	

그런데 왜 존재와 언어를 주제나 관심으로 하는 분야를 '이해의 학' 혹은 '이해학'이 아니라 '해석학(解釋學)'이라고 부르는 것일까?

원래는 대상으로부터 현상으로의 흐름, 즉 현상학적 흐름과는 조금 다른 맥락에서 해석학이라는 분야가 별도로 있었다. (해석학은 영어로는 'Hermeneutic', 독어로는 'Hermeneutik'이라고 한다.) 그러다가 그 두 가지 흐름이 대체적으로 하이데거에게서 교차하게 되는데, 그래서 하이데거의 해석학을 흔히 '현상학적 해석학'이라고 부르기도 한다.

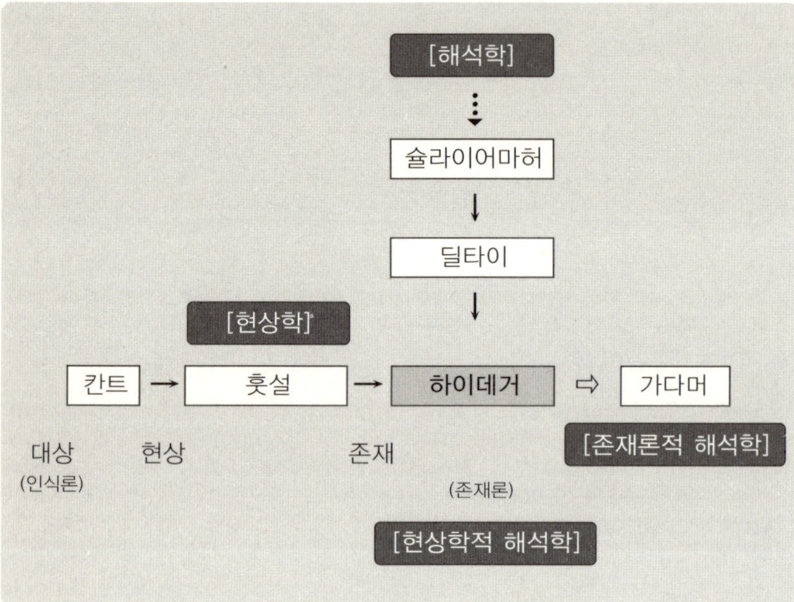

현상학적 해석학이 주로 존재의 드러남에 초점을 맞춘 해석학이라고 한다면, 그것이 가다머에게 이어지면서 언어와 이해에 대한 해석학으로 자리 잡은 것으로 볼 수 있다. 그래서 우리는 하이데거 이전의 해석학은 과감하게 잘라내기로 하고 그 나머지, 즉 하이데거 이후의 해석학을 현상학에 접붙이는 방식으로, 그래서 현상학적 해석학과 존재론적 해석학을 중심으로 이야기를 풀어나가 보도록 하겠다.

해석학은 말 그대로 '해석의 학'이다. 해석과 관련해서 해석학의 관심은 크게 다음과 같은 두 가지로 나뉘게 된다. 하나는 '어떻게 해석할 것인가?' 하는 것이고, 다른 하나는 '해석이란 무엇인가?' 하는 것이다. 특히 '어떻게 해석할 것인가?' 하는 것은 해석의 '방법'에 주된 관심을 두고 있을 경우에 던지게 되는 물음이다. 그런데 우리는 가다머에 대한 이야기를 하면서 그가 '방법으로는 진리에 도달할 수 없다'는 주장을 펼쳤던 것을 기억하고 있다. 만약 그의 주장이 옳다고 한다면, 우리가 그 '어떻게'에 아무리 매달린다 하더라도 결국 진리에 합치할 정도로 정확한 해석에 도달할 수는 없을 것이다.

방법에 대한 관심이 반영된 어떤 작업도 가다머가 기대하는 정도에 미치지 못하는 결과를 낳게 될 가능성이 매우 높다. 그래서 가다머는 앞에서 제시된 첫 번째 물음을 버리고 두 번째 물음에 집중하게 되었으며, 한편으로 두 번째 물음에 대한 답으로부터 첫 번째 물음이 무의미하다는 결론에 도달하게 되었던 것이다. 물론 그것은 명백하게 하이데거로부터 시작된 변화를 가다머가 이어받음으로써 가능했던 일이다. 왜냐하면 두 번째 물음에 대해서는 궁극적으로 우리 자신의 존재, 즉 현존재에 대한 통찰로부터 비로소 그 실마리를 풀어나갈 수 있을 것이기 때문이다.

현존재에 관련된 내용은 이미 충분하게 이야기되었던 것 같다. 현존재란 간단하게 말해서 '존재가 드러나는 곳'으로서, 바로 우리 자신을 일컫는 말이었다. 현존재로서 우리는 그렇게 드러나는 존재를 '이해'라는 사건으로 경험하게 되는데, 그러므로 현존재는 결국 이해하는 존재를 일컫는 또 다른 방식의 표현이 되는 셈이다. 그런데 이해와 관련해서 우리는 일반적으로 다음과 같이 생각하는 경향이 있는 것 같다. 즉 '우리는 먼저 어떤 것을 이해하고, 그 다음 단계로 그것에 대해서 어느 정도 숙고하는 과정을 거쳐서 해석을 (완성)하게 된다.' 그러나 이해가 발생하는 과정을 잘 살펴보면 그 안에 이미 그런 모든 과정이 압축적으로 담겨 있음을 알 수 있다.

앞에서 우리는 이해될 수 있는 존재는 언어라는, 그래서 이해가 언제나 대화의 형식으로 발생하게 된다는 내용을 살펴보았다. 거기에서 중요한 것은 이해와 언어 사이의 관계인데, 그 이유는 그것으로부터 다시 이해와 해석 사이의 관계가 분명해질 수 있기 때문이다. 언어 대 언어의 대화를 통해서 이해가 발생한다면 그러한 이해는 대체적으로 이러한 과정을 거치면서 이루어지게 될 것이다. '우리에게 어떤 것이 말하듯 드러나고, 동시에 우리도 그것에 응답하면서 그 결과로서 이해가 발생하게 된다.'

이해가 발생했다는 것은 한편으로 '지평융합'이 발생했음을 의미한다. 그리고 그것은 특정한 지평, 그러니까 특정한 관점들 사이에서 이루어진 융합의 결과라고 볼 수 있을 것이다. 그런데 '어떤 것을 특정한 관점에서 말하고 있다'는 것, 그것은 다음과 같은 의미를 전제하고 있는 것이 아닐까? 그 '어떤 것'이 이미 그러한 관점을 통해서 해석된 결과(물)이다. 또한 우리가 응답하는 상대가 정말로 '특정한 관점을 통해서 해석된 것'이라고 한다면, 그렇게 관점의 융합을 경험하는 우리는—다시 말해서 이해의 발생을 경험하는 우리는—결과적으로 이미 해석된 것을 (다시) 해석하고 있다고 할 수 있을 것이다. 그것을 가다머 식으로 표현하자면 아마도 이렇게 될 수 있을 것이다.

대화가 아니라 '언어 그 자체'만 놓고 보기로 하자. 가다머는 지금 다루고 있는 내용과 관련해서 또 약간은 이상해 보이는 이야기를 하고 있는데, 그것은 말이 항상 '말 되어진 것' 혹은 '말해진 것'으로 존재한다는 것이다. 그가 그런 이야기를 했던 이유는 아마도 다음과 같은 것을 우리에게 보여주려 했기 때문인 것 같다. 즉 '말' 자체가 이미 어떤 결과로서 존재한다.

'말 되어진 것' 혹은 '말해진 것', 이것들은 우리말로는 대단히 어색한 표현이 아닐 수 없다. 독일 말을 억지로 우리말로 옮기려다 보니 그렇게 되어버린 듯하다. 어쩌면 독일 말로 따져볼 경우 훨씬 더 쉽고 정확하게 그것의 의미를 파악할 수 있을지도 모르겠다. '말 되어진 것' 혹은 '말해진 것'은 독일어로 'ein Gesagtes'인데, 소리나는 대로 써보면 '아인 게작테스' 정도가 될 것이다. 그것은 '말하다'라는 뜻의 동사 'sagen'의 과거분사 'gesagt'에 영어로 치면 'a(an)'에 해당하는 부정관사 'ein'을 붙이고 어미를 살짝 바꿔서 명사화한 것이다. (sagen은 '자겐', gesagt는 '게작크트' ein은 '아인'이라고 읽는다.) 영어에서 현재분사는 능동, 진행의 의미를 갖는 반면에 과거분사는 수동, 완료의 의미를 가지고 있다. 그것은 독일어에서도 마찬가지라서 이제 'ein Gesagtes'가 어떤 식으로 만들어진 말인지에 대해서는 어느 정도 분명해졌다.

이와 같이 가다머는 말이 '말 되어진, 말해진' 결과로서 존재한다고 주장했고, 만약 우리가 가다머의 주장을 받아들인다고 한다면, 말과—즉 언어와—이해 사이의 관계를 고려했을 때 우리는 이해가 이미 해석된 것의 이해, 다시 말해서 (재)해석임을 자연스럽게 받아들일 수 있을 것이다.

이해라는 관점에서 보면 언어는 그 자체로서 이미 이해나 해석(의 결과)이다. 또한 그렇게 언어로서 존재하는 우리는 이해하는 존재인 동시에 해석하는 존재인 셈이다. 바로 그런 의미에서 우리는 이해의 학을 해석학이라고 부를 수 있는 것이다. 그러나 해석학에서 언어가 그렇게 중요한 의미를 갖고 있기 때문에 해석학은 계속해서 몹시도 시끄럽고 복잡스런 논란에 휘말리게 된다. 그것은 우리가 언어에 대한 성격을 어떻게 규정하느냐에 따라서 해석학의 입장이나 위상 역시 크게 좌우될 수밖에 없기 때문이다.

가장 대표적인 사례 중에 하나가 언어를 '사회'를 배경으로 바라볼 경우인데, 사회 안에서 언어는 실제로 다양한 요소로부터 다양한 영향을 받으면서 계속해서 변해가고 있다. 그런 점을 고려한다면 이해하는 존재인 우리 역시 그렇게 영향을 받으면서 그렇게 변해갈 수밖에 없을 것이다. 문제는 '우리가 과연 그러한 영향과 변화를 스스로의 능력으로 통제할 수 있겠는가?' 하는 것이다. 만약 그렇지 못하다고 한다면 우리에게서 발생하는 이해는 어쩌면 우리의 기대와 생각과는 달리 단 한걸음에 '오해(誤解)'가 되어버릴 수도 있을 것이다.

3. 비판적 사회이론과 합리성

사회를 대상으로 연구하는 학문은 '사회과학'이다. 그런데 사회과학은 대상이 가지고 있는 특수성 때문에 마치 '박쥐'와 같은 성격을 가지고 있는 것처럼 보이기도 한다. 사회를 구성하고 있는 것이 우리 인간들이라고 한다면, 사회과학적 방식은 적어도 자연과학적 방식을 그대로 따라가서는 안 될 것이다. 그럼에도 불구하고 사회과학은 대체적으로 자연과학적 연구방식을 그대로 따르고 있는 것 같다. 일반적으로 사회과학에서도 가설을 세우고, 그 가설을 검증하며, 그런 과정을 거치면서 결론을 도출하게 된다. 그것은 자연과학적 연구방식과 별다른 차이가 없다. 굳이 차이를 말한다고 한다면 사회과학의 경우 대상에 대한 관찰과 실험이 매우 제한적으로 이루어질 수밖에 없다는 정도일 것이다.

대상이 그렇다고 한다면 사회과학은 한편으로 정신과학적 연구방식도 어느 정도 받아들여야 할 것으로 보인다. 그러나 정말로 그렇게 했다가는 연구결과가 신뢰를 잃는 것은 그야말로 시간문제가 되어버리고 말 것이다. 이와 같이 사회과학은 정신과학과 자연과학 사이에서 상당히 애매한 성격을 가지고 있을 수밖에 없는데, 그렇게 약간은 곤란한 상황 속에서 나름대로 대상에 대한 연구를 진행해 나가고 있는 것이다. 반면에 상황이 그렇다고 한다면 실제로는 사회과학이 정신과학과 자연과학의 약점을 보완하는 역할을 하고 있는지도 모를 일이다. 사회라는 특수한 대상에 과연 어떤 연구방식을 도입하는 것이 가장 합리적일까?

사회과학이 사회와 사회 구성원으로서 인간을 대상으로 하고 있다면, 그것이 어떤 목적과 관점을 가지고 대상을 바라보는가에 따라서 그 성격은 매우 다르게 평가되어야 할 것이다. 그러므로 어떤 경우에는 그것이 단순한 박쥐처럼 보일 수도 있겠고, 또 어떤 경우에는 '황금-박쥐'처럼 보일 수도 있을 것이다. 그렇다고 한다면 사회과학은 어떤 경우에 황금-박쥐처럼 보일 수 있는 것일까? 물론 여러 가지 경우가 있겠지만 우리는 특히 사회과학이 비판적 목적을 가지고 대상을 연구하는 경우를 중심으로 살펴보기로 하겠다.

사회과학이 비판적 목적을 가지고 대상을 연구하게 될 경우, 거기에서 말하는 '비판(批判)'이라는 말은 물론 우리가 일상적으로 사용하는 그런 의미를 바탕에 깔고 있다고 볼 수 있다. 그러나 거기에서 그치는 것이 아니라, 사회과학은 그 말에 조금 더 특별한 의미를 덧붙여 사용하고 있다. 사회과학의 입장에서 비판이란,

> 그럴듯하게 보이는 어떤 것의 표면 뒤에 숨어 있는 '이면' 또는 정상적으로 보이도록 꾸며진 어떤 것의 '배후'를 찾아내는 것이다.

표면을 이루는 주된 요소는 예를 들어 '사회를 이끌어가는 다양한 신념이나 문화' 같은 것들을 말한다. 그것들이 정상적인 경우도 많이 있겠지만, 경우에 따라서는 그렇게 보이도록 누군가에 의해서 꾸며져 있을 가능성도 있다. 특히 그런 의미에서의 '비판' 개념이 사회과학에 적용되었을 때, 사회과학은 다음과 같은 관점에서 대상을 집중적으로 분석하게 될 것이다. '어떤 것이 왜, 그리고 어떻게 사회를 잘못되게 만드는가?' 우리가 이제부터 이야기하게 될 소위 '비판적 사회과학' 혹은 '비판적 사회이론'이 바로 그런 경향을 가진 대표적인 부류에 속한다.

비판적 사회이론은 주로 1930년대 독일 프랑크푸르트에 있는 사회연구소(Institut für Sozialforschung)에서 출발하여 오늘날까지 이어지고 있는 이론적 흐름 혹은 연구의 방향을 일컫는 말이다. 당시부터 지금까지

많은 학자들이 연구에 참여했고, 공통적으로 '비판을 통한 대안 제시와 사회변혁'이라는 학풍(學風)을 이어오고 있는데, 그들을 하나의 집단으로 묶어 '프랑크푸르트 학파(Frankfurter Schule)'라고 부른다.

그 학파에 속하는 대표적인 학자들을 몇 명 꼽아보자면 막스 호르크하이머(M. Horkheimer), 테오도르 아도르노(T. Adorno), 발터 벤야민(W. Benjamin), 허버트 마르쿠제(H. Marcuse), 에리히 프롬(E. Fromm), 위르겐 하버마스(J. Habermas) 등이 있다. 그들은 누구나 할 것 없이 정치, 경제, 사회, 문화, 심리, 예술 등의 다양한 분야에서 나름대로 대단한 업적을 남긴 거장(巨匠)들이다.

1930년대와 1940년대는 지독한 혼란이 지구 전체를 휩쓸었던 시기라 해도 과언이 아닐 것이다. 찬란하게 꽃을 피우던 근대의 문명은 20세기를 전후해서 비극적으로 그 막을 내리는 듯 보였다. 극심한 정치적·경제적 혼란이 있었고, 그 혼란 중에 일어났던 제1차 세계대전은 그동안 인간이 얼마나 심각한 자만에 빠져 있었는지를 분명하게 보여주는 사건이었다. 그리고 그런 상처가 채 아물기도 전에 인간은 다시 대공황과 제2차 세계대전의 소용돌이에 휩쓸려 버렸다. 그러는 동안 문명의 창조자라 자부하던 그들은 자신들이 만들었던 바로 그 문명에 의해 철저하게 무너지고 짓밟히는 경험을 하게 되었다. 그렇게 어두운 시대적 배경으로부터 다양한 반성과 비판의 기운이 나타났는데, 그 중에 하나가 바로 프랑크푸르트 학파의 '비판적 사회이론'이었다.

비판적 사회이론의 첫 세대를 이끌었던 이들은 주로 호르크하이머와 아도르노라는 학자들이었다. 호르크하이머는 사회가 모든 학문활동의 기반이 됨에도 불구하고 기존의 학문들이 그런 점에 대해서는 전혀 무감각한 상태로 각각의 이론을 펼치고 있다는 것을 문제 삼았다. 그것은 단순하게 '세상이 어떻게 돌아가나 관심을 가지라'는 식의 단순한 차원의 이야기가 아니라, '자신들이 내세우는 이론들이 사회 속에서 구체적으로 어떤 역할을 하고 어떤 영향을 미치게 되는지를 정확하게 검증하라'는 내용의 것이었다. 경우에 따라서 그 이론들은 — 그것들이 내부적으로 옳고 그름에 상관없이 — 사회에 심각한 악영향을 미칠 수도 있을 것이기 때문이다. 그럼에도 불구하고 기존의 이론들 거의 모두가 그런 면을 미처 깨닫지 못하고 있었는데, 어찌 보면 그것은 사회에 대해서 대단히 무책임한 태도로 일관하고 있는 것과 다르지 않았다.

아도르노는 학문의 사회적 책임에 동감하는 한편, 그 스스로 사회적 현실을 그대로 드러내어 그것을 고발하고 비판하고자 했다. 그가 활동하던 시대는 특히 자본주의와 전체주의가 적지 않은 폐해를 만들어내던 시기였는데, 그의 입장에서 그런 폐해는 반드시 극복되어야 할 사회적 문제가 아닐 수 없었다. 그래서 그는 모든 사회적 현실로부터 일정한 거리를 두고 그것을 정확하게 비판하는 것이 학자들에게 부여된 과제이며 또한 진정한 의미에서의 '사유(思惟)'라고 생각했다.

비판적 사회이론의 첫 세대 이론가들이 공통적으로 가지고 있는 생각을 정리해 보면 대체적으로 이러하다. 그들의 시대는 바로 앞 시대, 즉 '근대'가 뿌려놓은 씨앗이 결실을 맺는 시기였다. 그런데 근대는 모든 것을 합리적으로 생각하고자 하는 면에는 긍정적이었으나 그런 합리적 생각이 집중된 곳은 '인간의 존엄성'이라든가, 혹은 존엄한 인간으로서 마땅히 누려야 할 '삶(의 질)'이 아니라 아주 단적으로 '생산력의 향상'이었을 뿐이다. 그 대표적인 사례가 바로 '산업혁명'이었는데, 그것은 근대의 합리성이 집약되어 나타난 변화 중 하나였다.

산업혁명이 발생하자 사람들은 너 나 할 것 없이 일자리를 찾아 도시로 몰려들었다. 그러나 당시에는 노동자들을 위한 별다른 보호책이 마련되어 있지 않았기 때문에 고용주들은 노동자들을 아무런 제한도 없이 혹사시킬 수 있었다. 남자든 여자든 하루에 20시간 정도를 일해야 했으며, 그것은 어린이들도 마찬가지였다고 한다. 그 와중에 많은 어린이들이 영양실조와 수면부족에 시달려야 했는데, 그로 인해 어린이들이 마치 노인네처럼 보일 정도로 처참했다고 한다. [우리에게도 잘 알려져 있는, 찰스 디킨스 작(作) 『올리버 트위스트』가 바로 영국의 산업혁명기를 배경으로 하고 있으며, 그 작품은 당시가 얼마나 비참하고 암울한 시기였는지 매우 잘 보여주고 있다.]

당시의 전반적인 시대상황이나 그때 발생했던 여러 가지 비극들을 고려해 본다면 비판이론가들이 내렸던 시대진단, 즉 근대가 만들어 놓은 세상 속에서 인간들은 자연스럽게 '그 자체로서 목적'이라는 숭고한 가치를 상실하게 되었고, 결국 생산력을 향상시키기 위한 하나의 도구로 전락해 버리고 말았다는 진단은 어쩌면 당연한 것이었는지도 모르겠다. 그러나 그런 생각들은 결국 다음과 같은 결론으로 귀결될 수밖에 없었으며, 그렇기 때문에 그들이 했던 이야기들도 대체적으로 비관적인 방향으로 흘러가 버리게 되고 만다.

'근대의 모든 계획이나 시도들은 처참한 실패로 끝났다.'

그렇게 곤란한 상황 속에서 분위기 반전에 성공한 학자가 있었는데, 그것은 바로 하버마스였다. 하버마스는 비판적 사회이론의 발전에 한 획을 그었을 뿐만 아니라, 거기에서 더 나아가 인간 지성사에 막대한 영향을 미치게 된다.

하버마스는 프랑크푸르트 학파의 두 번째 세대를 대표하는 학자로서, 앞선 세대를 계승하는 동시에 그 세대에 담긴 한계들을 극복하고자 했다. 그 과정에서 그는 나름의 이론들을 세워나가게 되는데, 그가 관심을 집중했던 내용은 근대에 대한 이야기를 하면서 나왔던 '합리적으로 생각하는 것', 즉 '합리성'을 조금 더 다양한 차원에서 바라보아야 한다는 것이었다. 그러기 위해서 그는 우선 앞선 세대보다 한 단계 더 높은 곳에 올라서서 문제가 되는 대상을 살펴볼 필요가 있었다. 그래서 그가 선택했던 방식이 소위 '메타-이론(Meta-theorie)'이라는 것인데, 여기에서 말하는 '메타'란 '어떤 단계를 초월해서 넘어선' 정도의 의미를 가지고 있는 말로서, 그것만으로도 하버마스가 가지고 있는 의도가 어떤 것인지 어렴풋하게나마 짐작할 수 있을 것이다.

메타-이론의 관점에서 보았을 때, 프랑크푸르트 학파 첫 세대 학자들은 합리성의 다른 면들을 보지 못하고 단순하게 그것을 생산력 향상에 그대로 연결시켜 버리고 말았다. 그 결과 그들은 자연스럽게 '근대가 결국 합리성 때문에 인간을 도구화시켰다'라는 결론에 도달하게 되었던 것이다. 물론 시대진단으로서 근대에 나타났던 '인간의 도구화'와 같은 비인간화 경향은 하버마스 역시 받아들일 수밖에 없는 사실이었다. 그러나 근대에 대한 진단이 그렇게 비관적인 결론에만 머물고 있는 한, 하버마스는 그런 결론을 있는 그대로 받아들이려 하지 않았다. 그의 입장에서 그것은 지나치게 성급한 결론으로 보였는데, 왜냐하면 합리성이 반드시 인간을 도구화시키기만 하는 것은 아니었기 때문이다. 하버마스는 반대로 '인간의 도구화를 막는 것 역시 합리성에 내재된 중요한 역할 중에 하나'라고 생각했다.

근대의 합리성이 생산력 향상이라는 목적에 치중해서 나타났다고 한다면, 그런 종류의 합리성은 특정한 목적에만 치우친 합리성이라고 할 수 있을 것이다. 반면에 특정한 목적에만 치우친 합리성이나 그것이 만들어내는 독단적 행위를 막으려고 하는 것, 그것 또한 합리성으로부터 나온 행위라 할 수 있을 것이다. 그런 종류의 합리성은 무엇보다 대화와 같은 '의사소통'을 통해서 실현되어야 할 것인데, 그것을 일러 '의사소통적 합리성'이라고 하고, 그런 합리성에 기반을 둔 행위를 '의사소통 행위'라고 한다.

의사소통 행위는 적어도 둘 이상의 행위자들이 자신들의 행위에 대해서 상대방에게 이해시키고, 그렇게 함으로써 '합의(合意)'에 도달하려는 행위를 말한다. 그리고 어떤 행위가 합리성을 갖는다는 것, 그것은 행위자들이 자신이 왜 그런 행위를 하는지, 행위의 동기를 밝혀서 상대방에게 이해시킬 수 있다는 것을 의미한다. 그렇기 때문에 그 두 가지 요소의 결합으로서 의사소통적 합리성은 자연스럽게 이러한 성격을 갖게 될 것이다.

> 의사소통적 합리성은 우선 대화 참여를 전제하고 있으며, 또한 자신과 상대방의 가치관에 대해서 반성하는 태도를 포함한다. 그리고 바로 그런 반성적 태도로 대화를 나눔으로써 어떤 행위에 대한 타당성을 검증하여 그것의 독단적 전횡을 방지하거나 차단할 수 있게 된다.

4. 언어의 사회성과 비판적 반성

인간을 도구화시킨 합리성을 제한하고 극복할 방도가 발견되지 않았다고 한다면, 당시로서는 대단히 심각한 우울에 시달릴 수밖에 없었을 것이다. 왜냐하면 그런 나쁜 합리성이 마음껏 활개를 치도록 놓아둘 경우, 그들이 겪었던 비극은 언제까지라도 지속될 것이 분명했기 때문이다. 그러나 다행히도 하버마스가 나타나서 나쁜 합리성을 막아낼 방도를 찾아냈고, 그것으로 우리는 미래에 대한 희망을 버리지 않을 수 있게 되었다. 그런데 나쁜 합리성에 대한 검증이나 제한이 의사소통적 합리성의 몫이라고 한다면, 그런 과정은 반드시 대화와 토론으로 이루어지게 될 것이다. 또한 대화와 토론은—혹은 대화와 토론을 가능하게 만드는 우리의 판단들은—언어의 성격에 의해 좌우될 수밖에 없을 것이다. 그렇기 때문에 하버마스의 이론은 어떤 방식으로든지 언어와 관련될 수밖에 없고, 그런 이유에서 그것은 우선 언어에 관한 이론으로 튼튼하게 뒷받침되어야 할 것이다.

의사소통적 합리성과 관련해서 하버마스가 지향하는 이론은 크게 두 가지 요소를 그 기반으로 하고 있다. 그 중에 하나는 반성이고 다른 하나는 언어인데, 반성과 언어 사이의 관계를 세세하게 따져보다 보면 얼마 가지 않아서 하버마스의 이론은 상당히 곤란한 문제 한 가지와 마주치게 된다. 우선 반성과 언어, 그 두 가지 사이의 위계적 서열을 정해보도록 하자. 아마도 반성이 언어의 영역 안에 놓이게 될 것이다. 그런데 언어가 그렇게 사회성을 갖는다는 점, 구체적으로 말해서 언어가 사회 안에서 다른 여러 가지 요소들과 영향을 주거나 받고 있다는 점을 고려한다면 반성 역시 그런 '영향관계'로부터 결코 자유로울 수 없을 것이다.

언어는 사회 안에서 다양한 요소들로부터 다양한 영향을 받으며 계속해서 변해가고 있다. 예를 들어 행실이 바르지 못하고 부정(不貞)한 일을 하고 다니는 여자를 속되게 표현해서 흔히 '화냥년'라고 한다. 그것은 원래 병자호란 당시 청나라로 끌려갔다가 말로는 다할 수 없는 고초를 겪고 나서야 겨우 고향으로 돌아올 수 있었던 여인들, 즉 '환향녀(還鄕女)' 로부터 나온 말이라고 한다. 당시에도 별로 좋은 의미로 쓰인 말 같지는 않지만 어쨌든 사회상을 반영하며 변해가다가 점차 욕으로 굳은 것 같다.

이처럼 개념적인 서열상 사회가 다시 언어 위로 올라서고, 그렇게 언어가 사회 안에 있게 되면 그것은 결과적으로 언어와 관련된 모든 것들 역시 사회로부터 어떤 식으로든 영향을 받게 된다는 것을 의미할 것이다. 그런데 만약 그 영향이라는 것이 너무나 나쁜 것이라서 정말로 교묘하게 그 '언어와 관련된 모든 것'들을 뒤틀어 놓고 있다고 한다면 언어와 불가분의 관계에 있는 우리는 과연 어떻게 되는 것일까? 그것으로 결국 우리는 사회의 흐름에 따라 이렇게 저렇게 흔들거릴 수밖에 없는 그런 존재가 되어버리고 마는 것이 아닌가?

사회 안에서 우리가 그런 '흔들림'을 극복할 수 있으려면 먼저 언어에 영향을 미치는 사회적 요소의 움직임을 철저하게 감시할 수 있어야만 한다. 그리고 그것은 바로 반성이 맡아야 할 역할일 것이다. 그런데 반성은 지금 감시의 역할을 수행하기보다는 오히려 그렇게 흔들리게 될 입장에 서 있는 것처럼 보인다. 그런데 만약 반성이 제대로 중심을 잡지 못한다고 한다면 누가 과연 앞에서 말했던 '독단적 전횡을 방지하거나 차단하는 역할'을 대신할 수 있을까? 그렇다고 한다면 결국 우리는 근대와 같이 곤란하고 어두웠던 시절을 언제라도 다시 맞을 수 있는 것이 아닐까?

이야기를 잠시 앞으로 돌려 '비판'이라는 말의 의미를 다시 한 번 새겨보기로 하자. 우리는 이미 비판이 '그럴듯하게 보이는 어떤 것의 표면 뒤에 숨어 있는 이면, 또는 정상적으로 보이도록 꾸며진 어떤 것의 배후'를 찾아내는 역할을 한다고 정리해둔 바 있다. 만약 우리가 지금 제 역할을 다하지 못하고 있는 반성에 그런 비판의 능력을 부여해 준다면 그 다음은 과연 어떻게 되는 것일까? 특히 그런 능력이 사회에 적용되어 다양한 사회적 요소들의 이면과 배후를 들춰낼 수 있다고 한다면, 우리를 곤란하고 어둡게 만들 수 있는 문제들은 자연스럽게 해결되는 것이 아닐까?

하버마스는 반성에 비판의 기능을 더하여 그것을 '비판적 반성'이라 부르고 있다. 그가 비판적 반성에 기대하는 것은 이러한 것이다.

> 비판적 반성은 외부로부터 발생하는 모든 영향에서 벗어나 그 영향들이 정당한 것인지 아닌지를 감시할 능력, 특히 어떤 것들이 우리의 시각이나 판단에 나쁜 영향을 미치고 있지나 않은지 감시할 능력이 있다. (그리고 혹시 그런 일이 발생했다는 것을 감지할 경우, 비판적 반성은 그것을 바로잡아 줄 수도 있을 것이다.)

그러나 잘 생각해 보면 이것은 어쩌면 '닭이 먼저냐, 달걀이 먼저냐?' 하는 식의 문제가 되어버리는 것 같기도 하다. 일반적인 반성에 비판이라는 특수한 기능을 더한다 하더라도, 어쨌든 반성을 하는 것은 결국 우리 자신이고, 만약 그렇다고 한다면 문제는 다시 원점으로 돌아가 버리게 되고 말 것이기 때문이다. 다시 말해서 이해하는 존재가 비판적으로 반성을 하게 된다 하더라도 다음과 같은 문제에 부딪치는 것은 어쨌든 불가피한 일이라는 것이다. '이해와 비판 중에 어느 것이 먼저이고 어느 것이 나중일까?' 혹은 '어느 것이 조금이라도 더 강해서 다른 한쪽을 제약하고 지배할 수 있을까?'

이런 문제를 놓고 오래 전에 이름 있는 학자들 여러 명이 학문적인 차원에서 '말싸움'을 벌인 일이 있었다. (학자들 사이에서 벌어지는, 소위 '학문적인 논쟁'을 말하는 것이다.) 처음에는 지금 우리가 주로 다루고 있는 학자, 가다머와 하버마스 이 두 사람이 서로 티격태격하면서 의견을 주고받는 정도에서 시작되었지만, 끼어드는 학자들이 조금씩 늘어나면서 결국에는 비교적 많은 학자들이 그 논쟁에 본격적으로 발을 담그게 되었다. 그리고 논쟁 자체가 워낙에 치열하게 전개되다 보니까 이야기가 꼬리에 꼬리를 물고 이어져서, 나중에는 그 범위가 쉽게 감당하기 어려울 정도로 넓어져 버리게 되고 말았다. 그 논쟁 안에서는 실제로 상당히 많은 주제들이 다뤄졌는데, 그냥 표면적으로 드러나 있는 이야기만 나열해 보아도 적잖이 부담스럽게 느껴질 것이다. '인간, 정신, 경험, 의식, 무의식, 진리, 언어, 이해, 지식, 대화, 세계, 사회, 문화, 역사, 전통, 변혁, 비판, 반성 …….'

그런 주제들은 대단히 예민하거나 폭넓은 내용에 속하기 때문에 아무리 많은 이야기가 오간다 하더라도, 그것들이 모두 분명하게 정리되기는 쉽지 않은 일이다. 그것은 지금 우리가 다루고 있는 이야기에서도 역시 마찬가지였다. 논쟁에 참여했던 학자들이 서로 동의하고 마무리 지어 놓은 부분들도 없지는 않았지만, 반대로 아직까지 분명하게 종료되었다고 볼 만한 이야기도 별로 없는 것 같다. 지금은 그렇게 일종의 '소강상태'를 유지하면서 낱낱의 주제에 대해서 각각의 학자들이 나름의 연구를 이어가고 있는 듯하다.

그 논쟁이 있은 지도 이미 많은 시간이 흘렀고, 당시 학자들 대부분은 은퇴를 했거나 아니면 세상을 떠났다. 그런 면에서라고 한다면 '지금 진부(陳腐)한 이야기를 하고 있는 것은 아닌가?' 하는 생각이 들 수도 있을 것이다. 그러나 그 주제들이 갖는 학문적 무게를 고려한다면 어느 하나라도 가볍게 지나쳐 버려서는 안 될 일이다. 그러므로 당시에 이루어졌던 대화들을 따라가 보는 것도 상당히 큰 의미가 있는 일일 것인데, 우선 논쟁에 직·간접적으로 관여했던 학자들을 다음과 같이 세 그룹으로 나누어 보기로 하자.

> 가다머 진영/하버마스 진영/중간쯤 있(으면서 합의나 타협을 유도하)는 진영

물론 이 세 그룹 외에도 가다머와 하버마스 양쪽의 약점을 지적하면서 그들과는 아예 다른 길로 가겠다는 학자들도 적지 않았다. 하지만 그 이야기까지 다 하려면 이 책 한 권만으로는, 또한 이 책의 저자 혼자 힘만으로는 어림도 없을 것 같다. 그래서 그 학자들에 대한 이야기는 모

두 생략하기로 하겠다. 그리고 '중간쯤 있는 진영'에 속하는 학자들은 주로 가다머와 하버마스의 장점을 모아 엮으면서 그 정도 차원에서 이야기를 정리하려는 성격이 강하다. 그렇기 때문에 그것 역시 지금 우리가 다루려는 이야기에 그다지 큰 도움을 주지는 못할 것 같다. 그래서 그 이야기도 모두 배제하기로 하고 오직 가다머와 하버마스의 이야기에만 우리의 관심을 집중해 보기로 하겠다.

5. 비판적 반성과 정당한 선입견

여기까지 이야기를 진행시켜 오는 과정에서 가다머가 가지고 있던 생각이 어떤 것인지, 그리고 그것이 어떤 역할을 하고 있는지 대략적인 정도는 이미 드러나 있다. 그러나 그것만으로는 가다머의 생각이 하버마스의 생각과 구체적으로 어떤 부분에서 어떻게 엮이게 되는지, 혹은 그것이 어떤 부분에서 문제를 일으키게 되는지 정확하게 파악하기 어려울 것 같다. 그래서 먼저 그런 쪽에 초점을 맞추어 가다머의 생각을 다시 한 번 정리해 보도록 하겠다.

가다머의 생각을 이해하기 위한 키워드 중에 가장 적합한 것 중 하나는 '선입견'이다. 선입견은 매우 부정적인 의미를 담고 있는 말이기 때문에 그것은 언제나 극복의 대상으로 간주되어 왔다. 특히 계몽주의 시절에 그것에 대한 반감(反感)이 절정에 이르게 되는데, 그러나 가다머는 그러한 반감이 계몽주의 입장에서 일방적으로 자행했던 매도(罵倒)의 결과일 뿐이라고 생각했다.

계몽주의는 대략 18세기경 유럽을 휩쓸었던 사상으로 가장 큰 특징은 인간의 지적 능력을 신뢰하고, 그것을 바탕으로 모든 것을 규정하고 이해하려 했다는 점이다. (계몽주의는 영어로는 'Enlightenment', 독어로는 'Aufklärung'이라고 한다.) 그렇기 때문에 특히 중세의 신(神) 중심 사상, 즉 기독교 신앙이나 신학에 대한 반발의 성격이 강했다. 그런 면에서 그것은 근대의 인간중심주의적인 성장과 발전에 대단히 큰 역할을 했다고 볼 수 있을 것이다. 다음과 같은 방식으로 간단하게 시대를 나누어 생각해 보기로 하자. 아마도 그렇게 하면 계몽주의가 어떤 위치에 있는지, 또한 그것이 어떤 의미를 가지고 있는지 한층 더 분명하게 드러나 보이게 될 것이다.

로마 멸망 ↓	르네상스 ↓	계몽주의 ↓	제 1·2차 세계대전 ↓
고대	중세	근대	현대
ancient times	medieval ages	modern ages	(post-modern?)
인간	신	인간	?

고대는 그리스, 로마가 멸망하면서 종말을 맞았던 시대로서 비교적 인간중심적인 성격이 강했다. 반면에 중세는 인간이 차지했던 자리에 신이 올라선 시대였는데, 그래서 기독교 신학이 대부분의 것을 주도했다고 볼 수 있겠다. 그러다가 르네상스 이후에 다시 인간이 자기 자리를 찾아가게 되는데, '르네상스'라는 말 자체가 '재생(再生)'이라는 의미를 가지고 있다. 르네상스 이후 중세의 몰락은 가속화되어 계몽주의를 거

치면서 근대가 융성하게 된다.

그 후에 19~20세기를 거치면서 앞에서 이야기했던 것과 같이 인간은 예상치 못할 정도로 처참한 상황으로 빠져들었고, 근대에 대한 회의(懷疑)가 곳곳에서 일어나게 되었다. 그렇게 근대의 기반이 흔들리면서 현대에 이르러 근대에 대한 다양한 방식의 평가가 이루어지고 있다. 그런 면에서 현대는 근대가 만들어 놓은 문제들을 바로잡아 나가는 과정이라고 볼 수 있을 것이다. 근대적 성격을 영어로 '모던(modern)'이라고 하는데, 현대가 근대와 완전하게 결별했다고 볼 만한 근거가 아직 충분하지 않아서인지 현대를 단순하게 '포스트-모던(post-modern)'의 시대라고 부르는 경향이 있는 것 같다. (포스트는 '~ 다음의', '~ 후의'라는 의미를 갖는 말이다.)

가다머가 정리한 내용에 따르면, 계몽주의는 선입견을 '속단(速斷)'에 의한 것과 '권위(權威)'에 의한 것으로 나누어 생각했다고 한다. 전자는 판단능력을 활용하는 과정에서 생길 수 있는 오류로서 일종의 실수였고, 후자는 판단능력을 거의 활용하지 않았을 때 생기게 되는 필연적인 성격의 오류였다. 그런 논리를 그대로 받아들인다면 실수로 발생하는 속단은, 그것이 어쨌든 판단능력과 연결되어 있는 한, 언제라도 교정될 수 있을 것이고, 일단 그렇게 교정되고 나면 그 이후에는 별로 문제될 것이 없을 것이다. 반면에 권위에 의한 것은 처음부터 판단능력이 개입되지 않은 근본적이고 전체적인 수준의 오류였고, 그렇기 때문에 만약 권위에 대해서 판단능력이 개입된다고 한다면, 그것은 단순한 교정의 차원이 아니라 아예 제거를 전제로 한 개입이라고 볼 수 있겠다.

판단능력을 동원해서 정확하게 따져보지도 않고 무턱대고 받아들인다는 것, 그런 면에서 권위에 의존하는 것은 대단히 맹목적인 것에 속한다. 더구나 그것이 어떤 방식으로든 선입견과 연결되어 있다고 한다면 그런 것은 당연히 그리고 반드시 제거되어야만 할 것이다. 이러한 계몽주의적 태도는 여러 가지 면에서 비판적 반성과 그 궤를 같이하고 있다. 비판적 반성 역시 판단능력을 동원해서 정확하게 따져보는 것을 강조하며, 특히 선입견은 드러난 생각의 이면이나 배후로서 비판적 반성이 작용하는 대표적인 대상 사례가 될 수 있다.

반대로, 만약 선입견에 대한 계몽주의의 태도에 뭔가 하자(瑕疵)가 있다고 한다면, 그럴 경우 그것은 하버마스가 내세우는 비판적 반성에서도 그대로 나타나게 될 것이다. 아마도 그런 의도에서 가다머는 지금 계몽주의에 대한 이야기를 여기로 끌어들이고 있는 것처럼 보인다. 그래서 그는 하버마스에게 다음과 같은 물음을 던지게 되는데, 그 물음은 여러 가지 면에서 대단히 중요한 의미를 가지고 있다.

> 과연 모든 권위가 다 그런 것일까? 모든 권위가 판단능력과 분리되어 있으며, 그런 상태로 선입견과 연결되어 있는 것일까? 그래서 선입견 역시 모두 부정적으로 보아야 하는 것일까?

가다머는 권위를 계몽주의와는 상당히 다른 시각에서 바라보고 있다. 그의 견해에 따르면, 권위도 만약 그것이 정상적으로 생겨난 것이라고 한다면 어디까지나 '인정(認定)'이라는 판단의 과정을 거치게 된다. 예를 들어 '자신보다 우월한 어떤 것에 대한 인정, 그리고 그것에 대한 자발적인 수용', 그것은 맹목적인 추종과 분명하게 다른 것이다. 또한 그렇게 자발적인 인정을 통해서 받아들인 권위는 다시 하나의 판단기준으로서 역할을 하게 될 것이고, 그런 면에서 그것은 오히려 권위가 판단과 밀접하게 연결되어 있음을 보이는 근거가 되는 셈이다. 만약에 계몽주의가 '올바르게 부여된 권위 없이 복종을 요구하는 경우'라든가, 아니면 '그런 요구를 맹목적으로 추종하는 경우'만을 지적하는 선에서 그쳤다고 한다면 거기에는 아무런 문제도 없었을 것이다. 그러나 가다머의 관점에서 계몽주의는 모든 권위를 무차별적으로 공격하면서 그것을 판단능력과 대립되는 위치로 몰아넣어 버렸던 것이다.

'전통(傳統)'은 권위와 매우 특별한 관계에 놓여 있다. 권위 없이 전통은 형성될 수 없으며, 그렇기 때문에 전통의 정당성은 언제나 권위의 정당성에 의존하게 된다. 정당한 권위는 인정하는 행위에 기반하고 있다. 그리고 인정은 우리의 판단능력이 충분하게 발휘된 결과라고 할 수 있다. 따라서 전통이 정상적으로 형성되었다고 한다면 그것은 형성과정에서 이미 정당성을 부여받게 되는 셈이다. 그러나 정당하게 형성된 전통이라고 해서 언제까지나 그 상태로 지속되거나 보존될 수 있는 것은 아니다. 그렇다고 한다면 그렇게 부여된 정당성은 전통이 형성되고 난 뒤, 그 과정이 지나가게 되면 대부분 자동적으로 소멸한다고 보는 것이 옳을 것이다.

변화를 갈구하는 입장에서 보았을 때—예를 들어 우리가 소위 '진보(進步)'라로 부르는 그런 종류의 관점에서 보았을 때—전통은 새로운 시대를 열기 위해서는 반드시 극복되어야 하는 대상이다. 물론 전통이 더 이상 정당성을 확보하지 못한다고 한다면, 그것을 극복하려는 노력은 확실히 올바른 판단으로부터 나왔을 것이다. 마찬가지로 만약 우리가 전통을 아직 가치가 있는 것으로 판단하고 그것을 보존하려고 노력한다면, 그것은 형성 이후 소멸된 정당성 대신에 우리가 우리의 판단으로 새로운 정당성을 전통에 부여한 것으로 보아야 할 것이다.

정상적인 경우라고 한다면 전통이 형성되고 보존되거나 극복되는 모든 과정에서 우리의 자발적인 판단능력이 작용한다. 그리고 아무리 급격한 변화의 시기라 할지라도 옛것은 어느 정도 보존되기 마련이며, 따라서 우리가 실제로 '변했다'고 느끼는 경우도 대부분은 옛것과 새것이 섞인 결과일 가능성이 높다. 그렇게 본다면 실제로 전통이 극복된 다음이라고 하더라도 그것이 완전하게 소멸해 버리는 일은 거의 일어나지 않을 것이다. 전통의 이런 면은 그것이 얼마나 강인한 생명력으로 우리와 밀접한 관계를 맺고 있는지를 잘 보여주고 있다. 그러나 전통에 대해서 긍정적인 태도를 갖는 것과는 별도로, 우리는 한편으로 다음과 같은 문제에 대해서도 충분한 관심을 기울여야 할 것이다.

전통이 비정상적으로 형성되거나 보존될 수도 있지 않을까?

아마도 얼마든지 그럴 수 있을 것 같다. 만약 권력을 가지고 있는 누군가가 '특정한 의도'를 가지고—예를 들어 자신의 정치적인 입지를 강화하려는 의도를 가지고—과거의 어떤 것을 강조하기 시작한다면, 경우에 따라서 그것은 전통이라는 이름으로 복원될 수도 있을 것이다. 또는 그런 의도로 과거에는 없었던 어떤 것을 전통이라는 이름을 붙여 정착시켜 나가려 하는 경우도 생각해볼 수 있겠다. 문제는 그런 것들이 특정한 의도로부터 나왔다는 것인데, 만약 그 의도가 교묘한 속임수로 위장되어 있어서 우리가 그것을 제대로 따져보지 못했다고 한다면, 다시 말해서 그것에 우리의 판단능력이 제대로 작용하지 못했다고 한다면 그것은 확실히 자연스런 변화는 아닐 것이며, 그런 면에서 그것은 전통과는 다른 불순한 어떤 것이라 할 수 있을 것이다.

흔히 우리는 '전통을 따른다는 것'과 '변화를 싫어한다는 것'을 같이 놓고 생각하기 쉽다. 그러나 전통은 그것에 우리의 판단능력이 작용하고 있는 한, 결코 변화를 거부하지 않는다. 어쩌면 전통이라는 것이 단순하게 지속되는 것처럼 보이기도 하겠지만, 실제로는 그냥 그렇게 지속되고 있는 것이 아니라 우리의 판단(능력)에 의해서 지속되고 있는 것이다. 또한 그렇기 때문에 그것은 언제든지 새로운 전통으로 발전해 나갈 가능성을 그 안에 가지고 있는 셈이다. 그럼에도 불구하고 계몽주의는 전통에 대해서 결국 심각한 오해에 빠져버리고 말았는데, 그 이유는 지금까지 이야기했던 것처럼 '불순한 의도에 의한 것'과 '정당한 판단에 의한 것'을 전혀 나눠놓고 보지 못했기 때문이다.

그 결과 계몽주의에게 전통은 우리의 판단능력을 저해하는 요소로만 간주되었고, 그래서 그것은 결국 극복되어야 할 대상으로 지목되기에 이른다. 그러나 가다머는 전통과 판단능력을 따로 놓고 보지 않을 뿐만 아니라, 우리가 전통을 거부하면서 그것과 거리를 둘 수 있다고 생각하지도 않았다. 왜냐하면 그에게 전통은 우리가 하나의 대상으로 볼 수 있는 어떤 것이 아니라, 그 이전에 이미 우리가 그 안에서 살아가고 있는 일종의 '거주지(居住地)'와 유사한 의미를 가지고 있었기 때문이다.

6. 영향사적 의식과 이해함의 지평

가다머의 생각대로라고 한다면 우리는 어떠한 경우에도 전통으로부터 벗어날 수 없으며, 그에 따라 우리는 언제나 그것으로부터 영향을 받고 있는 셈이다. 그런데 '우리가 그것으로부터 영향을 받는다는 것', 그것은 구체적으로 어떤 의미를 갖는 것일까? 물론 그 안에는 기본적으로 이러한 내용이 담겨 있는 것 같다. '우리의 생활양식이라든가 삶의 방식이 전통에 따라 결정되는 경향이 있다.' 그런데 그런 것 말고 여기에서 말하는 '우리'가 '우리의 의식'이라고 한다면 지금 이야기는 어떤 쪽으로 흘러가게 되는 것일까?

전통은 우리가 어떤 '관점'을 가질 수 있도록 해주며, 우리는 그러한 관점을 기반으로 생각하게 된다. 그것이 바로 가다머가 '우리가 전통 안에 살고 있다'고 말할 때 그 안에 담긴 진정한 의미라고 할 수 있을 것이다. 그러나 한편으로 전통이 그렇게 우리의 관점에 직접적인 영향을 미친다고 한다면, 우리가 우리의 관점을 우리 마음대로 결정할 수 없을 뿐더러, 전통의 내용이나 성격이 우리의 관점을 좌지우지하게 될 것이 분명하다. 그렇다면 도대체 어떤 장단에 맞춰 관점이 정해져야 누가 봐도 올바른, 그런 관점이 될 수 있는 것일까?

우리는 저 앞쪽에서 '역사성과 학문의 관계가 어떤 것인가?' 하는 문제를 대해서 다뤘던 적이 있다. 그 이야기를 지금 전통과 연결시켜서 다시 한 번 해보기로 하자. 그렇게 해야 가다머의 주장이 하버마스의 생각과 어떻게 충돌하게 되는지 더욱 분명하게 드러날 수 있을 것이기 때문이다. 어쨌든 가다머가 전통을 내세우고 있는 한, 성격상 그것이 '학문'에 그다지 도움이 될 것 같아 보이지는 않는다. 학문의 목적이 지식이라고 한다면 전통의 영향 아래에서 생긴 지식은 순수성 혹은 객관성이라는 면에서 아무래도 치명적인 약점을 갖게 될 가능성이 높다. 그런 이유로 학문의 입장에서 보면 전통은 그것 자체로 이미 불순물이며 어떻게든 제거되어야 하는 방해물에 속할 것이다. 그런데 여기에서도 마치 '닭이 먼저냐, 달걀이 먼저냐' 하는 식으로 금방 이런 종류의 물음이 따라붙게 될 것이다.

> 그런 생각도 어쨌든 특정한 관점으로부터 나왔을 것이고, 그렇다고 한다면 그것이 과연 전통과 아무런 상관없이 그냥 생겨났겠는가?

절대로 그럴 수는 없을 것이다. 아무리 순수하고 객관적이 되도록 노력한다 하더라도 아무 관점도 없이 어떻게 학문이라는 것이 성립할 수 있을까? 어떻게 아무 관점도 없이 어떤 것이 우리에게 의미 있는 것으로 드러날 수 있을까? 이처럼 우리가 전통의 영향 안에서 살아갈 수밖에 없다고 한다면 학문과 지식에 완전한 순수성이나 객관성을 요구하는 것, 그것은 분명히 우리 자신에 대해서 제대로 이해하지 못한 결과라 할 수 있을 것이다. 다시 말해서 그러한 요구 자체가 오히려 학문에 대한 오해에서 비롯된 것이며, 따라서 전통이 아니라 그런 오해가 오히려 제거되어야 할 불순물이자 방해물이 되는 것이다.

우리가 어떤 관점을 가질 수밖에 없다는 것, 그것은 우리가 전통 안에서 살아가는 존재라는 전제로부터 나온 것이다. 우리가 확실하게 의식하지 못한다 하더라도 전통은 언제나 쉬지 않고 우리에게 영향을 미치고 있다. 또한 우리는 그러한 영향을 어떤 방식으로도 거부하거나 거스를 수 없다. 가다머는 위대한 학자답게 그런 내용을 상당히 어려운 말에, 그것도 단 한마디에 모두 담아내고 있는데, 그것이 바로 '영향사(影響史)'라는 말이다.

영향사는 독일어로 'Wirkungsgeschichte'이다. 이것을 소리 나는 대로 써보자면 '비르쿵스게쉬히테' 정도가 될 것 같다. 그것은 'Wirkung + Geschichte'의 구조인데, 중간에 's'를 넣어서 'Wirkung의 Geschichte'로 만든 것이다. 그것을 그대로 번역해 보면 '영향의 역사' 혹은 '작용의 역사'가 되고, 보통은 줄여서 '영향사' 또는 '작용사'라고 쓴다. 그러나 영향사 또는 '작용사'라는 말을 단독으로 쓰기보다는 그것을 형용사로 하고, 거기에 의식이라는 말을 결합해서 쓰는 경우가 더 많은 것 같다. 즉 '영향사적 의식' 혹은 '작용사적 의식', 그것도 아니면 한꺼번에 모두 엮어서 '영향작용사적 의식' 이렇게 말이다. (가장 많이 쓰이는 말은 '영향사적 의식'이다.)

영향사적 의식이란 간단히 말해서 우리의 의식이 전통으로부터 영향을 받고 있는 의식이라는 것이다. 가다머는 그것을 우리가 처해 있는 매우 특수한 상황으로 보고 있는데, 여기서 중요한 것은 바로 그 '상황'이라는 말 자체에 담겨 있는 의미일 것이다. 그와 관련해서 가다머는 전체적으로 다음과 같은 것을 강조하고 있다. 전통은 결코 우리가 우리 앞에 놓고 볼 수 있는 어떤 대상이 될 수 없다. 더 쉽게 말하자면 우리가 전통으로부터 영향을 받고 있는 상황으로부터 완전히 빠져나와서 '전통이라는 것이, 그리고 그것으로부터 영향을 받는다는 것이 바로 이런 것이었구나!' 하고 바라볼 수 없다는 것이다. 그렇기 때문에 전통 그 자체 혹은 전통으로부터 영향을 받고 있는 상황 그 자체를 대상으로 삼아서 어떤 지식을 얻어내려는 것은 한마디로 무의미한 일이 되고 말 것이다. 우리는 단지 언제나 그런 상황 안에 있으면서 그렇게 살아가고 있을 뿐이다.

지금 하고 있는 이야기들의 전체적인 흐름을 다시 한 번 정리해 보도록 하자. 전통으로부터 영향을 받고 있는 상황은 우리의 의식이 항상 어떤 관점을 가질 수밖에 없는 이유를 설명하면서 나온 이야기였다. 그리고 그 관점이라는 것은 우리의 의식에 작용하고 있는 선입견 때문에 형성되는 것이었는데, 선입견에 대해서는 우리가 그것을 '이해'가 발생하기 위한 전제조건으로 받아들인 바 있다. 또한 선입견이 가지고 있는 부정적인 인상은 자연스럽게 그것이 극복되어야 한다는 생각으로 연결되었고, 이 문제에 대한 견해차이로 가다머와 하버마스가 학문적인 논쟁을 벌였었다. 그리고 우리는 거기서 대체 어떤 이야기들이 오갔는지, 그리고 그것이 어떤 의미를 가지고 있는 것인지 따져가고 있는 중이다.

논쟁이 발생한 배경을 살펴보았을 때, 원인을 제공한 것은 확실히 가다머 쪽이었다. 그는 '이해'의 성격을 상당히 독특한 시각에서 바라봤는데, 그것을 선입견과 관련해서 살펴보면 그가 하고자 하는 이야기는 대체적으로 이러한 것 같다.

> 우리가 이해를 경험하고 있는 존재라고 한다면 그런 의미에서 우리는 이해하고 있는 존재, 즉 '이해함' 그 자체라고 할 수 있을 것이다. 그럴 경우 이해함은 우리의 의식이 특정한 상황에서 이끌리고 있음,

혹은 그러한 이끌림을 경험하고 있는 우리 의식의 상태를 말한다. 그런 상황이나 상태는 언제나 우리 의식의 활동에 앞서 있으며, 그래서 우리는 그것을 어떤 식으로도 대상처럼 대할 수 없다. 그렇기 때문에 우리 의식의 활동과 관련된 것에 대해서 이야기하려 한다면, 그럴 경우 우리는 반드시 이해함으로부터 나오는 그런 특수한 성격을 먼저 고려해야만 할 것이다.

'이해함'의 성격이 그러하다고 한다면 이해는 적어도 우리의 능동적이고 의지적인 행위 때문에 발생하는 것은 아닐 것이다. 다시 말해서 우리가 하고 싶어서 이해하는 것이 아니라, 우리가 원하든 원치 안든 그것과 상관없이 이해는 발생하는 것이고, 우리는 단지 그렇게 발생하는 이해를 경험하게 될 뿐이다. 이러한 내용을 우리 의식의 입장에서 다시 이야기해 본다면 아마도 이렇게 되지 않을까 싶다. '의식은 그것이 처해 있는 상황에 따라서 모든 것을 다르게 보게 된다.' 단적으로 말해서 의식은 상황이 결정해 준 것을 볼 수밖에 없다는 것이다. 그런데 그 상황이라는 것이 정확하게 어떤 것이었는가? 전통과 같은 것이 선입견으로서 우리의 의식에 작용하는 상황이 아니었던가?

전통과 같은 선입견의 작용으로 우리는 어떤 관점을 가지게 된다. 그리고 그렇게 생성된 관점은 이해가 발생하는 과정에서 우리 의식의 기반이 되는데, 그러한 기반을 가다머는 바로 '지평'이라고 부르고 있는 것이다. 우리는 저 앞에서 가다머의 지평 개념이 '시야' 혹은 '관점'과 비슷한 의미를 갖는다고 이야기했던 적이 있다. 그렇다면 '우리의 시야나 관점이 어떤 것이냐?' 하는 것에 따라서 이해의 내용이나 성격도 직접적인 영향을 받게 될 것이다.

한 가지 확실한 것은 우리의 시야나 관점이 서로 모두 다르기 때문에 이해 역시 개개인에 따라 모두 다르게 발생하게 될 것이라는 점이다. 그런데 이것은 결과적으로 '우리가 주관성 안에 갇힐 수밖에 없는 것 아니냐?' 하는 다소 우려스런 내용으로 흘러가게 되는 것 같기도 하다. 그러나 그렇다고 해도 그런 우려가 지금 당장 큰 문제가 되지는 않을 것이다. 왜냐하면 그것은 우리가 우리 마음대로, 즉 '자의적(恣意的)'으로 이해한다는 의미가 아니라, 오직 이해가 발생하는 과정에서 개개인이 가진 관점이 모두 다르다는 것만을 말하고 있을 뿐이기 때문이다.

지금 했던 이야기에는 다음과 같은 내용들이 순서대로 연결되어 있다. 내가 이해하는 것이 아니라 나는 내게서 발생하는 이해를 경험하는 것이고, 나의 시야나 관점이 어느 누구와도 다르기 때문에 내가 경험하는 이해도 다른 이들의 그것과는 다를 수밖에 없다. 이것이 전부인데도 그것을 '주관적이다'라고 잘라 말할 수 있겠는가? 아마도 그럴 수는 없을 것이다. 우리는 이해에 대해서 어떤 식의 평가도 내릴 수 없다. 예를 들어 그것이 옳은 것이라거나 그른 것이라거나 하는 평가는 물론이고, 더 낫다거나 못하다거나 하는 식의 평가도 불가능하다. 그것에 대해서 우리가 할 수 있는 말은 단지 '그것들이 모두 다 다르다'라는 것밖에는 없다.

해석과비판

INTERPRETATION AND CRITICISM 03

CHAPTER 03

정신분석과 의사소통

반성은 우리 정신활동의 한 종류이며, 그렇기 때문에 선입견은 당연히 그것에도 앞서 작용한다. 당신 생각처럼 선입견이 반성되는 것이 아니라, 반대로 반성이 선입견으로부터 영향을 받고 있는 것이다.

1. 이해의 역사성과 비판적 반성의 대립

가다머는 이해가 언제나 특정한 지평 위에서 발생한다는 것, 그리고 그 지평이 이해의 발생과정에서 선입견으로 역할을 한다고 주장했다. 만약 그의 주장이 옳다면 이해의 기반이 선입견인 한, 이해는 자연스럽게 역사성을 갖게 될 것이다. 왜냐하면 그 선입견은 전통의 경우에서와 같이 역사적으로 형성된 시야나 관점을 말하는 것이기 때문이다. 그러므로 '이해의 역사성'은 이해의 과정이 전통을 경험하는 것과 직접적으로 연결되어 있음을 보여주고 있는 셈이다. 가다머는 우리를 그런 경험을 하고 있는 존재로 파악했으며, 바로 그런 의미에서 우리는 바로 이해하는 존재, 즉 '이해함'인 것이다.

이것이 지금까지 했던 이야기의 대체적인 내용이라고 한다면, 그것은 결국 가다머가 이해를 우리의 '의식적인 정신활동의 기반'으로 간주한다는 것을 의미한다. 그렇기 때문에 그의 주장을 그대로 받아들일 경우, 이해함에 관련된 성격들은 모든 학문들에 그대로 적용되어야 할 것이다. 그런 의미를 담아 가다머는 다음과 같이 말하고 있다.

> 이해는 우리가 무엇을 하든, 원하든 원치 않든 그런 행동이나 소망의 차원을 넘어서 우리에게 일어나는 것이며, 반면에 학문이라는 것은 단지 우리의 행동이나 소망을 반영한 것일 뿐이다.
>
> *Hermeneutik und Ideologiekritik*, 47쪽.

이해는 모든 학문체계에 앞서 있다. 그래서 학문은 결코 자신의 유래인 이해로 돌아갈 수 없는 것이다. 그것은 결국 '학문이 이해 그 자체를 대상으로 할 수 없다'는 것을 의미한다. 또한 이해가 역사성을 가지고 있다면 학문이 이해의 영역 안에 있는 한, 그것 역시 역사성의 영향 아래에서 비로소 가능할 것이다. 학문은 반드시 그러한 상황을 충분하게 고려해야 할 것이며, 만약 그렇지 않다고 한다면 그것은 사실상 학문의 '성실성(誠實性)'을 포기하는 것과 다름이 없을 것이다. 그런데 그것은 어디까지나 가다머의 입장일 뿐이고, 하버마스는 또 다른 의미에서 학문의 성실성을 생각하고 있다. 그의 입장에서 보면,

> '비판적 반성'의 능력은 '이해의 역사성'과 쌍벽을 이루면서 모든 학문들의 기반을 형성하고 있다. 그렇기 때문에 이해의 역사성과는 별

도로 비판적 반성의 독립적인 역할은 반드시 유지되어야 할 것이다.

우리는 앞에서 하버마스가 반성에 비판의 기능을 더하여 그것을 '비판적 반성'이라 부르고 있다는 내용에 대해서 이미 살펴본 바 있다. '반성'은 원래 어떤 것에 대해서 깊이 따지고 생각해 본다는 정도의 의미인데, 그것만으로는 그가 원하는 정도로 강한 힘이 나오지 않았기 때문에 거기에 '비판'이라는 추가적인 장치를 부착한 것이었다.

비판은 '그럴듯하게 보이는 어떤 것의 표면 뒤에 숨어 있는 이면, 또는 정상적으로 보이도록 꾸며진 어떤 것의 배후'를 찾아내는 역할을 한다. 그래서 그것이 반성과 결합하게 될 경우, 하버마스는 그것에 아마도 이러한 기대를 할 수 있게 될 것이다. '가다머가 주장하는 이해의 배후, 즉 전통과 같은 선입견을 파고들어 가서 그것의 내용을 깊이 따져볼 수 있지 않겠는가?'

가다머의 주장과 하버마스의 기대를 이해하기 쉽게 도식으로 나타내 본다면 아마도 이렇게 표현될 수 있을 것이다.

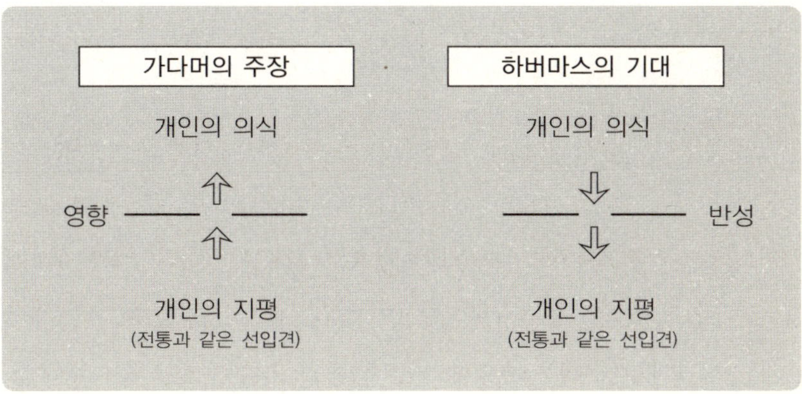

하버마스는 이해의 역사성에 대한 강조가 비판적 반성의 기능을 일방적으로 제한해서는 안 된다는 입장이다. 그러기 위해서는 무엇보다 비판적 반성이 이해의 역사성으로부터 독립되어 자신의 역할을 할 수 있어야 할 것이다. 쉽게 말해서 우리가 전통과 같은 선입견의 영향을 받지 않는 방법을 찾아낼 수 있어야 한다는 것이다. 그것을 소위 '방법적 거리두기(die methodische Verfremdung)'라고 하는데, 문제는 '그것을 과연 지평에도, 즉 전통과 같은 선입견에도 적용시킬 수 있을까?' 하는 것이다.

하버마스는 비판적 반성이 그럴 만한 능력을 가지고 있다고 생각한다. 그래서 그는 가다머가 했던 주장, 즉 '우리는 역사성을 극복할 수 없다'라는 주장에 대해서 '우리에게는 비판적 반성이 있지 않느냐?' 하는 반론으로 맞서고 있는 것이다. 가다머와 하버마스가 서로 대립·충돌하게 되었던 근본적인 원인을 도식으로 나타내본다면 앞의 도식은 다음과 같이 더욱 간단한 모습으로 바뀌게 될 것이다.

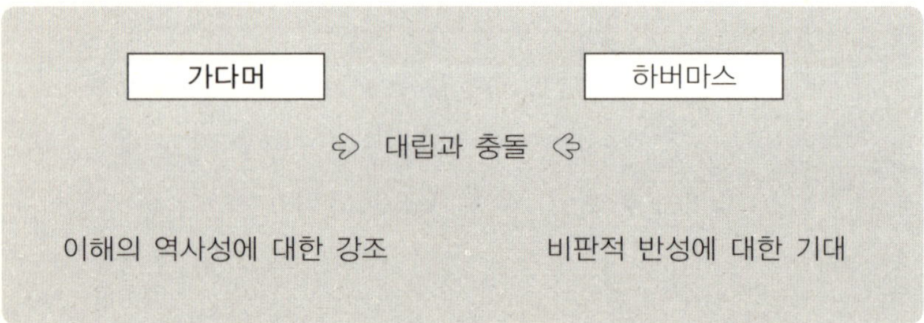

이해하는 존재로서 우리의 역사성을 인정하는 것, 가다머의 관점에서 보았을 때 그것은 우리의 본질적인 성격을 인정하는 것과 같다. 특히 역사성이 과거로부터 지속적인 영향을 받고 있다는 것을 의미한다면,

‘우리의 역사성을 인정하는 것’, 그것은 곧 우리가 전통(이라는 선입견)의 영향을 받고 있는 존재라는 사실을 인정하는 것이다. 그리고 그런 내용이 우리의 존재와 결부되어 있는 한, 우리는 그것을 어떤 경우든 간에 선택의 차원에서 이야기할 수 없을 것이다.

반면에 하버마스의 입장에서 보았을 때 가다머가 말하는 그런 식의 영향은 내용적으로 검증이 되지 않은 것이며, 그런데도 그것을 그냥 받아들이라고 주장하는 것은 지나치게 일방적이며 독단적인 발상일 수밖에 없었다. 어쨌든 그런 입장차이 때문에 그 두 학자는 서로 많은 이야기를 주고받으면서 열띤 논쟁을 벌이게 되는데, 그 논쟁을 통해서 우리는 비범(非凡)한 학자들 사이의 토론이라는 것이 과연 어떠한 것인지, 그 정수(精髓)를 경험할 수 있게 될 것이다.

먼저 하버마스의 이야기를 조금 더 들어보도록 하자. 그가 생각하고 있는 것은 대체적으로 이런 내용인 것 같다.

> 비판적 반성은 전통이라는 것이 어떻게 생겨나는지, 혹은 어떤 내용인지를 꿰뚫어 볼 수 있으며, 그렇게 하면 우리의 생각 혹은 우리의 생활이 독단에 빠지는 일은 얼마든지 막을 수 있을 것이다.

실제로 우리는 여러 가지 이유로 전통이 우리에게 요구하는 것들을 거부하기도 하는데, 아마도 하버마스는 그런 경우를 이야기하려는 것처럼 보인다. 적합한 사례가 될지는 모르겠으나 이해를 돕기 위해 몇 가지 예를 들어보기로 하자. 여자는 ‘출가외인(出嫁外人)’이라고 한다든지,

부모는 무조건 장남이 모셔야 한다든지, 부모가 돌아가시면 삼년상(三年喪)을 지내야 한다든지, 우리는 실제로 그런 것들을 거부하고 있다.

여기에서 '생활, 실제' 이런 것들을 학문적인 차원에서 하나로 아우를 만한 말이 하나 있는데, 그것은 바로 '실천(實踐)'이라는 말이다. 그것은 보통 '이론(理論)'과는 대립적인 의미로 쓰이고 있으며, 그런 점을 염두에 둔다면 아마도 실천이라는 말의 의미를 어렵지 않게 이해할 수 있을 것이다. 그리고 가다머의 이야기를 듣다보면 이따금 '전승(傳承)'이라는 말이 나오는데, 그것은 '과거로부터 물려받은 문화나 풍속, 제도' 등을 뜻하는 말로서, 우리는 그것을 그냥 '전통'과 비슷한 의미로 받아들여도 될 것 같다. 이런 내용을 바탕으로 하버마스가 했던 말을 그대로 옮겨보기로 하겠다.

> 반성은 전승의 발생을 통찰하면서 삶의 실천의 독단을 흔든다. 반성은 독단적 권력을 파괴할 수 있으며, 반성의 힘은 반성이 전통의 요구를 거부할 수 있다는 데에서 확증된다.
>
> *Hermeneutik und Ideologiekritik*, 47~49쪽.

전통은 언제나 삶의 실천에 영향을 미치고 있으며, 그렇기 때문에 하버마스의 입장에서 보았을 때 삶의 실천에 대한 반성은 그것의 유래를 찾는 작업, 즉 전통에 대한 반성과 분리될 수 없다. 그러므로 가다머가 전통의 영향을 강조하고 있다면 하버마스는 거꾸로 전통을 반성해보겠다는 것인데, 그것은 결국 '역사성을 극복하겠다' 라는 것과 크게 다를 바가 없는 이야기이다. 역사성의 극복은 물론 비판적 반성의 능력에 의존해야 가능할 것이다. 그런 맥락에서 하버마스는 가다머에게 다음과 같이 경고하고 있다.

> 만약 당신이 비판적 반성의 그런 능력을 인정하지 않고 역사성을 절대화하려 한다면, 그런 비합리적인 생각으로 당신이 추구하는 학문은 머지않아 길을 잃고 헤매게 될 것이다.
>
> *Hermeneutik und Ideologiekritik*, 52쪽.

하버마스가 가다머에게 그렇게 경고한다 해도 별 무리가 될 것 같지는 않다. 가다머는 실제로 이해가 발생하는 과정에서 전통과 같은 것의 역할만을 지나치게 강조하는 측면이 있다. 전통의 가장 큰 특징은 그것이 '역사성과 연결되어 있다'는 것과 '우리에게 미리 주어져 있다'는 것이다. 특히 우리에게 미리 주어져 있다는 면에서 그것은 말 그대로 '선입견'이 아니라 할 수 없다. 그러므로 가다머의 주장, 즉 '이해가 선입견에서 출발한다'는 주장이 옳다고 한다면, 그것은 곧 과거가 아무런 제한이나 검증도 없이 우리에게 그대로 전승되고 있다는 것을 의미하는 것이다.

가다머는 미리 주어져 있다는 주장을 근거로 우리가 전통을 반성할 수도, 또한 선입견을 극복할 수도 없다고 잘라 말하고 있다. 그러나 정말로 우리에게 선입견에 대한 반성의 능력이 없다고 한다면, 그것에 독단적이고 폭력적인 내용이 담겨 있다고 하더라도, 그래서 그것이 우리가 알지 못하는 사이에 우리의 이해를 왜곡하고 우리를 억압하고 있다 하더라도, 우리는 그러한 사실조차 제대로 알 수 없을 것이다. 가다머의 주장에는 실제로 다음과 같은 내용이 포함되어 있으며, 그것은 직접적으로 하버마스를 자극하는 원인이 된다.

> 반성은 우리 정신활동의 한 종류이며, 그렇기 때문에 선입견은 당연히 그것에도 앞서 작용한다. 당신 생각처럼 선입견이 반성되는 것이 아니라, 반대로 반성이 선입견으로부터 영향을 받고 있는 것이다.

이것은 누가 봐도 '닭이 먼저냐 달걀이 먼저냐?' 하는 식의 문제이다. 그럼에도 불구하고 한 가지 분명한 것은, 가다머로서도 그렇겠지만, 하버마스가 가다머의 주장을 막무가내로 거부할 수는 없다는 사실이다. 그래서 그는 이런 태도로 가다머의 주장에 맞불을 놓는다.

> 우선 우리의 모든 정신활동이, 특히 학문적 지식 같은 것이 전통과 같은 선입견에 기반하고 있다는 당신의 주장 자체는 받아들일 수 있다. 그러나 당신은 그런 주장을 펴면서 비판적 반성의 능력을 지나치게 과소평가하는 경향이 있다. 당신의 주장을 일부 받아들인다 하더라도, 그것으로 반성이 전통이 이끄는 대로 마치 노예처럼 움직인다고 볼 수는 없을 것이다. 그러니 내가 당신의 이야기를 받아들이는 것처럼 당신도 내 이야기를 받아들여서 비판적 반성의 독립적인 능력을 인정하는 것이 바람직하지 않겠는가? 게다가 선입견이 독단적이거나 폭력적일 수 있는데도 불구하고, 아무런 대책도 내놓지 않으면서 그것이 제한되거나 검증될 수 없다는 주장만 되풀이한다면, 그것은 일종의 책임회피가 아니겠는가?
>
> *Hermeneutik und Ideologiekritik*, 48~50쪽.

2. 비판적 반성과 선입견의 극복 가능성

학문적 연구의 경우, 실제로 학문을 이끌어 가는 것은 학자이다. 그래서 학자는 무엇보다도 중립적인 위치를 벗어나지 않도록 유의해야 할 것이다. 그것은 학문적 연구가 객관성을 잃지 않기 위한 가장 기본적인 조건에 속한다. 그런 관점에서 보았을 때, 선입견에 대한 가다머의 견해는 특히 학문의 영역에서 심각한 문제를 발생시키게 된다.

하버마스가 지적하듯이 선입견이 독단적이거나 폭력적일 수도 있다고 한다면 학문을 이끌어 가는 것이 우리들 사람인 이상, 학문은 그런 영향을 받을 가능성으로부터 결코 자유로울 수 없다. 간단히 말해서 선입견의 독단적이거나 폭력적인 영향 때문에 학문은 언제라도 왜곡되어 버릴 가능성이 있다는 것이다. 따라서 학자는 '선입견의 극복'이라는 문제를 절대로 소홀히 해서는 안 되며, 그래서 바로 비판적 반성의 능력에 의존해야만 한다는 것이다. 이에 대해서 가다머는 과연 어떤 대답을 내놓을 수 있을까? 아마도 그는 다음과 같은 이야기를 하게 될 것이다.

> 학문적 연구이든 비판적 반성이든 사람이 하는 일이라고 한다면 그것은 언제나 선입견의 영향 아래에서 가능한 일이다. 선입견의 영향을 받는 것이 우리의 존재와 연결되어 있는 한, 우리는 결코 그것을 거부하거나 극복할 수 없다.

그런데 따지고 보면 그것은 원론적인 차원의 이야기를 반복하는 것일 뿐이고, 지금 가장 중요한 문제는 '선입견이 학문의 영역에서 하는 역할이 구체적으로 어떤 것인가?' 하는 것이다. 그것이 더 분명하게 이야기되어야만 가다머가 하고 있는 주장이 비로소 더 확실한 설득력을 얻을 수 있을 것이다.

학문의 영역에서 만약 선입견이 부정적인 역할을 하고 있다는 것이 증명된다면 가다머는 당연히 하버마스의 반론이 정당하다는 것을 인정하고, 그가 마련하는 조치에 따라야 할 것이다. 그러나 가다머는 쉽게 물러서지 않았고, 그 문제에 대해서 그는 하버마스에게 이러한 답변을 내놓는다.

> 정신과학이든 자연과학이든 당신이 소위 '방법론적 거리두기'의 대표적인 사례로서 실증적인 과학이론을 이야기한다 하더라도, 그 모든 경우에 새로운 물음은 이미 형성되어 있는 개념으로부터 던질 수 있는 것이다. 그런데도 단지 '이미 형성되어 있다'는 이유만으로 당신은 선입견이 학문의 영역에서 부정적인 역할을 하고 있다고 단정할 수 있겠는가?
>
> *Hermeneutik und Ideologiekritik*, 79쪽.

이와 같이 가다머는 단 한 치의 양보도 없이 하버마스의 지적에 팽팽하게 맞서고 있다. 따지고 보면 가다머의 이야기가 옳은 것 같다. 이미 형성되어 있는 개념은 새로운 물음을 던지기 위한 필수적인 조건이다. 그렇다면 새로운 물음을 던지는 것, 그것은 이미 형성되어 있는 개념에 대한 '인정' 을 전제로 한다고 볼 수 있지 않을까? 그리고 인정이 자발적인 행위라고 한다면 인정을 받는 쪽은 인정을 하는 쪽으로부터 정당성을 부여받게 되는 것이 아닌가? 따라서 누군가 새로운 물음을 던졌다는 것, 그것은 그 물음을 던진 사람이 이미 형성되어 있는 개념의 '권위'를 자발적으로 인정했다는 것을 의미할 것이다. 또한 그것은 그 개념이 정당하다고 판단할 근거가 될 수 있을 것이다.

가다머는 이미 형성되어 있는 것의 정당성, 즉 '선입견의 정당성'이 학문의 영역뿐만 아니라 우리 정신활동의 모든 영역에서 유효하다고 생각한다. 만약 그의 견해가 옳다고 한다면 다른 어떤 조건이 고려될 필요도 없이 '우리가 한다'는 그 이유 하나만으로도 이해와 관련된 모든 것에서 선입견의 작용은 정당할 것이다. 하버마스 역시 새로운 물음이 이미 형성되어 있는 개념으로부터 던져질 수 있다는 가다머의 주장을 옳은 것으로 받아들인다. 그럼에도 불구하고 하버마스가 보았을 때 가다머의 주장은 여전히 약점을 가지고 있는데, 그는 그것을 너무 쉽게 지나쳐 버리고 있는 것이다.

> 이미 형성되어 있는 개념이 정당화되기 위해서는 비판적 반성이 그 개념을 확인하는 과정이 반드시 있어야만 한다. 그런 과정이 생략되거나 누락되었다고 한다면, 우리가 이미 형성되어 있는 어떤 개념을 받아들였다 하더라도, 그것만으로 그 개념이 정당하고 주장할 수 있는 것은 아니다.

이러한 내용은 또한 가다머가 선입견의 정당성을 주장할 때도 마찬가지로 적용될 수 있을 것이다. '이해가 선입견의 영향 아래에서 발생한다'는 것과 거기에서 '선입견의 작용이 정당하다'는 것은 전혀 별개로 생각할 문제이다. 어떤 면에서 선입견은 과거가 현재에 일방적으로 영향을 미치는 것일 수도 있으며, 그것은 현재에 대한 과거의 폭력과 분명하게 구분되기 어렵다. 그렇다고 한다면 이해가 발생하는 과정에서 선입견의 작용은 과거가 강제로 자기를 현재에 실현시키는 방식이 될 수도 있는 것이다. 그럼에도 불구하고 가다머는 단지 그것이 '앞서 있다'는 이유 하나만으로 성급하게 그것이 '정당하다'는 결론을 내려버렸던 것이다.

만약 이해가 발생하는 과정에서 폭력이나 강요의 가능성이 조금이라도 발견된다면 그에 대한 반성은 반드시 필요할 것이며, 그런 반성은 당연히 비판적 학문의 중심적인 과제가 될 것이다. 지금 하버마스는 가다머의 주장에서 선입견이 독단적 폭력이나 강요로 작용할 가능성을 보고 있다. 그래서 그는 가다머가 그러한 가능성을 인정할 것을 요구하고 있으며, 한편으로 자신이 직접 선입견에 대한 비판적 반성을 시도하려 하고 있는 것이다.

가다머가 하버마스의 지적을 받아들이게 된다면 당연히 하버마스의 비판적 반성은 가다머의 이해의 역사성으로부터 어느 정도 독립적인 지위를 얻어낼 수 있을 것이다. 하버마스의 관점에서 그것은 우선 학문이 성실성을 잃지 않기 위한 조건이 충족된다는 것을, 그리고 다른 한편으로는 학문의 발전을 저해하는 가장 근본적인 장애물이 제거된다는 것을 의미한다. 그런 맥락에서 하버마스는 가다머에게 이렇게 말한다.

> 견고한 선입견의 동요가 학문적 발전을 약속한다는 것은 너무나 당

연한 일이다. 그리고 선입견을 반성하고 그것을 동요시킬 수 있는 것은 다름이 아니라 비판적 반성이다. 그런데도 당신이 만약 비판적 반성의 능력을 인정하지 않고 선입견의 작용을 계속해서 정당화하려 한다면, 그것은 선입견이 동요하게 될 기회를 막아버리는 것이기 때문에 결국 학문의 발전을 방해하는 것과 같다고 할 수 있을 것이다.

Hermeneutik und Ideologiekritik, 79쪽.

하버마스의 견해에 따르면, 선입견의 동요는 그것에 대한 반성으로부터 가능한 것이다. 가다머 역시 그런 지적에 동의하지 않을 수 없을 것 같다. 그런데 문제는 그러한 반성이 가다머의 주장 안에서는 불가능하며, 그렇기 때문에 가다머는 하버마스가 주장하는 비판적 반성을 이해의 역사성과 대등한 위치에 놓고 자신이 했던 이야기를 처음부터 다시 정리해 내려와야 할 것처럼 보인다. 그러나 잘 생각해 보면 '어떤 요구가 정당하게 제기되는 것'과 '그러한 요구가 실제로 충족될 수 있는 것'은 확실히 다른 차원에 속한 이야기일 것이다. 그래서 하버마스는 그러한 요구를 제기한 바로 그곳에서—가다머로부터의—다음과 같은 피할 수 없는 물음에 직면하게 될 것이다.

당신은 내게 '비판적 반성이 전통에 대해서 노예처럼 움직이지 않는다'고 말했었다. 그러나 그렇다 하더라도 그것이 곧 비판적 반성이 이해의 역사성으로부터 벗어날 수 있다는 것을 의미하는 것인가? 당신은 비판적 반성이 그럴 수 있기 위한 구체적인 방법을 제시할 수 있겠는가? 만약 그렇게 할 수 없다면, 당신은 비판적 반성이 어떤 면에서 성공적인지 그것 역시 결코 분명하게 이야기할 수 없을 것이다.

3. 일상언어와 이론언어

가다머가 하고 있는 이야기를 한마디로 압축해 본다면 '해석학적 선취의 불가피성(die Unvermeidlichkeit des hermeneutischen Vorgriffs)'이라고 할 수 있을 것이다. 이 말은 이해의 발생과정에서 특히 전통과 같은 선입견이 우리의 모든 정신활동에 앞서 있다는 내용, 그리고 그것이 불가피하다는 내용 모두를 담고 있다. 해석학적 선취의 불가피성이라는 말을 바탕으로 하버마스에 대한 가다머의 입장을 정리해 본다면 아마도 이런 이야기가 될 것이다.

> 하버마스가 이해의 발생에 대한 정당성을 의심한다면, 혹은 그것의 정당성을 검증하려 한다면 그는 먼저 이해의 역사성이 극복될 수 있음을 증명해야만 한다. 그러한 증명이 없이는 그가 하는 모든 시도 역시 결국은 '해석학적 선취'라는 것으로부터 벗어날 수 없을 것이다.

하버마스는 비판적 반성의 가능성을 단순히 주장하는 것에서 그치지 말고 그것이 실제로 제 기능을 할 수 있다는 것을 가다머에게 보여주어야만 한다. 그것은 소위 '방법적 거리두기'를 통해서 '해석학적 선취'로부터 벗어나 이해의 발생과정이 반성되는 구체적인 사례를 제시하는 것이다. 하버마스도 물론 그런 점을 너무나 잘 알고 있었다. 그가 만약 적합한 사례를 증거로서 제시하지 못한다면 그의 요구는 결과적으로 '불가피한 것에 대한 공연한 불만'에 그치게 될 가능성이 높았다.

하버마스는 가다머가 주장하는 '이해' 개념이 언어와 밀접한 관계에 놓여 있다는 사실에 주목했다. 그래서 그는 가다머와의 논쟁에 언어를 이중적인 구조로 파악하는 시각을 도입하기로 결정했다. 그렇게 하면 비판적 반성이 제 기능을 하는 사례를 찾아낼 수 있을 것이라는 기대가 있었기 때문이다. 실제로 가다머의 주장에서 이해는 '언어 대 언어의 대화'를 통해서 발생하게 되는데, 거기에서 말하는 언어는 우리가 일상적으로 쓰고 있는 언어, 즉 '일상언어(Umgangssprache)'이다. 하버마스는 그러한 일상언어보다 한 단계 높은 위치에—일종의 '메타-언어'로서—'이론언어(Theoriesprache)'가 있다고 생각했다. 이론언어의 주된 역할은 일상언어보다 높은 위치에서 그것에 규칙을 부여하고 이론적으로 그것을 조절하는 것이다.

하버마스가 도입했던 방식과 같이 어떤 것을 이중적인 구조로 파악하는 방식에는 일반적으로 다음과 같은 장점이 있다.

> 한 단계 높은 위치에 있는 요소는 숨겨져 있는 것과 같아서 일상적으로는 잘 드러나 보이지 않는다. 그럴 경우 일상적으로 드러나 있는 요소는 숨겨져 있는 요소를 추론하기 위한 단서들을 제공해 줄 수 있다. (일상언어로 그것보다 한 차원 높은 위치에 있는 요소, 즉 이론언어에 대해서 설명할 수 있다는 것이다.)

언어를 이중적인 구조로 파악할 경우, 일상언어는 그것에 '형식적으로 규칙을 부여하는 특정한 체계' 위에 있다고 볼 수 있을 것이다. 그리고 그러한 체계는 일상언어의 모든 면에 대단히 중요한 영향을 미치게 될 것이다. 거기까지 정도의 내용이라면 우리는 하버마스의 생각을 별다른 무리 없이 받아들일 수 있을 것이다. 그러나 그 '체계'라는 것은 일상언어보다 한 단계 높은 위치, 즉 '상위(上位)' 혹은 '배후(背後)' 에 있기 때문에 우리가 그것을 직접적으로 접할 수는 없을 것 같다. 그런 상황에서 일부 단서들에만 의지해서 그런 것이 있다고 그냥 믿어버려도 괜찮은 것일까?

일상언어에 형식적으로 규칙을 부여하는 체계는 예를 들어 '문법(文法)' 과 같은 것이다. 우리가 일상적으로 하는 말들은 어떤 문법적 규칙을 따르고 있는데, 그것들은 보통 우리가 하는 말 뒤에 숨어 있는 형식이라서 일상적으로는 잘 드러나 보이지 않는다. 하지만 그런 요소가 실제로 있다고 생각해도 별로 문제될 것은 없을 것이다. 왜냐하면 일상언어가 변화하는 원인을 일상언어의 차원에서는 찾을 수 없기 때문이다. 그것은 오직 일상언어에 형식적인 규칙을 부여하는 외부적 체계의 도움이 있어야만 가능한 것이다. 그런 점을 근거로 한다면 일상언어의 외부적 요소로서 형식적 체계가 있다는 것을 인정하는 것이 훨씬 더 합리적인 판단인 것 같다.

한편으로 그렇게 언어를 이중적인 구조로 파악하려 한다면 언어 외부적 요소에 대한 언급은 어떠한 경우에도 충분할 수 없을 것이다. 어떻게 보면 언어 외부적 체계는 일상언어의 영역 안에서는 설명되기 어려운 것을 설명하기 위해서, 처음부터 단지 그러한 특정한 필요에 따라 '가정(假定)' 혹은 '설정(設定)' 된 것으로 볼 수 있다. 상황이 그렇다고 한다면 하버마스가 택한 방식은 합리적인 면도 있고, 다른 한편으로 불합리한 면도 있는 셈이다. 즉 그것은 일상언어의 내부적 변화를 설명하기에는 합리적인 방식이 되겠지만, 일상언어의 외부적 체계를 결국 일상언어로 설명해야 한다는 면에서 불합리한 방식이 되기도 한다는 것이다.

하버마스가 선택한 방식이 합리적인 면과 불합리한 면을 동시에 가지고 있듯이 그런 식의 지적은 가다머의 주장에도 거의 그대로 적용될 수 있다. 가다머의 견해에 따르면, 이해의 기원은 선입견이다. 그러나 우리가 선입견의 존재를 직접 확인하는 것은 불가능하다. 왜냐하면 선입견은 이해 안에 이미 실현되어 있으며, 그런 이유로 우리가 이해를 중단하고 그것의 상위나 배후로 가지 않는 한, 그것을 직접 접할 수는 없을 것이기 때문이다. 그러나 우리가 이해하는 존재, 즉 '이해함'이라는 점을 고려한다면 그렇게 하는 것은 처음부터 불가능한 이야기에 불과할 뿐이다. 그럼에도 불구하고 가다머는 선입견이 정말로 있어서 그것이 이해에 영향을 미치고 있다고 확신했는데, 그것은 선입견을 전제하지 않고서는 이해가 발생하는 과정을 정확하게 설명할 수 없었기 때문이다.

선입견을 우리가 직접 접할 수 없다는 점에서 선입견에 대한 그의 언급은 어떤 경우에도 충분할 수 없을 것이다. 그러나 한편으로 그것으로부터 비로소 이해가 발생하는 과정과 우리의 존재방식인 이해함의 성격이 분명하게 드러나게 된다. 그런 면에서 가다머의 발상은 충분히 합리적인 것이라 할 수 있을 것이다. 하버마스가 과연 그런 점까지 세세하게 고려해서 일상언어와 이론언어 이야기를 꺼냈는지는 확실치 않다. 그러나 어쨌든 그의 생각은 지금까지 살펴본 바와 같이 가다머의 이야기에 아주 교묘할 정도로 정확하게 맞아떨어지고 있다.

비교적 복잡한 내용들을 다루고 있기 때문에 지금 우리가 하고 있는 이야기를 전체적으로 다시 한 번 정리해 보는 것이 좋겠다. 이해의 발생과정이 언어적 대화를 통해서 이루어진다고 한다면, 그러한 가다머의 주장에는 하버마스의 비판이 개입할 수 있는 가능성이 처음부터 내재해 있었다고 볼 수 있겠다. 특히 일상언어로는 파악될 수 없는 요소를 설정했다는 점에서 하버마스의 견해는 가다머의 견해와 매우 유사한 구조를 가지고 있다. 가다머에게서 그것은 물론 이해의 발생과정과 이해함의 성격을 규명하기 위한 것이었으며, 하버마스의 경우에는 일상언어의 내부에서 발생하는 변화들을 설명하기 위한 것이었다.

그러나 그런 점에서 그들의 견해는 역시 공통적인 문제점도 가지고 있었는데, 그것은 그들이 설정한 요소들이 일상언어의 외부에 있기 때문에 우리가 그것을 직접 접할 수 없다는 것이었다. 그럼에도 불구하고 하버마스는 일상언어적 이해에 대한 반성의 가능성을 열어두고 있는 반면에 가다머는 그러한 가능성들을 완전히 차단해두고 있다. 따지고 보면 바로 이러한 차이로부터 그 두 학자들 사이에서 논쟁이 발생하게 된 것이고, 가다머의 주장에 대해서 하버마스가 지적하고자 하는 바도 바로 그런 것이었다. 그래서 그는 가다머에게 다음과 같은 이야기를 하면서 논쟁을 이어나간다.

> 이해의 한계에 대한 비판적 반성의 개입을 배제한다면 당신의 주장은 불완전할 수밖에 없다. 그 한계라는 것은 특히 (우리가) 이해 불가

능한 표현을 경험하게 되는 경우에 발생하게 된다. 그러나 당신의 주장만으로는 그런 것이 왜, 어떻게 발생하는지, 또한 어떤 의미를 갖는지 정확하게 설명할 수 없다. 그것은 아무리 숙련되어 있다 하더라도 자연적으로 획득된 능력만으로는 극복될 수 없는 것이다.

Hermeneutik und Ideologiekritik, 133쪽.

하버마스에 따르면, '이해 불가능한 표현'은 의사소통이 여러 가지 이유로 왜곡된 경우에 나타난다. 그런데 가다머는 그런 경우를 그냥 무시해 버리고 있으며, 그렇기 때문에 그의 주장은 결국 빈틈을 보이게 되는 것이다. 의사소통이 왜곡되는 가장 대표적인 사례는 우리가 흔히 '정신이상'이라고 부르는 그런 경우이다. 우리가 심각한 수준의 정신이상자와 이야기하고 있다고 상상해 보자. 그들이 하는 말의 의미를 우리가 제대로 파악할 수 있을까? 혹은 제대로 파악하고 있다고 생각하더라도 정말로 그런 것인지 어떻게 확신할 수 있을까? (그런 것은 정신과 전문의가 아니라고 한다면 아마도 기대하기가 어려울 것이다.)

가다머는 이해가 '언어 대 언어의 대화'로 이루어진다고 주장했다. 그리고 그렇게 대화가 이루어지면 그런 경우에는 언제나 이해가 정상적으로 발생해야 할 것이다. 그런데 지금 이야기하고 있는 것과 같이 '정신이상자와 나누는 대화'의 경우에도 이해가 정상적으로 발생했다고 말할 수 있을까? 절대로 그렇지 않을 것이다. 따라서 하버마스가 보기에 그것은 가다머의 주장이 적용될 수 없는 거의 유일한 예외가 된다.

우리는 이따금 누군가와 대화를 하다가 상대방의 말을 잘못 알아듣거나 오해하는 경우가 있다. 물론 그것은 상대방 혹은 나, 그 둘 중에 하나가 정신적으로 이상이 있어서 그런 것은 아닐 것이다. 그런 경우는 잘 알아들을 수 있게 다시 이야기한다거나 그렇게 서로 이야기하면서 오해를 풀어버리면 그만이다. 따라서 그런 경우들은 의사소통이 왜곡되거나 이해가 정상적으로 발생하지 않은 경우에 속한다고 볼 수 없을 것이다.

4. 정신분석과 (일반) 심리학

가다머와 하버마스 사이의 논쟁에서 정신분석은 대단히 중요한 역할을 하게 된다. 정신분석에서 환자의 증세는 일상언어의 왜곡, 즉 이해의 왜곡을 의미하며, 환자와 비교했을 때 정신분석가의 역할은 그런 왜곡을 바로잡는 역할, 즉 반성하는 역할을 하게 되기 때문이다. 그런 이유로 정신분석에 대한 평가가 어떻게 내려지느냐에 따라서 그들 사이의 논쟁이 진행하는 방향도 크게 달라지게 될 것이다. 먼저 정신분석의 대상으로서 '증세'에 대한 이야기부터 시작해 보도록 하자.

정신분석에서의 증세는 환자들이 하는 이야기의 의미를 일상적인 차원에서는 이해할 수 없다는 특징을 갖는다. 정상적인 경우이든 아니든 누군가의 이야기는 어떤 의미를 전달하는 것을 목적으로 한다. 그때 '전달되어야 할 의미'에 대해서 그 이야기는 일종의 '상징'으로 역할을 하게 된다. 예를 들어 만약 누군가가 '수박'이라고 말한다면 그 말 자체는 상징이겠고, '진짜 과일 수박'은 그 말의 의미라고 할 수 있을 것이다. 그런데 환자들의 경우에는 그들이 하는 말과 전달하고자 하는 본래의 의미가 서로 어긋나 있는 상태이다. 앞의 예에서 만약 어떤 환자가 축구공을 보면서 '수박'이라고 말한다면, 그는 상징과 의미의 연결이 정상적이지 않은 상태에 빠져 있는 것이다.

상징과 의미의 연결이 정상적이지 않게 되는 것을 '탈상징화(Desymbolisierung)'라고 한다. 탈상징화가 나타나는 것은 일상적이고 정상적인 의미의 자리에 그것을 대신해서 증세가 들어서 있기 때문이다. 그래서 일상적인 차원에 있는 정상적인 사람들은 환자의 증세가 정확하게 어떤 의미를 갖는 것인지 이해할 수 없게 되는 것이다. 그렇다고 한다면 의사, 즉 정신분석가의 목표나 역할은 환자에게서 탈상징화된 것을 일상적이고 정상적인 것으로 되돌려놓는 것이라 할 수 있을 것이다. 그런 작업을 '재상징화(Resymbolisierung)'라고 부르는데, 일단 재상징화에 성공하게 된다면 탈상징화로 잃어버렸던 일상적이고 정상적인 의미는 증세를 밀어내고 다시 제 자리를 찾을 수 있게 된다. 그것은 곧 환자가 정신분석가의 도움으로 자신의 증세를 극복하게 되었다는 것을 뜻한다. 그런데 정신분석가는 도대체 어떻게 그렇게 할 수 있는 것일까?

환자에게서 증세가 나타났다는 것, 그것을 의사소통이라는 관점에서 본다면 환자의 의사소통 구조가 왜곡된 것이라 할 수 있다. 정신분석가의 역할은 환자의 의사소통 구조에 개입해서 그 왜곡이 어떤 것인지를 밝히고, 환자가 그것을 극복할 수 있도록 도와주는 것이다. 그것은 단순히 정신분석가가 환자의 증세가 의미하는 바를 '추론하는 것'만을 말하는 것은 아니다. 환자가 실제로 자신의 증세를 극복할 수 있으려면 정신분석가는 그 증세의 기원으로 추적해 들어가서 그것이 발생한 원인까지 철저하게 규명해야만 한다.

환자의 증세를 치료할 수 있기 위해서 정신분석가는 먼저 '일상적이고 정상적인 의사소통의 구조'와 '비정상적이고 왜곡된 의사소통의 구조'를 구별할 수 있는 능력을 갖추고 있어야 할 것이다. 그래야만 환자의 상태를 정확하게 판단할 수 있을 뿐만 아니라, 환자의 증세에 개입해 그것을 바로잡을 수 있을 것이기 때문이다. 그것은 일상적인 차원을 넘어서는 특수한 능력 혹은 역할에 속하는데, 정신분석가가 수행하는 그러한 치료행위로부터 우리는 정신분석이 가지고 있는 특수한 성격을 엿볼 수 있게 된다.

이미 잘 알려져 있는 것처럼 정신분석은 우리의 정신을 '의식의 영역'과 그것의 이면인 '무의식의 영역'으로 나누어 놓고 보고 있다. 의식이 우리 정신의 '표층(表層)'을 이루고 있다고 한다면 무의식은 그것의 '심층(深層)'을 형성하고 있다. 심층으로서 무의식은 언제나 특정한 거리를 사이에 두고 표층인 의식에 영향을 미치고 있다. 그렇기 때문에 의식에서 발생하는 여러 가지 현상들은 반드시 '의식에 대한 무의식의 영향관계'라는 측면에서 파악되어야 하는 것이다. 정신분석(학)은 바로 그러한 의식과 무의식 사이의 위상적인 차이를 배경으로 우리 정신의 심층인 무의식을 다루는 학문이다. (또한 그런 의미에서 그것을 일반적인 심리학과 구별하여 '심층-심리학'이라고 부르기도 한다. 그러나 그것은 정신분석학이 생겨났던 초기의 구분방식이고, 오늘날에는 그러한 구분이 그다지 큰 의미를 가지고 있는 것 같지는 않다.)

한편으로 정신분석은 정신분석가가 환자의 증세를 해석하는 과정으로 이루어져 있다고 볼 수 있다. 그런 면에서 그것은 '해석학'의 성격도 가지고 있는데, 실제로 그것이 정신분석가의 치료활동에서 가장 중요한 요소가 될 것이다. 구체적으로 정신분석가의 치료활동은 먼저 상담과 같은 과정을 통해서 자신과 환자 사이의 대화를 분석하는 것으로 시작된다. 그것은 정신분석가가 환자를 치료하는 과정에서 가장 기본적으로 해야 하는 활동인 동시에, 어찌 보면 치료를 위해서 그에게 주어진 거의 유일한 방법이라 할 수 있을 것이다. 그러한 분석을 통해서 정신분석가는 일상적으로는 이해가 불가능한 '환자의 증세적인 표현'을 이해가 가능한 것으로 바꾸어 놓게 된다. 그것은 결국 정신분석가가 환자의 증세를 해석하고 그것의 의미를 밝혀내는 작업이 되는 셈이다.

정신분석에서 분석가의 역할은 증세와 관련된 환자의 이야기를 듣고 그것을 해석하는 것이다. 그렇기 때문에 그것은 우선 일반적인 의미에서의 해석학 영역에 속한다고 할 수 있을 것이다. 그러나 정신분석가의 해석은 그것이 환자의 '표층'이 아니라 '심층'을 대상으로 하고 있다는 면에서 분명히 일상적인 해석의 차원을 넘어서 있다. 다시 말해서 그것이 최종적으로는 해석학의 영역으로부터 벗어날 수 없다고 할지라도, 일반적인 해석학과 비교했을 때 상당히 특수한 성격을 가지고 있다는 것이다. 따라서 정신분석의 성격에 대해서 이야기하게 될 경우 우리는 그것의 그러한 두 가지 측면 모두를 고려해야 할 것이며, 그와 같은 맥락에서 정신분석은 결국 '심층심리학적 해석학(Tiefen-psychologische Hermeneutik)'이라는 특수한 해석학으로서 그 모습을 드러내게 되는 것이다.

프로이트(S. Freud)는 그 유명한 『정신분석입문』의 서론에서 일반적인 의학과 비교했을 때 정신분석이 가지고 있는 학문적 특징에 대해서 다음과 같은 세 가지 내용을 중심으로 이야기하고 있다.

> 첫째, 정신분석에서 유일한 치료방법은 의사와 환자 사이에 주고받는 말이다.
>
> 둘째, 정신분석은 심리학적인 기초를 세우고, 그것을 가지고 신체적 장애와 정신적 장애가 왜 함께 발생하는지, 그 이유를 설명해 주는 공통적인 기반을 찾아내고자 한다.
>
> 셋째, 정신분석에서 정신은 의식적 사고와 무의식적 욕망으로 나뉜다.

첫 번째 특징은 정신분석이 학문의 영역에서 갖게 되는 위치를 매우 잘 보여주고 있다. 정신분석의 가장 기본적인 치료방법은 정신분석가와 환자의 대화이다. 그런데 치료방법으로서 대화는 일반적인 의학에서 사용하는 치료법들에 비해 아무래도 객관성이 많이 떨어지는 것처럼 보인다. 물론 프로이트가 이야기하는 바와 같이,

> 말은 인류를 서로 결합시키거나 혹은 이반시키는 일반적인 수단이 된다.
>
> *Einführung in die Psychoanalyse*, 43쪽.

그런 측면에서 말 혹은 대화의 중요성을 간과해서는 안 될 것이며, 또한 그것의 치료적 기능 역시 무시될 수 없을 것이다. 그러나 학문적인 측면에서 보았을 때, 그것은 어찌되었든 다양하게 해석될 가능성이 있으므로 객관성을 약화시키는 원인으로 작용할 수도 있을 것이다.

이렇게 한번 생각해 보도록 하자. 정신적 이상에 관련된 이야기를 듣고 몇 명의 정신분석가가 내린 진단, 그리고 신체적 이상에 관련된 검사자료들을 살펴보고 몇 명의 의사가 내린 진단, 그 둘 중에서 어느 쪽이 의견일치에 도달할 가능성이 높을까? 물론 논란의 여지가 전혀 없는 것은 아니겠지만, 신체적 이상에 대한 의사의 진단과 그 진단에 따른 치료법은 정신적 이상의 경우보다 조금 더 구체적이고 조금 더 객관적이라고 보아야 할 것 같다. 그것은 아마도 정신분석가의 진단이 무척 다양한 해석의 가능성을 바탕으로 하고 있기 때문일 것이다. 그렇다고 한다면 정신분석은 일반적인 의학분야에 비해서 오류의 가능성도 상대적으로 높은 것으로 보아야 하는 것이 아닐까?

반면에 일반적인 의학은, 그것이 더 구체적이고 더 객관적인 진단법과 치료법을 가지고 있다 하더라도, 정신적인 장애에 대해서는 별다른 도움을 줄 수 없다. 일반적인 의학은 주로 신체에 관심을 집중하고 있으며, '정신'이나 혹은 '정신과 신체의 관계'에 대한 내용은 그것의 중심적인 과제가 아니다. 그러나 신체적인 장애는 이따금 정신적인 장애와도 밀접하게 연결되어 있기도 한데, 그것은 보통 신체적인 장애가 정신과 관련되어 나타나는 일종의 '합병증'의 경우이다. 그렇기 때문에 정신분석은 정신적인 장애뿐만 아니라 신체적 장애에도 관심을 두고 그것이 혹시 정신과 관련된 문제 때문에 발생한 것인지 의심하게 된다. 그런 면에서 정신분석은 일반적인 의학이 지나치기 쉬운 '허점'을 메우는 역할을 하고 있다고 볼 수 있다. 이것은 프로이트가 제시했던 정신분석의 두 번째 특징에 해당한다. (그러나 이것 역시 정신분석이 생겨났던 초기에 적합할 뿐, 오늘날에도 그렇다고 보기에는 아무래도 무리가 있지 않을까 한다.)

정신분석의 가장 큰 특징은 '세 번째' 것이라고 할 수 있다. 정신분석은 정신을 의식과 동일한 것으로 보지 않고 의식에 대해서 '무의식적인 정신과정'을 가정하고 있다. 그것에 관해서 프로이트는 스스로 이렇게까지 높이 평가하고 있다.

> 정신분석이 세계와 과학에 있어서 새로운 문을 열 수 있었던 원인이 바로 그것이었다.
>
> *Einführung in die Psychoanalyse*, 47쪽.

프로이트 당시에 일반적인 의학에 속했던 기존의 심리학은 의식의 내용을 연구하는 성격이 짙은 학문이었다. 반면에 정신분석은 '의식적 사고'에 작용하는 '무의식적 욕망'의 성격을 밝히는 것을 중점적인 과제로 삼았다. 다시 말해서 의식은 정신의 표층을 이루고 있고 무의식적 욕망은 그것의 배후 혹은 심층에 위치해 있는데, 정신분석의 대상은 주로 배후나 심층에 위치해 있는 무의식적 욕망이라는 것이다. 그러므로 정신분석은 정신의 표층으로부터 그것의 배후나 심층으로 뚫고 들어가려는 시도이며, 그런 점에서 일반적인 의학으로서 프로이트 이전의 심리학과는 분명하게 구별될 수 있는 것이다.

5. 무의식이 만드는 실수와 꿈

무의식이 정말로 있을까? 혹시 있다고 한다면 그것을 어떻게 알 수 있을까? 프로이트는 무의식이 있다는 것을 먼저 '실수'에 대한 이야기를 통해서 증명하려 한다. 그가 이야기하는 실수의 사례들은 주로 '말'에서 나타나는 실수들로서, 그 실수들은 아무 이유도 없이 '그냥' 일어나는 것이 아니라 그 안에 어떤 특별한 의미를 담고 있다. 다시 말해서 그것들은 무가치하거나 무의미한 어떤 것이 아니라 특수한 방식의 '표현'이며, 그렇기 때문에 그것의 의미에 대한 해석이 충분히 가능하다는 것이다.

여기에서 말하는 '의미'는 실수를 범한 사람의 숨겨진 의도와 직접적으로 연결되어 있다. 그런 이유로 실수는 그 '숨겨진 의도'가 원래의 의도, 즉 '의식의 의도'를 방해해서 발생하는 것이라고 볼 수 있다. 『정신분석입문』에 소개된 한 가지 사례를 예로 들자면, 한 젊은이가 길거리에서 처음 보는 아가씨에서—호감을 가지고—접근하면서 인사를 건넸는데, 너무 많이 긴장했던 탓인지 실수로 다음과 같이 말을 하고 말았다.

> '저, 아가씨? 괜찮으시다면 제가 좀 begleitdigen 해드리고 싶은데…….'
>
> *Einführung in die Psychoanalyse*, 57쪽.

아쉽지만 그 젊은이의 말 속에 들어 있는 독일 말은 우리말로는 표현이 불가능하다. 어쨌든 그 젊은이가 아가씨에게 원래 하려고 했던 말은 이런 것이었다.

'저, 아가씨, 괜찮으시다면 제가 좀 바래다 드려도 괜찮을까요?'

(혹은 '잠시 같이 걸어도 괜찮을까요?')

이것을 독일 말로 바르게 표현하려면 'begleiten'이라는 말을 써야 한다. 그 말은 '베글라이텐'이라고 읽는데, 우리말로 하면 '바래다주다, 안내하다' 정도가 될 것 같다. 그런데 그 젊은이는 실수로 '베글라이트디겐(begleitdigen)'이라고 말해버린 것이다. (말이 꼬이거나 해서 더듬는 상황이다.)

프로이트가 보기에 그 경우는 '베글라이텐(begleiten)'에 '벨라이디겐(beleidigen)'이 간섭을 해서 이상한 말이 나오게 된 것이다. '벨라이디겐'은 '모욕하다'라는 뜻이다.

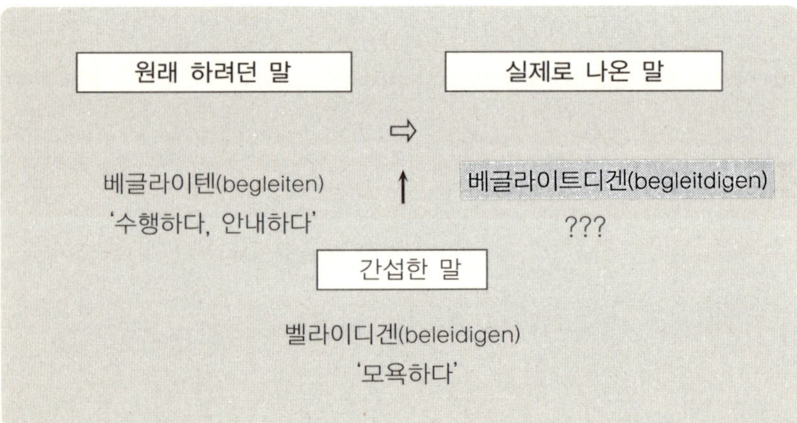

그 청년이 무의식적으로 아가씨를 모욕할 의도를 가지고 있었는지, 아니면 자신의 행동이 그 아가씨에게 모욕이 될 수도 있다는 걱정이 생각보다 심했던 것인지 그것을 정확하게 이야기하기는 어려울 것 같다. 그러

나 한 가지 확실한 것은 그가 실수를 했고, 그 실수는 무엇인가가 그의 의식, 더 구체적으로 '의식의 의도'를 간섭 혹은 방해했다는 사실이다.

프로이트에 따르면, 그 이전의 심리학의 경우 그러한 실수는 단지 '흥분, 방심, 주의력 장애' 때문에 발생했다고 설명할 것이다. 반면에 그는 '무엇이 그러한 흥분이나 방심, 주의력 장애와 같은 혼란을 일으켰는가?' 하는 것을 문제 삼는다. 이전의 심리학이 의식의 차원에서 문제를 해결하려 한다면 프로이트는 무의식의 차원까지 추적해 들어가려는 것이다.

실수는 서로 다른 두 가지 의도들이 대립한 결과로 보는 것이 합리적이다. 숨겨진 의도는 의식의 의도를 간섭하고, 그 결과 의식의 의도는 뒤틀린 모습, 즉 '실수'로 나타나게 되는 것이다. 그렇다고 한다면 실수는 결국 다음과 같은 두 가지 의미를 동시에 갖게 될 것이다. 하나는 의식의 의도가 뒤틀린 모습이며, 다른 하나는 숨겨진 의도(무의식의 의도)의 간접적인 표현이다. 그렇게 보았을 때 그 '뒤틀린 모습'은 의식의 의도가 완전히 사라지고 나타난 결과물이 아닐 것이다. 또한 그 '간접적인 표현' 역시 숨겨진 의도가 온전하게 반영된 결과물이 아닐 것이다. 앞의 예에서도 의식의 의도의 일부분인 '베글라이트(begleit–)'와 숨겨진 의도의 일부분 '디겐(–digen)'이 뒤섞여서 결국 '베글라이트디겐(begleitdigen)'이 되었던 것이다. 프로이트는 실수에 작용했던 그 두 가지 의도 모두를 고려해서 다음과 같이 이야기한다.

> 실수는 두 가지 의도 가운데 어느 쪽인가 반은 성공시키고 반은 실패시키는 것을 의미하며, 그렇기 때문에 실수는 타협의 산물로 보아야

할 것이다.

Einführung in die Psychoanalyse, 86쪽.

따라서 정신분석은 두 가지 의도가 타협한 산물로부터 타협을 했던 그 두 가지 의도들이 어떤 것인지 밝히는 작업이라고 할 수 있을 것이다. 그것은 곧 실수로부터 그 실수를 만든 원인을 찾는 작업이며, 그러한 작업이 가능하기 위해서는 먼저 무의식을 숨겨진 의도, 즉 실수에 대한 '배후' 로 가정해야만 할 것이다.

실수와 더불어 프로이트가 무의식이 있다는 증거로 내세운 것은 '꿈'이었다. 상식적으로 생각해 봐도 꿈은 '다른 누구'가 아니라 바로 '나 자신'이 만드는 것인데, 그렇다고 해서 내 마음대로 만들어지는 것은 결코 아니다. 여기에서 '나 자신이'라고 하는 것은 '나의 무의식이'를 의미할 것이고, '내 마음대로'라고 하는 것은 '내 의식이 의도한 대로'를 의미할 것이다. 그러므로 꿈은 무의식이 그것의 의도를 드러내는 과정에서 나타나는 심리현상의 하나로서, 그런 면에서 그것 역시 무가치하거나 무의미한 것으로 보아서는 안 된다. 그런 이유로 정신분석은 꿈을 '해석을 통해서 드러나게 될 의미'를 담고 있는 하나의 '상징'으로 가정하게 된다. 다시 말해서 '꿈을 해석하는 것은 바로 상징을 해석하는 것이다.'

무의식이라는 관점에서 보았을 때 상징으로서의 꿈은 무의식의 활동으로 나타나는 것이며, 그렇기 때문에 상징의 기원은 무의식이 가지고 있는—그래서 의식은 그 의미를 직접적으로 이해할 수 없는—어떤 것으로 보아야 할 것이다. 상징이 언제나 본래의 것을 대신하고 있는 것이라고 한다면, 정신분석가의 입장에서도 꿈은 일종의 '대용물'로서 분석(적 해석)을 통해서 그 본래의 의미를 찾아야 하는 것이다. 따라서 꿈에 대한 지금까지의 이야기를 간단하게 정리해본다면 아마도 이렇게 될 것이다.

> 꿈을 만드는 작업은 무의식이 자신의 의도를 드러내는 작업으로 보아야 하며, 그것과 비교했을 때 꿈의 분석이나 해석은 꿈으로 드러난 것들의 본래의 의미, 즉 무의식의 의도를 찾아가는 역방향의 작업이 되는 셈이다.

꿈을 해석하는 작업은 시작부터 매우 커다란 어려움에 부딪치게 된다. 왜냐하면 꿈은 그 자체로서도 모호할 뿐만 아니라, 꿈을 해석하기 위한 자료들도 충분하지 않기 때문이다. 특히 꿈을 꾼 사람의 진술, 보통 우리가 '꿈 이야기'라고 하는 것들은 대부분 불확실한 기억에 의존하기 마련이다. 게다가 기억에 비교적 뚜렷하게 남아 있는 경우라 할지라도 꿈의 내용을 정확하게 이야기할 수 있는 경우는 그리 많지 않다. 어제 꾸었던 꿈을 머리에 한번 떠올려 보도록 하자. 분명히 꿈을 꾸기는 했을 텐데 아마도 잘 기억이 나지 않을 것이다. 혹시 어렴풋하게라도 기억이 난다고 한다면 그것을 한번 말로 표현해 보도록 하자. 당연히 쉽게 되지는 않을 것이고, 아예 불가능할 수도 있을 것이다. 프로이트는 그렇게 되는 이유를 몇 가지로 설명하고 있는데 그 중에서 한 가지만 이야기해 보도록 하자.

프로이트는 꿈이 대단히 복잡한 과정을 거쳐서 만들어진다고 생각했다. 그 과정에 대해서 그는 다음과 같이 설명한다. 즉 꿈은 본래의 의미가 '압축, 대치, 삽입, 관념의 시각화, 언어적 전도' 등을 통해서 심하게 변형된 형태로 나타난다. 그러므로 그것을 해석하는 것은 대단히 복잡하고 까다로울 수밖에 없을 것이다. 이와 같이 해석의 대상으로서 꿈 자체가 모호하다는 것, 또한 꿈에 대한 우리의 기억이 불확실하다는 것, 그리고 우리가 꿈을 정확하게 진술하기 어렵다는 것, 이런 것들은 꿈의 해석을 어렵게 하는 요인으로 작용하게 된다. 또한 그런 요인들은 심할 경우 '꿈의 해석이 결국은 자의적으로 흘러갈 수밖에 없는 것이 아닌가?' 하는 의심으로 연결되기까지도 한다. 그런 상태에서 만약 꿈의 해석이 환자의 증세를 치료하기 위한 하나의 수단이 되는 경우라고 한다면 그것으로부터 기대할 수 있는 성과는 매우 제한적일 수도 있을 것이다.

실수의 경우든 꿈의 경우든 그것들을 정확하게 해석하기 위한 조건은 사실상 충족되기 어렵다고 보는 것이 옳겠다. 앞에서 이야기했듯이 무의식에 대한 것들은 어디까지나 가정된 것일 뿐이며, 실수와 꿈의 해석은 바로 그런 가정 위에 기반하고 있기 때문이다. 그리고 그런 생각은 자연스럽게 다음과 같은 회의적인 물음으로 이어지게 될 가능성이 높다. '어차피 모두 가정(假定)에 불과한 것이라고 한다면 그런 가정으로부터 나온 결과물들을 어떻게 그대로 받아들일 수 있을까?' 어찌 보면 그것은 당연한 이야기일 것이다. 그러나 그렇다고 해서 정신분석 그 자체에 학문적으로 특정한 결함이 내재해 있다고 판단하는 것이 과연 옳은 일일까?

드러나 보이지 않는 어떤 것을 가정하는 것, 그것은 학문적으로 결코 불합리한 일이 아니다. 대상에 대해서 어떤 가설을 세우고 그 가설에 대해서 증명을 해나가는 것, 그것은 학문적인 측면에서 대단히 일반적이고 정상적인 과정에 속한다. 예를 들어 뉴턴(I. Newton)의 '만유인력 법칙'이라든가 케플러(J. Kepler)의 '행성운동 법칙' 같은 것들은 먼저 가설을 설정하고, 그 다음 다양한 사례들을 관찰해서 그 가설을 증명해 나가는 과정을 거친 것들이다. 그리고 반례가 발견되지 않는 한, 혹은 더 나은 설명방식이 나오지 않는 한, 그것들은 사실로 받아들여지며, 법칙과 원리로서 존중되는 것이다. 만약에 더 나은 설명방식이 나오고 그 설명방식에 부합하는 사례들이 충분히 확보된다면, 기존의 법칙과 원리들은 파기되거나 새로운 설명방식에 흡수되어 버릴 것이다. 따라서 어떻게 보면,

> 우리가 마치 '진리'처럼 떠받들고 있는 법칙이나 원리 같은 것들은 실제로는 정말로 그런 것이 아니라, 매우 오래 가기는 하겠지만 어차피 한시적일 수밖에 없는, 일종의 '설명방식'들에 불과한 것인지도 모르겠다.

그것은 정신분석의 경우에도 역시 마찬가지이다. 정신분석이 가정이나 가설 위에 기반하고 있다고 하더라도, 단순하게 그런 사실만을 근거로 그것의 근본을 문제 삼거나 신뢰가 어렵다고 판단하는 것은 대단히 잘못된 일이다. 만약 정신분석에 실제로 불확실한 면이 있다고 한다

면 그것은 거의 다 '대상의 특수성'에서 기인하는 것이지, 정신분석에 학문적으로 특정한 결함이 담겨 있어서 그런 것은 결코 아니다. 지금 이야기하고 있는 꿈의 경우만 보더라도 해석의 대상으로서 그것은 대단히 모호하고 불확실한 면이 많았다. 그러므로 꿈을 해석하는 작업을 그저 뜬구름 잡는 식의 이야기로 취급해서는 안 될 것이다.

6. 노이로제와 집단적 무의식

정신분석의 방식은 환자의 증세의 종류에 따라 크게 두 가지로 나뉠 수 있다. 하나는 증세 속 갈등의 표현이 정상적인 경우이고, 다른 하나는 그것이 비정상적인 경우이다. 앞에서 이야기했던 실수나 꿈은 정상적인 경우에 속하는데, 그런 경우에 정신분석가의 개입이 반드시 필요한 것은 아니다. (심각한 경우가 아니라고 한다면 그것들은 사실상 증세로 보기도 어려울 것이다.) 반면에 비정상적인 경우, 정신분석가의 도움 없이 환자 자신의 힘만으로는 증세를 극복하기 어렵다. 예를 들어 '노이로제(Neurose)'의 경우가 그러하다.

노이로제는 그것의 원인이 어디에 있는가에 따라 두 가지 종류로 나뉘게 된다. 하나는 환자의 증세의 원인이 환자가 잊고 있는 유아기로부터 출발하는 경우이고, 다른 하나는 그렇지 않은 경우이다. 다른 하나로서 '그렇지 않은 경우' 증세의 원인은 환자가 성숙한 다음에 겪은 어떤 체험과 관련이 있다. 그럴 경우 환자의 증세는 비교적 가까운 과거에 있게 되며, 그래서 경우에 따라서는 환자 스스로 증세의 의미를 파악하거나 또한 극복할 가능성도 있다. 그러한 과정에서 정신분석가가 하는 일은 단지 환자가 현재의 증세를 과거의 체험과 연결시킬 수 있도록 유도하는 것뿐이다.

반면에 노이로제의 원인이 환자가 잊고 있는 유아기에 있는 경우, 그것이 치료되기 위해서는 정신분석가가 반드시 환자의 무의식에 직접적으로 개입해야만 한다. 그런 경우 정신분석가의 특별한 도움이 없다면 환자 스스로의 힘만으로는 자신의 노이로제가 왜 생겨났는지, 혹은 그것이 무엇을 의미하는지 전혀 파악할 수 없다. 즉 정신분석가가 환자의 무의식에 직접 개입해야 하는 경우는 노이로제 속 갈등(의 내용)이 비정상적인 방식으로 표현되는 경우, 그리고 그 중에서도 원인이 환자의 유아기에 있는 경우이다.

노이로제로서 왜곡된 정신활동이 일상생활을 방해한다면 반드시 정신분석가의 치료가 필요하다. 정신분석가의 치료는 노이로제의 발생원인, 즉 그것의 무의식적 동기를 찾는 작업인데, 무의식적 동기와 노이로제는 원인과 결과로서 서로 연결되어 있다. 그것은—마치 우리가 말실수의 경우에서 살펴보았던 것처럼—두 가지 상반되는 의도나 동기가 서로 충돌하면서 생긴 왜곡의 산물이다. 하나는 억압한 것이고 다른 하나는 억압된 것으로서, 바로 그런 충돌로부터 노이로제가 나타나게 되는 것이다. 정신분석은 바로 그 충돌의 인과관계를 밝혀서 환자를 노이로제로부터 벗어나게 하는 목적을 갖는다.

노이로제의 원인이 되는 무의식적 동기는 환자의 무의식이 활동해서 만들어지는 것인데, 그것은 환자의 무의식의 심층에 위치해 있다. 그렇기 때문에 정신분석가가 그런 '무의식적 동기'를 찾아내려고 한다면 그는 반드시 환자의 무의식의 심층에까지 도달해야만 한다. 특히 노이로제의 원인이 환자가 잊고 있는 자신의 유아기에 있는 경우, 그 무의식의 심층에는 유아기로부터 형성된 내용들이 자리하고 있을 것이다.

유아기로부터 시작된 환자의 정신활동은 성장환경에 따라, 또는 개인적 경험에 따라 모두 다른 성격을 갖게 될 것이다. 그렇기 때문에 성인이 되었을 때 환자의 무의식의 심층은 누구나 모두 다를 수밖에 없다. 그럼에도 불구하고 정신분석가가 환자를 그의 정신활동의 처음 출발점, 즉 유아기로 이끌 수 있는 이유는 유아기 시절의 '지적(知的) 발달'이 일반적으로 특정한 패턴을 따르기 때문이다. [예를 들어 인터넷 검색창에 '피아제(J. Piajet)'라는 학자 이름을 쓰고 엔터를 누르면 유아기 시절에 지적 발달이 공통적으로 어떤 단계를 거쳐 진행되는지 한눈에 살펴볼 수 있을 것이다.]

실제로 인간의 무의식적인 정신활동은 개인적인 차원으로 제한되어 있는 것 같지는 않다. 꿈의 경우만 보더라도 꿈의 상징은 개인을 훌쩍 뛰어넘어 집단의 차원으로까지 확장된다. 그래서 많은 학자들이 꿈을 '신화, 동화, 전설, 제례, 민요, 속담' 등과 연결시켜 해석하고 있는 것이다. 어쨌든 지금 중요한 것은 유아기 시절의 기억이 공통된 지적 발달과정 위에 기반하고 있다는 사실이다. 그러한 사실을 근거로 정신분석가는 환자를 그가 잊고 있는 기억, 즉 무의식의 심층으로 이끌 수 있는 것이다. 그리고 만약 정신분석가의 도움으로 환자가 자신의 증세와 유아기의 기억을 연결시키게 되면, 그것은 환자가 증세를 극복할 수 있는 결정적인 기회를 잡았다는 것을 의미한다. 왜냐하면 환자는 자신이 겪고 있는 증세의 본래적 의미, 즉 증세를 만들어낸 원인이나 증세 행위가 갖는 의미를 이해할 수 있게 되었기 때문이다.

'우리의 무의식이 개인을 넘어 집단적 차원을 갖는다'는 말은 구체적으로 어떤 의미일까? 개인적이건 집단적이건 이런 이야기의 원조는 프로이트로 보는 것이 옳은 것 같다. 그러나 그 '집단적인 성격'에 집중해서 프로이트의 생각을 한 단계 더 넓은 지평 위로 옮겨놓은 것은 한때 그의 제자였던 '융(C. G. Jung)'이라는 학자였다. (정설인지 아닌지는 잘 모르겠지만 프로이트는 학문적으로 융을 높이 평가했을 뿐만 아니라, 그를 개인적으로도 좋아해서 사위를 삼으려고까지 했었다고 한다.) 그런데 어떤 학회에서 융이 프로이트의 분석방식에 대해 부정적인 이야기를 하면서 그 둘의 사이가 벌어지게 되었고, 결국 그들은 학문적으로도 서로 경쟁하는 관계에 놓이게 되고 말았다. 그 이후로 융은 자신의 심리학을 '분석심리학(分析心理學)'이라고 부르기 시작했는데, 그것은 자신의 연구방식을 프로이트의 정신분석과 차별화하려는 의도에서 그렇게 한 것으로 보인다. 그럼에도 불구하고 융이 프로이트의 정신분석과 결별하고 완전히 다른 길로 가려 했던 것으로 볼 수는 없다. 분석심리학의 뿌리는 어디까지나 정신분석이며, 그 기본적인 틀은 항상 그대로 유지되고 있다.

융 역시 의식과 무의식 사이의 영향관계를 기반으로 인간의 정신활동을 설명하고 있으며, 특히 무의식이 내용적으로 과거와 밀접하게 관련되어 있다는 프로이트의 견해에 대체적으로 동의하고 있다. 그러나 융은 무의식에 관해서 프로이트보다 개념적으로 훨씬 더 큰 그림을 그리고 있을 뿐만 아니라, 그것의 역할이나 기능에 대한 평가에 있어서도 프로이트의 견해와는 적지 않은 차이를 보이고 있다. 우선 프로이트가 무의식의 내용 대부분을—억압되거나 왜곡된—성적(性的) 충동, 즉 '리비도(Libido)'로부터 찾으려고 했다면, 융은 그것 이외에도 다른 많은 요소들이 무의식을 구성하고 있다고 보았다.

융의 관점에서도 프로이트의 가장 큰 업적은 단연 무의식을 구체적인 실체로 가정할 수 있게 만들어 주었다는 것이다. 그러나 프로이트가 무의식의 내용으로서 리비도에 집착한 것은 결과적으로 자신의 이론을 특정한 틀에 가두어 놓은 것과 다를 바가 없었다. 예를 들어 어떤 사람이 야구 방망이로 무엇인가를 내리치는 꿈을 꾸었다고 가정해 보자. 프로이트는 아마도 다른 가능성들에 대해서 거의 아무런 고려도 없이 곧바로 그 막대기는 남자의 '그것', 즉 '남근(男根)'이라고 해석했을 것이다. 그렇다고 한다면 그것은 분석이나 해석이 아니라 오히려 공식의 적용에 가깝다고 해야 할 것이다. 또한 길을 잃고 헤매다가 어떤 집을 발견하는 꿈을 꾼 사람이 있다고 가정해 보자. 그래서 그 사람은 문에 달려 있는 길쭉한 손잡이를 당기고 안으로 들어가 편하게 쉴 수 있었다. 만약 프로이트가 그 꿈을 해석한다면 그는 과연 어떤 식의 이야기를 하게 될까?

융이 꿈을 해석하는 방식은 프로이트와 상당한 차이가 있다. 이번에는 어떤 사람이 어떤 성(城)에 들어가서 그 안에 있는 나무 위에 기어오르는 꿈을 꾸었다고 가정해 보자. 프로이트라면 아마도—공식에 따라서—그것을 이렇게 해석하게 될 것이다. '성문을 통과하는 것은 여성의 생식기를 통과하는 것을 상징하고, 나무는 남근을 상징하며, 나무에 오르는 행위는 성행위를 상징한다. 그렇기 때문에 그 꿈은 성적인 욕망의 표현이다.' 그러나 융의 관점에서 그런 식의 해석은 꿈의 다른 측면을 모두 배제한 채 그것을 단순하게 성(性)에만 귀착시켜 보고 있는 것일 뿐이다.

융의 견해에 따르면, 꿈은 개인적인 의미도 있지만 인류 보편적 의미도 담고 있다. 그러므로 꿈에 나타난 내용들 역시 그런 다양한 의미들을 고려하면서 해석해야 하는 것이다. 아마도 융이라면 그 꿈을 꾼 사람에게 그 사람이 실제로 나무에 기어올랐던 경험 같은 것이 있는지를 물을 것이다. 그런데 그 사람이 어렸을 때 나무에 기어오르다가 떨어져서 다쳤고, 또한 그 일로 크게 꾸지람을 들은 일이 있었다고 가정해 보자. 융은 성에 들어가는 것, 그리고 나무에 기어오르는 것이 인류 보편적 측면에서 '신분상승'이나 혹은 '명예'와 관련되어 있다는 것을 알고 있다. 따라서 융은 그 두 가지 의미 모두를 고려하게 될 것이고, 그 결과로서 이러한 해석을 내놓을 수 있을 것이다. '무의식이 의식에게 명예욕을 좇다가 낭패를 볼 수 있음을 경고하고 있다.'

정신분석가의 입장에서 꿈을 분석하는 상황이라고 한다면 어떤 규칙을 일반화해서 적용하는 것은 그리 바람직해 보이지 않는다. 그것은 꿈이라는 것이 워낙에 다양한 해석의 가능성을 가지고 있기 때문이다. 예를 들어 실제로 경험했던 것이 꿈속에서 반복되는 경우도 있을 뿐만 아니라, 어떤 때는 하고 싶어 하던 것이 그대로 꿈에 나타나기도 한다. 그럼에도 불구하고 꿈의 해석이나 분석이 그렇게 특정한 방향으로 치우치게 된다면, 특히 그것이 증세의 치료에 중요한 영향을 미치게 되는 경우라고 한다면, 그런 때에는 대단히 위험한 결과를 초래하게 될 수도 있을 것이다. 그렇다고 한다면 우리는 프로이트식의 해석이나 분석에 대하여 충분히 회의적인 시선을 던질 수도 있지 않을까?

융과 프로이트의 차이점은 융의 '그림자(der Schatten)' 개념과 관련된 이야기에서 비교적 잘 드러나게 되는 것 같다. 융은 그림자가 내용적으로 의식적 자아와 대립적인 관계에 있다고 생각하는데, 그 두 가지는 각각 서로를 부정하고 억압하려는 성격을 갖는다. 그러한 경향이 강해지면 강해질수록 그림자는 의식으로부터 숨겨진 어떤 곳에서 점점 더 많은 '에너지'를 얻게 된다. 그러다가 에너지 균형이 더 이상 유지될 수 없게 되면 그림자는 의식적 자아의 의지를 뚫고 나와 그 자신의 모습을 겉으로 드러내게 된다. 그런 면에서 그림자는 내가 의식하지 못하고 있는 '또 하나의 나', 즉 숨겨져 있는 '나의 또 다른 모습'이라 할 수 있을 것이다.

융이 말하는 의식적 자아와 그림자 사이의 관계는 프로이트의 의식과 무의식 사이의 관계와 거의 비슷한 구조를 이루고 있다. 그러나 그런 구조에 대한 그들의 해석은 확실히 적지 않은 차이를 보이고 있는 것 같다. 프로이트의 관점에서라면 그것은 기본적으로 과거에 있었던 개인적 경험, 특히 리비도와 관련된 경험이 어떤 특정한 요소(들)에 작용한 결과로 설명될 가능성이 높다. 반면에 융은 그것이 개인을 넘어선 또 다른 차원과도 연결되어 있을 수 있다고 생각했는데, 그것이 바로 '집단적 무의식(das kollektive Unbewusste)'이라고 하는 것이다.

인간들의 행동유형을 나누면서 그 뿌리를 찾아 올라가다 보면 어떤 것들은 개인적 성향을 넘어서 인류 모두에게 보편적인 것으로 드러나기도 한다. 융은 그것을 집단적 무의식이라고 불렀는데, 그것은 어떤 시대를 막론하고, 또한 어떤 지역을 막론하고 공통된 문화적 요소를 만들어내게 된다. 예를 들어 부족이나 국가와 같은 집단의 상징에는 참새, 돼지, 피라미보다는 독수리, 호랑이, 고래가 월등하게 많이 나타난다. 언제 어디를 가나 태양이나 바다를 숭배하는 집단이 있는 반면에 숯불이나 도랑을 숭배하는 집단은 찾아보기 어렵다. 그것은 과거에도 그랬고, 현재에도 그렇고, 미래에도 역시 그럴 것이다.

그러한 상징들은 단순하게 국가나 종교에 대한 관념에만 영향을 미치는 것이 아니라, 문화적 요소가 되어 일상생활 전반에 걸쳐 깊숙하게 침투해 있게 된다. 문화적 요소는 인간의 모든 경험에 대해서 공통적으로 일종의 '토대(土臺)'를 형성하고 있으며, 경험의 대상은 개인의 의식에 그러한 '토대 이미지'가 투사된 형태로 나타나는 것이다. 융은 그 각각의 이미지들을 '원형(元型, Archetyp)'이라고 규정하고 있다.

> 원형은 인간이면 누구의 정신에나 존재하는 인간 정신의 보편적이며 근원적인 핵이다. 그것은 태어날 때 이미 부여되어 있는 인간의 선험적 조건이다. 인간으로 하여금 인간답게 하는 가장 기본적인 조건이라 할 수 있다. 이러한 조건은 문화적인 전통과 관련된 인간관 또는 가치관의 차이를 넘어서는 것이다. 원형은 시간과 공간의 차이, 지리적 조건의 차이, 인종의 차이를 넘어선 보편적인 인간성의 조건이다. 태곳적부터 현대에 이르는 긴 시간에 수없이 반복되었으며, 또한 반복되어 갈 인류의 근원적인 행동유형(patterns of behavior)을 가능하게 하는 선험적 조건이다. […] 인류가 […] 느끼고, 생각하고, 행동해 온 모든 것—그 태초로부터의 체험의 침전(沈澱)이 바로 원형이다. […] 원형은 보편적이고 반복적인 체험을 시간과 공간을 넘어 항상 재생할 수 있는 인간 속에 있는 그러한 가능성이며 그런 가능성을 지닌 틀이다.
>
> 『분석심리학』, 100~101쪽.

개인이 속한 현실의 경험과 관련되어 있는 경우, 무의식의 내용은 상대적으로 수월하게 파악될 수 있다. 프로이트가 주로 다루었던 무의식이 바로 그것이며, 융은 그것을 '개인적 무의식(das persönliche Unbewusste)'이라고 부르고 있다. 반면에 상대적으로 의식되기 어려운 무의식도 있는데, 그것의 내용은 개인이 속한 현실이나 그 안에서의 경험과는 직접적인 관계가 없을 가능성이 높다. 그럼에도 불구하고 개인적 무의식을 면밀하게 좇아 내려가다 보면, 비록 매우 추상적이고 희미하기는 하지만 인간들 누구에게나 공통된, 다시 말해서 인간 모두에게 보편적인 형태들이 그 기저에 깔려 있음을 발견하게 된다. 그것이 바로 융이 말하는 원형이며, 원형은 그 자체로서 집단적 무의식의 '내용'을 이루고 있다.

프로이트의 정신분석과 비교했을 때 융의 분석심리학은 무의식을 더 넓은 시각에서 바라보고 있다. 의식적 자아의 이면으로서 무의식적 그림자, 그것의 개인적·집단적 측면, 그리고 집단적 무의식 내부의 다양한 원형들, 그러한 정신적 요소들이 분석심리학이라는 거대한 틀 안에서 매우 짜임새 있게 설명되고 있다. 또한 그러한 설명은 단순히 구성요소들을 추상적이고 형식적인 차원에서 분류하는 것에서 그치는 것이 아니라, 그것들의 내용을 구체적으로 밝혀서 각각의 요소들이 하나의 커다란 그림을 이루게 하고 있다. 그러므로 융의 경우 프로이트와 같은 임상적(臨床的) 성격의 분석으로부터 시작했지만, 최종적으로 그는 그 모든 것들을 하나의 학문분야로 종합하는 길을 걸었다고 평가할 수 있을 것이다.

7. 일상언어 체계와 선(先)언어적 원형상징

다시 가다머와 하버마스 이야기로 돌아와서 심리학, 정신분석, 분석심리학에 관련된 내용을 그것에 적용해 보기로 하자. 가다머는 '이해' 개념을 중심으로 '진리의 경험'과 '인간의 존재'를 설명했는데, 그 과정에서 선입견에 대해서 두 가지 의외의 내용을 주장한 바 있다. 하나는 선입견이 이해의 발생에 긍정적인 역할을 하고 있다는 것이었고, 다른 하나는 그것이 우리의 존재와 결부되어 있기 때문에 우리가 그것에 어떠한—의도적인— 영향도 미칠 수 없다는 것이었다.

가다머는 이해를 이렇게 규정하고 있다. '이해는 우리가 어떤 특정한 시야나 관점을 가지고 우리의 의식에 드러나는 어떤 것을 경험하는 것이다.' 그의 견해에 따르면, 그러한 시야나 관점이 바로 우리의 의식이 기반하고 있는 선입견이며, 선입견은 '어떤 것'이 우리에게 '어떤 것으로서' 드러나기 위한 필수적인 조건이다. 한편으로 선입견은 이해의 발생과정에서 계속해서 변해가면서도 결코 소멸되는 일 없이 지속적으로 자신의 역할을 수행하게 된다. 가다머는 그것을 '역사성'이라고 규정하는데, 선입견을 배경으로 이해가 발생한다는 점, 그리고 우리가 이해하는 존재라는 점을 고려했을 때 그것은 곧 우리를 역사성을 가진 존재로 규정하는 것과 다를 바가 없다. 문제는 그러한 역사성이 학문의 객관성을 저해할 뿐만 아니라, 과거를 단순히 '지속(持續)'시키려는 성질을 갖는다는 면에서 우리에게 대단히 부정적으로 작용할 수도 있다는 것이다. 그럼에도 불구하고 가다머는 선입견이나 역사성이 우리의 존재와 관련되어 있다는 주장만을 근거로 그런 우려가 어떤 유효한 결과도

낳지 못할 것이라 확신하고 있다.

반면에 하버마스는 가다머의 주장에 분명한 문제가 있으니 어떻게든 그에 대한 해결책을 찾아야 한다고 생각한다. 그런 생각을 바탕으로 그는 가다머의 주장에 혹시 어떤 약점이 있지나 않은지 세밀하게 따져 보고 있는 것이다. 그 과정에서 그는 우리가 특수한 방법을 동원한다면 역사성을 뚫고 들어가 선입견으로부터 발생하는 문제점들을 해결할 수도 있을 것이라 생각했다. 그러면서 하버마스가 내세웠던 것이 바로 '비판적 반성'이었는데, 이론적으로는 어느 정도 가능성이 보이기도 했으나 비판적 반성의 주체가 결국 인간이라는 점에서, 그것으로 인간의 존재 자체를 극복하기에는 확실히 무리가 따르는 것처럼 보였다. 그런 상황에서 묘안을 궁리하던 그에게 한 가지 그럴듯한 해결책이 떠올랐는데, 그것이 바로 정신분석이었다.

정신분석 이론을 적용할 경우 정신분석가는 환자의 상태나 문제를 정확하게 파악할 수 있을 뿐만 아니라, 환자가 그것을 극복할 수 있도록 도와줄 수도 있다. 그것이 가능한 이유는 당연히 정신분석가가 정신분석적 지식을 활용해서 일반인들은 가지고 있지 않은 특별한 능력을 발휘하기 때문이다. 그 특별한 능력이 어떤 것인지, 그것을 어떤 방식으로 적용하는지에 대해서는 앞에서 이미 충분하게 이야기한 바 있다. 그 중에 한 가지, 지금 분명하게 하고 넘어가야 할 것은 환자의 문제가 일상 언어적 차원에서 발생한 것이며, 그렇기 때문에 정신분석가는 그것보다는 상대적으로 한 단계 높은 차원에서 환자의 문제를 살펴볼 수 있어야 한다는 것이다.

가다머가 이해를 언어와 관련시켜 이야기할 경우 그가 말하는 언어는 예외없이 일반적인 언어, 즉 '일상언어'이다. 그에게서 언어는 그렇게 보편적으로 일상언어일 뿐이며, 학문적으로 언어가 어떻게 구분되어 나뉠 수 있든지 간에 그것들 사이에는 궁극적으로 아무런 차이도 있을 수 없다. 그러나 가다머의 해석학과 비교했을 때 정신분석은 일상언어 외에도 그것의 상위에 '이론언어'의 차원을 전제하고 있다. 정신분석에서 환자의 증세는 일상언어에서 발생하며, 그렇기 때문에 증세는 환자의 일상언어가 분석되어야 비로소 치료될 수 있을 것이다. 따라서 정신분석은 일상언어보다 상위 차원에 속하는 언어의 개입을 필수적으로 요구하게 된다. 하버마스는 바로 그러한 사실을 근거로 정신분석에서 분석가가 이론언어의 위치에 있었다고 주장하고 있는 것이다.

그러한 주장을 바탕으로 그는 다음과 같은 두 가지 차원의 의사소통 체계를 제시했는데, 그것은 정신분석의 일반적인 설정을 거의 그대로 따른 것으로 볼 수 있겠다.

일상(언어)적인 의사소통체계/선(先)언어적 의사소통 체계

일상적인 의사소통에서는 일상언어로 의사소통이 이루어지며, 선언어적 의사소통 체계는 일상언어에 앞서 있는 소위 '선언어적 상징조직'이다. 선언어적 상징조직을 흔히 '원형상징'이라고 부르는데, 원형상징은 일상언어에서 나타나는 증세적 변화들의 원인이 된다. 그러나 원형상징은 일상언어의 영역에 속해 있지 않으므로 우리의 의식은 어떤 경우에도 그것을 직접적으로 접할 수 없다.

하버마스는 원형상징에 대해서 다음과 같이 설명하고 있는데, 그

내용은 대체적으로 '원형상징이 무의식의 차원에 속한다는 것', 그래서 그것이 '일상언어의 차원 혹은 의식의 차원과는 다르다는 것'이다.

> 원형상징들은 문법적인 규칙체계로부터 벗어나 있다. 그것들은 무질서한 요소들이며, 문법적인 체계 안에서 생겨날 수 없다. 선언어적인 상징들은 매우 정서적인 것으로 채워져 있고, 특수한 의미와 연결되어 있다.
>
> *Hermeneutik und Ideologiekritik*, 143쪽.

프로이트가 제시했던 다음과 같은 사례를 보면 하버마스의 주장, 즉 '일상언어적 차원과는 다른 차원의 의미영역이 있다'는 사실을 분명하게 확인할 수 있을 것이다.

> 30세쯤 된 부인이 있는데, 그 부인은 하루에도 몇 번씩이나 자기 방에서 옆방으로 달려간다. 그리고 그 방에 들어가면 방 한가운데 놓여 있는 테이블 곁에서 매번 똑같이 어떤 특정한 자세를 취한다. 그 다음에 하녀를 불러서는 별로 중요하지도 않은 일들을 시키거나, 어떤 때는 아무 일도 시키지 않고 그냥 돌려보낸다.
>
> 그래서 나는[프로이트는] 그 부인에게 '왜 그런 행동을 하십니까? 거기 무슨 뜻이라도 있나요?' 하고 몇 번이나 물어보았다. 그런데 그때마다 그 부인은 나에게 '난 잘 모르겠어요' 하고 대답할 뿐이었다.
>
> *Einführung in die Psychoanalyse*, 262쪽.

이 사례에서 정신분석가(프로이트)의 물음과 그에 대한 환자(그 부인)의 대답은 일상언어적 의사소통에 속한다. 이런 경우 일상언어적 의사소통의 차원에서는 환자의 증세가 무엇을 의미하는지, 즉 환자의 행동에 어떤 의미가 담겨 있는지는 전혀 드러나지 않는다. 그것은 물론 그 의미가 일상언어적인 의사소통의 영역에 속하지 않기 때문일 것이다. 그리고 그것으로부터 일상언어적 의사소통의 영역과 구분되는 또 다른 차원의 의미영역이 있다는 추론이 가능할 것이다.

프로이트의 정신분석은 일상언어적 이해의 차원을 넘어서는 의미영역이 있음을 보여주고 있을 뿐만 아니라, 그 의미영역에 속한 내용이 일상언어적 차원으로 드러나는 과정 또한 성공적으로 보여주고 있다. 앞의 예에서처럼 환자의 행위의 의미는 일상언어적으로는 파악될 수 없었다. 그래서 프로이트는 정신분석의 기본적인 구조를 근거로 환자의 행위를 분석하게 되는데, 그 결과 그것은 다음과 같은 의미로 드러나게 된다.

[환자(그 부인)의 증세와 연결되어 있는 과거의 실제 사건]

그 부인은 10년 전에 어떤 나이 많은 남자와 결혼을 했다. 그런데 신혼 첫날밤, 그녀는 남편이 성불구자라는 사실을 알게 되었다. 남편은 그날 밤 부인과 관계를 갖기 위해 몇 번씩이나 그녀가—즉 신부가—있는 방으로 뛰어들어 왔다. 그렇지만 그는 단 한 번도 성공하지 못하고 말았다. 그렇게 시간이 흐르고 아침이 되자 남편은 침대를 정리해주러 올 하녀에게 창피를 당하겠다고 하면서, 마침 그 방에 있었던 붉은 잉크병을 들어 침대 시트에 끼얹었다. 그러나 그 붉은 잉크는 적당한 자리에 뿌려지지 못했다.

[정신분석가(프로이트)의 분석]

그 부인은 자기 자신과 남편을 동일시하고 있다. 그 부인이 하루에도 몇 번씩이나 자기 방에서 옆방으로 달려갔던 것은 신혼 첫날밤 남편의 행동을 흉내 내고 있는 것이다. (즉 '남편의 역할'을 하고 있는 것이다.) 그렇다면 이러한 가정이 가능할 것이다. 그 부인은 그때 상황을 그대로 재현하기 위해서 침대와 시트를 테이블과 테이블보로 대치하고 있다. 침대와 테이블은 짝이 되어 결혼을 의미하므로 테이블은 쉽게 침대를 대신할 수 있다.

그 부인이 이상한 행동을 하는 이유는 그날 아침 상황으로 돌아가서 하녀를 불러다가 얼룩을 보이고, 자기 남편이 그 하녀에게 창피를 당하지 않게 하는 데 있다. 그렇게 그 부인은 그날 일을 단순하게 되풀이하고 있는 것이 아니라 그 상황을 계속해서 수정하고, 결국 정상적인 방향으로 돌려버린 것이다. 또한 그것으로 그날 밤에 일어났던 매우 안타까운 일, 즉 남편의 성불구까지도 고쳐놓게 된다.

Einführung in die Psychoanalyse, 262~263쪽.

증세가 일상언어의 차원에서 발생하는 왜곡이라면 그 왜곡의 원인은 일상언어의 영역 밖에 있다. 하버마스는 그것을 바로 '원형상징'이라고 부르면서 그것과 일상언어와의 관계로부터 다음과 같은 두 가지를 강조하고 있는 것이다. 하나는 원형상징이 일상언어와는 다른 차원에 존재하며 일상언어에 영향을 미치고 있다는 것이고, 다른 하나는 정신분석가가 —그가 비록 일상언어의 차원에 속해 있음에도 불구하고— 환자의 증세, 즉 원형상징의 의미를 파악할 수 있다는 것이다. 정신분석에서 증세는 환자의 무의식이 환자의 의식을 압도한 결과 그것이 의식의 자리를 대신하기 때문에 나타난다. 다시 말해서 그것은 환자의 원형상징이 그의 일상언어의 영역으로 침투한 결과라 볼 수 있을 것이다.

원형상징은 일상언어의 외부에 있으면서 언제나 그것에 영향을 미치고 있다. 만약 그렇지 않다고 한다면 일상언어에서 나타나는 변화, 특히 증세의 발생과 변화는 어떤 방식으로도 설명이 불가능하게 되어버린다. 예를 들어 원형상징을 전제하지 않는 것은 정신분석에서 무의식을 전제하지 않는 것과 마찬가지이며, 따라서 그것은 결국 의식의 차원에서 발생하는 증세의 원인을 오직 의식의 영역에서만 찾아보겠다는 것과 다를 바가 없다. 그러나 지금까지 살펴본 내용만으로도 그것의 결과는 이론(異論)의 여지가 없을 정도로 자명한 것이다. 따라서 일상언어에서 발생하는 증세적 변화의 원인은 반드시 일상언어와 원형상징과의 관계로부터 파악되어야만 할 것이다.

하버마스는 정신분석의 관점을 그대로 받아들여서 일상언어에 대한 원형상징의 작용이 일상언어의 영역에서 발생하는 '왜곡', 즉 증세의 원인이라고 생각하고 있다. 그러므로 정신분석에서의 의식과 무의식 사이의 관계는 하버마스에게 일상언어와 원형상징 사이의 관계에 동일한 방식으로 적용될 수 있을 것이다. 다시 말해서 의식의 차원에서 나타나는 의사소통 체계는 일상언어를, 무의식적 의미의 차원은 선언어적 의사소통 체계인 원형상징을 기반으로 한다는 것이다. 의식이 무의식으로부터 직접적이고 계속적인 영향을 받고 있듯이 일상언어 역시 원형상징으로부터 지속적인 영향을 받고 있다. 그리고 의식에서의 문제가 무의식으로부터 풀리게 되는 것처럼 일상언어에서의 문제는 그것과 원형상징과의 관계로부터 설명될 수 있다. 따라서

> 일상언어적 의사소통은 의식 차원에서의 의미교환인 동시에 한편으로 무의식적이고 원형상징적인 의미들의 영향, 즉 그것들의 간접적인 드러남이라는 이중적인 성격을 갖게 된다.

무의식과 원형상징은 의식과 일상언어에 앞서 작용한다고 할 수 있다. 그렇기 때문에 원형상징으로의 접근은 적어도 일상언어적 의사소통보다는 높은 차원에서 이루어져야 할 것이다. 정신분석의 경우, 일상언어적 의사소통으로부터 벗어날 수 없는 환자들은 오직 의식의 차원에서 이루어지는 의미교환에만 참여할 수 있을 뿐이다. 반면에 정신분석가들은 많은 경우에 환자의 무의식에도 접근할 수 있는데, 그것은 환자와 일상언어적으로 의사소통을 하는 동시에 그 의사소통의 이면에서 이루어지는 원형상징의 작용에도 관여할 수 있다는 것을 의미한다. 그런 이유로 정신분석가의 특수한 능력은 결국 그러한 관여가 가능한 위치에 서는 하나의 '방법'을 의미하게 되는 것이다. 그러므로 정신분석의 기본적인 구조와 그와 관련된 설정들이 모두 옳다고 한다면 정신분석가는 다음의 두 가지 종류의 영향관계 모두에 관여할 수 있음이 드러나게 된다.

일상언어와 일상언어 사이의 영향관계/일상언어와 원형상징 사이의 영향관계

정신분석가가 일상언어와 원형상징 사이의 영향관계에 관여할 수 있다는 것, 그것은 사실상 그가 일상언어적 위치가 아닌, 그런 의미에서 이론언어적 위치에 있어야 한다는 것을 의미한다. 일상언어에 대한 원형상징의 영향이 어떠한 것인지 정신분석가가 파악할 수 있어야만 비로소 환자의 증세가 치료될 수 있기 때문이다. 따라서 만약 환자의 증세가 정신분석가에 의해서 치료되었다고 한다면 그것은 정신분석가가 환자의 일상언어를 분석했다는 것, 다시 말해서 정신분석가가 환자와는 다른 차원의 위치, 즉 이론언어의 위치에 있었다는 것을 의미하게 되는 것이다.

지금까지 이야기했던 내용 모두를 그대로 받아들일 수 있다면 정신분석가는 실제로 가다머가 주장하는 이해의 영역 외부에 있을 수 있는 것처럼 보인다. 또한 정신분석이 그것의 경계와 한계를 결정하는 역할을 할 수 있게 되는 것처럼 보인다. 그것은 가다머가 주장하는 이해가 일상언어에 기반하고 있으며, 정신분석은 어쨌든 이론언어의 차원에서 일상언어가 반성될 수 있음을 보여주는 사례이기 때문이다. 이와 같이 정신분석이 반례로 제시되어 있는 한, 가다머의 입장은 이전보다 훨씬 어려운 상황에 놓이게 되며, 그는 더 이상 지금까지와 동일한 방식으로 자신의 주장을 이어나갈 수 없을 것이다.

8. 이상적인 의사소통 상황과 의사소통 공동체

정신분석은 일상언어에 선언어적인 체계를 마주 세운다는 점에서 가다머가 주장하는 '이해'의 보편적 영역으로부터 완전히 벗어나 있다. 가다머에게서 이해는 단지 '전통에서 형성되는, 그리고 언어적인 의사소통 과정에서 정립되고 변해가는 선입견'을 통해서 설명될 수 있을 뿐이다. 그런데 만약 선입견이 정말로 그렇게 이해의 과정에 직접적으로 관련되어 있다고 한다면, 그것이 이해에 대해서 정당한 역할을 하고 있는지 아닌지 반드시 확인되어야만 할 것이다. 그렇지 않을 경우 가다머가 말하는 이해는 왜곡된 의사소통과 구별되어 있을 방법이 전혀 없기 때문이다.

가다머는 이해가 왜곡됨 없이 발생했음을 확인하기 위한 어떠한 여지도 남겨두지 않았으며, 그 시도조차 무의미한 것으로 단정하고 있다. 그러한 단정의 근거는 우리가 이해하는 존재라는 것인데, 이해가 언어적 대화의 결과라고 한다면 그의 주장대로 우리는 그러한 대화를 중단하고 그것으로부터 빠져나올 수 없을 것이다. 그래서 그는 우리의 존재를 모든 것의 상위에 두고 그것을 가장 우선시하면서 이해에 대한 비판의 가능성을 원천적으로 차단해 놓고 있는 것이다. 그에게 중요한 것은 이해가 선입견으로부터 발생한다는 사실 그 자체이지, 그것이 정당하게 작용하고 있는지 아닌지 하는 것은 전혀 문제가 되지 않는다.

하버마스는 사람들 사이에서 이루어진 합의가 겉으로는 정상적으로 보여도 따지고 들어가 보면 거짓 의사소통의 결과일 수도 있다고 생각한다. 그렇기 때문에 그는 가다머가 스스로 자신의 주장에 담겨 있는 그러한 의혹을 해소시켜야 한다고 요구하고 있으며, 또한 거기에서 더 나아가—정신분석의 힘을 빌려—직접 모범적인 해소방법을 제시해 보려 하는 것이다. 그의 입장에서 보았을 때 가다머는 일상언어를 절대시하고 그것을 통한 이해를 지나치게 강조한 나머지 그것이 왜곡될 가능성에 대해서는 무관심으로 일관하고 있을 뿐이다. 그러나 왜곡의 가능성이 조금이라도 남아 있다고 한다면 이해가 아무런 조건도 없이, 가다머가 기대하고 주장하는 것처럼 그대로 진리의 경험으로 간주되어서는 안 될 것이다.

이해가 정말로 확실하게 진리의 경험이 되기 위해서는 먼저 그것이 왜곡되거나 하지 않았다는 검증이 반드시 필요하다. 그렇기 때문에 이해가—가다머가 생각하는 것과는 다르게—실제로 왜곡될 가능성이 있다는 것을 보이는 것, 그것은 하버마스의 입장에서 가다머의 주장에 직격탄을 날리는 동시에, 가다머의 주장을 넘어서 그것을 대신할 이론을 찾기 위한 출발점이 된다는 의미를 가지고 있다. 그러한 작업의 하나로서 그는 '이상적인 의사소통 상황'을 제시하는데, 그 내용은 대체적으로 이러한 것이다.

> 합리적인 의사소통은 이상적인 조건 아래에서 이루어지는 의사소통을 말한다. 그것은 어떤 것으로부터도 간섭을 받지 않아서 억압이나 왜곡이 없는 상태에서만 가능한 것이다. 그렇게 합리적인 의사소통이 이루어지기 위한 모든 조건이 충족되어 있다고 한다면 그것이 바로 이상적인 의사소통 상황이다.

이상적인 의사소통 상황은 의사소통이 왜곡되어 있는 것은 아닌지 그 여부를 반성하는 현실적인 기준으로 역할을 할 수 있다. 그리고 그러한 기준을 가다머의 '이해' 개념에 적용시켜 보면 그 개념에는 합리적인 의사소통이 이루어지기 위한 조건들이 상당 부분 결여되어 있다는 사실이 드러나게 된다. 그러므로 가다머식의 생각으로는 이해가 왜곡되어 발생할 가능성을 제대로 차단할 수 없게 되는 것이다.

예를 들어 표면적으로는 권위를 인정하고 받아들이는 것 같아도 그 권위가 숨겨진 폭력 혹은 정당화된 폭력에 의한 것이라고 한다면, 거기서 발생하는 모든 것들은 겉보기와는 다르게 그런 폭력들에 의해서 왜곡되어 있을 가능성이 높다. 가다머의 주장처럼 이해가 '앞서 있는 것에 대한 권위의 인정'을 기반으로 한다 하더라도 그 인정이 숨겨진 폭력 혹은 정당화된 폭력으로부터 나오지 않았다는 보장이 없을 뿐더러, 혹시 그가 그렇게 주장하려 한다 해도 그것을 직접적으로 확인할 방법이 없다. 그것은 가다머가 말하는 '독단적 인정'의 경우에도 역시 마찬가지이다. 그래서 하버마스는 가다머가 주장하는 '권위의 인정'에 대해서 다음과 같이 그것의 한계를 지적하게 된다.

> 만약 의사소통이 비정상적으로 이루어지고 있다고 한다면 거기에서의 인정이 독단적이든 아니든, 그것에는 이미 부정적인 영향이 작용했다고 보는 것이 옳을 것이다. 더구나 정상적이고 정당한 의사소통이 이루어지고 있다고 한다면, 당신이 주장하는 독단적 인정이나 그것에 근거하는 권위 같은 것은 전혀 필요하지 않다.
>
> *Hermeneutik und Ideologiekritik*, 157쪽.

하버마스에게 정신분석은 이해가 왜곡되어 발생할 가능성과 그것에 대한 반성적 개입의 가능성을 증명할 수 있는 유일한 사례였다. 정신분석에서 분석가는 환자의 진술을 분석함으로써 그를 자신의 증세로부터 벗어나게 도울 수 있었다. 그러나 문제는 정신분석이 주로 정신분석가와 환자 사이의 대화를 통해서 이루어진다는 사실이다. 만약 그렇다고 한다면 그 대화에도 우선적으로 '일반적인 대화의 원칙'이 적용되어야 할 것이다. 그런 원칙은 물론 '사회적 영역' 안에서 형성되는 것이며, 그러므로 정신분석이 일반적인 대화의 원칙에 따르는 것은 너무나 당연한 일일 것이다. 그러나 실제로 그렇게 했을 경우, 가다머가 보기에 하버마스는 다음과 같은 문제에 부딪치게 되고 만다.

> 대화를 하면서도 대화 그 자체에 집중하는 것이 아니라 그 이면이나 배후에 무엇이 있는지 살피는 사람, 그런 사람은 대화를 방해하는 사람에 불과할 것이다. 그렇기 때문에 정신분석가가 가졌다고 하는 반성의 능력은 사회적으로 보았을 때, 사회 구성원들이 동의하고 있는 대화의 원칙에서 벗어나 있다고 볼 수 있다.
>
> *Hermeneutik und Ideologiekritik*, 81~82쪽.

정신분석이 대화를 통해서 이루어지는 한 그것은 '대화 공통체', 즉 '의사소통 공동체'를 전제하고 있는 것이며, 그렇기 때문에 정신분석 역시 그러한 공동체가 요구하는 의사소통 규칙에 따라야 할 것이다. 그리고 의사소통 공동체가 일상언어 위에 기반하고 있다는 점을 고려한다면 정신분석이 따라야 하는 규칙은 두말 할 나위 없이 일상언어의 차원에서 규정될 수밖에 없을 것이다. 이것으로 가다머와 하버마스 사이의 논쟁은 이제 무대를 사회로 옮기게 되며, 그에 따라 정신분석에 대한 이야기들도 당연히 사회를 배경으로 새롭게 정리되어야 할 것이다.

가다머가 지적했던 것과 같이 사회 안에서 사람들 사이의 관계와 역할, 즉 공동체 구성원들 사이의 관계와 역할은 예외없이 서로에 대한 '의사소통 파트너'이다. [사회에서 왜 의사소통이 그렇게 중요시되는지, 그것이 왜 사회를 유지시키는 근간(根幹)이 되는지 생각해 본다면, 사회 구성원들 사이의 관계와 역할이 어떤 것인지 혹은 어떤 것이어야 하는지 아마 분명해질 수 있을 것이다.] 그런 측면에서 본다면 정말로 정신분석가는 '정상적인 사회적 관계와 역할'을 방해하는 그런 사람이 될 수도 있을 것이다.

정신분석을 사회적 영역으로 옮겨놓기 전에 하버마스는 먼저 사회 구성원의 하나로서 정신분석가의 역할과 그에 따른 한계를 미리 고려했어야만 했다. 그러지 않았기 때문에 정신분석가는 본의 아니게 사회적 영역에서 '악역'으로 지목되는 기묘한 상황에 처하게 되고 만 것이다. 그뿐만 아니라 정신분석을 구성하는 여러 가지 요소들도 그것들이 사회적 영역에서 어떤 악영향을 미치고 있는 것은 아닌지 하는 의심을 받아야 하는 처지에 놓이게 되고 말았다. 그런 상황에서 가다머는 하버마스에게 이런 물음을 던진다.

> 사회적 영역에서 어떤 탈상징화가 누구에게 발생하는가? 그리고 누가 과연 사회에서 정신분석가에 해당하는 역할을 할 수 있겠는가?
>
> *Hermeneutik und Ideologiekritik*, 304쪽.

정신분석에서 분석가는 환자의 일상언어를 메타-언어적인, 즉 이론언어적인 위치에서 분석했고, 그 결과 환자의 증세는 치료가 되었다. 그러나 정신분석가의 분석은 대화를 통해서 이루어지며, 대화는 필연적으로 의사소통 공동체를 전제하게 된다. 따라서 정신분석가 역시 그런 공동체에 적용되는 규칙으로부터 벗어날 수는 없는 것이다. 그렇다고 한다면 가다머가 던졌던 물음과 같이 사회 구성원으로서 그 어느 누구가 사회적 영역에서 과연 정신분석가의 역할을 할 수 있을까? (사회적 영역 안에 속한 사람들은 누구나 다 예외없이 그 사회의 구성원일 뿐이다.) 이러한 내용을 정신분석에 그대로 적용해 본다면 그것은 아마도 다음과 같은 이야기가 될 것이다.

> 사회 안에서라고 한다면 정신분석가도 환자도 증세도 없기 때문에, 혹시 증세가 있다 하더라도 그 증세를 증세로서 파악할 수 있는 정신분석가가 없기 때문에 치료 역시 있을 수 없다.

정신분석에서 다뤘던 내용들이 사회적 영역에 그대로 적용될 수 없다는 것은 분명하다. 그렇기 때문에 하버마스가 가다머의 주장에 효과적으로 맞설 수 있기 위해서는 모든 것을 반드시 개인적인 차원과 사회적인 차원으로 나누어 이야기해야 할 것이다. 그럴 경우 이제 문제는 두 가지로 정리될 수 있을 것 같다. 하나는 '정신분석이 기대에 못 미치는 결과를 낳았음에도 불구하고 하버마스는 가다머에 대한 자신의 공격적인 태도를 그대로 유지할 수 있겠는가?' 하는 것이고, 다른 하나는 '하버마스가 겪게 된 곤란이 가다머에게는 과연 호재(好材)로만 작용하게 될 것인가?' 하는 것이다.

비록 정신분석이 사회적 영역에서 한계를 드러냈다고 하더라도, 그것이 보여준 가능성 전부를 가다머가 무시해 버려도 되는 것인지는 여전히 불투명하다. 또한 가다머의 '이해' 개념을 사회적 영역으로 옮겨놓는다고 한다면 가다머 역시 상당히 낯선 환경에 둘러싸이게 될 것이다. 이렇게 '그 두 사람 중에서 과연 누가 먼저 상대방에 대해서 주도권을 잡을 수 있을까?' 하는 것은 아직까지 정확하게 드러나지 않은 상황인 것 같다.

CHAPTER **04**

놀이와 문화

인간의 모든 행위는 그것이 사회적 · 문화적 맥락을 결코 벗어날 수 없는 한,
놀이와 직접적으로 연결되어 있다고 할 수 있다.
그 행위들에는 '법률, 예술, 학문, 상업 등과 같은 문명생활의 원동력이
모두 포함되는데, 그것들은 모두 놀이라는 땅에 뿌리를 내리고 있다.

1. 전이상황의 성격과 의미

앞장에서는 주로 정신분석과 관련해서 많은 이야기가 나왔었다. 그렇지만 그것은 주로 정신분석의 전체적인 성격을 밝히는 작업에 집중되어 있었고, 그렇기 때문에 아직도 분명하게 정리되지 않은 내용들이 많이 남아 있다. 그래서 이제부터는 반대로 정신분석의 세부적인 내용들을 다루어 보기로 하겠는데, 그 중에서도 가장 미묘한 위치에 놓여 있는 것이 바로 '전이상황(轉移狀況, Übertragungssituation)'이다. 특히 전이상황을 중심에 두고 일어났던 논란을 통해서 논쟁의 향방도 비교적 뚜렷하게 드러나기 시작한다. 우선 정신분석에 대한 이야기를 조금 더 진행시켜 보기로 하자.

정신분석에서 노이로제는 예를 들어 '충동'과 같은 정상적인 정신 활동과는 근본적으로 다르다. 그래서 환자 스스로 그것을 극복한다거나 혹은 누군가의 충고가 크게 영향을 미치기는 어렵다. 그것은 내부적으로 매우 견고한 '갈등'이기 때문에 대부분의 경우에 그 의미는 쉽게 드러나지 않는다. 거꾸로 보면 그 말은 노이로제가 치료되기 위해서는 누군가가 직접 그것의 내부로 개입해야만 한다는 것을 의미한다. 그렇게 보면 정신분석가의 역할이란 '환자의 노이로제에 개입해서 증세의 원인으로서 그것에 내재해 있는 갈등을 의식으로 옮겨놓는 것'이라 할 수 있다. 쉽게 말해서 정신분석가가 환자에게 증세가 어떤 의미를 갖는 것인지 알게 해주어야 환자가 그 증세를 극복할 수 있게 된다는 것이다.

그렇게 환자가 자신의 노이로제에 담긴 갈등의 내용을 알게 되면 그 스스로 갈등을 조절하면서 정상적인 상황으로 돌아올 수 있게 된다. 그러나 일반적으로 무의식은 의식의 활동을 방해하려는 성격이 강하기 때문에 그것을 분석하는 작업은 대단히 어려울 뿐만 아니라, 그렇게 어려운 만큼 정신분석가에게는 상당한 전문성이 요구되는 것이다.

노이로제는 환자의 어떤 심적인 고통이 정상적으로 해소되지 못하고 있다가 비정상적인 모습으로 의식에 나타나는 것으로 볼 수 있다. 정신분석가는 전문성을 가지고 환자의 노이로제에 담긴 갈등의 내용이 어떤 것인지 분석하게 된다. 그러나 그 갈등은 환자에게는 고통스러운 것이며, 그렇기 때문에 환자는 그것을 어떻게든 회피하고 싶어 할 것이다. 그런데 누군가 나서서 그것을 건드리려고 한다면 환자가 그 '누군가'에게 저항하는 태도를 보이는 것은 당연한 일일 것이다. 그런데 놀라운 것은 그렇게 저항하는 태도로 일관할 것 같던 환자가 이따금 정신분석가에게 매우 호의(好意)적인 태도를 보이기도 한다는 것이다.

노이로제의 치료는 정신분석가가 환자의 증세를 무의식의 표현으로 보고, 그 표현을 통해서 무의식으로 접근해 들어가는 과정으로 이루어져 있다. 정신분석가가 전문적인 지식을 가지고 특별한 능력을 발휘한다고 한다면, 그러한 과정은—프로이트의 표현을 빌리자면—단계별로 '마치 수학 공식처럼' 딱딱 맞아 떨어져야 할 것이다. 그러나 그럴 것 같이 보이는 치료과정에 이따금씩 예상하지 못했던 무엇인가가 끼어들게 되는 경우도 있다. 그렇게 끼어드는 것들 중에서 대단히 유별난 것이 한 가지 있는데, 그것이 바로 지금부터 이야기하려는 '전이'라는 것이다. 프로이트는 전이에 대해서 다음과 같이 설명하고 있다.

> 정신분석가가 환자를 치료하는 과정에서 환자가 자신의 고통을 극복하기 위해서 애쓰기보다는 정신분석가의 인품에 대해서 특별한 흥미를 갖게 되는 경우가 생기기도 한다. 그럴 경우 환자의 관심은 주로 정신분석가에 관련된 것들로 향하게 되는데, 관심의 방향이 그렇게 달라지면서 환자는 자연스럽게 자신의 고통을 잊게 되기도 하는 것 같다.
>
> *Einführung in die Psychoanalyse*, 423쪽.

노이로제의 치료과정에서 정신분석가에 대한 환자의 태도는 기본적으로 저항적인 경우와 그렇지 않은 경우로 나누어 생각해 볼 수 있다. 그러나 환자의 태도가 저항적이지 않을 뿐만 아니라 호의적이고, 또한 단순히 호의적인 것에서 그치지 않고 공적(公的)인 경계를 넘어서는 정도가 되면 그것은 '전이'가 발생한 것이라고 할 수 있다. 그런데 전이가 발생하는 것, 그것은 공적인 일에 사적(私的)인 감정이 개입하는 것이므로 그것은 결국 치료를 방해하게 될 것이라고 생각하기가 쉽다. 그러나 전이의 발생은 치료에 방해가 되는 것이 아니라 반대로 치료를 위한 '훌륭한 도구'로 사용될 수 있다.

일반적인 경우 전이는 환자 쪽에서 정신분석가 쪽으로 발생하게 되는데, 일단 전이가 발생하면 환자는 자신의 노이로제 속 갈등관계를 자신과 분석가와의 관계로 대치시키게 된다. 다시 말해서 환자가 어떤 것과 갈등을 겪었고 그것이 노이로제의 내용을 이룬다고 한다면, 그 어떤 것에 대한 갈등을 대상만 바꿔서 정신분석가에게 그대로 재생시킨다는 것이다. 따라서 환자의 노이로제는 전이를 통해서 원래의 의미를 버리고 새로운 의미를 갖게 되며, 그때부터 정신분석가는 새로운 형태로 바뀐 노이로제를 새로운 방식으로 다룰 수 있게 된다. 그렇기 때문에 만약 전이되어 새로운 형태로 바뀐 갈등이 사라진다면, 전이가 소멸되면서 정신분석가와 환자의 관계도 이전의 정상적인 관계로 돌아가게 될 것이다. 그럴 경우 그것은 환자의 노이로제가 전이과정을 거쳐서 모두 치료되었다는 것과 같은 의미를 갖게 되는 것이다.

전이가 특수한 형태로 발생하는 경우, 그것은 치료에 방해가 될 가능성이 높다. 예를 들어 전이가 호의적인 성격의 것이 아니라 반대로 저항적인 성격의 것일 수도 있다. 그럴 경우 환자는 정신분석가에게 주로 반항적인 태도를 보이게 될 것이며, 그것은 결국 증세의 치료에 심각한 방해요소로 작용하게 될 여지가 충분하다. 또한 환자가 '나르시즘(Narzissmus, 자기도취증)' 적인 성향이 있는 경우 전이가 잘 일어나지 않는데, 그런 경우도 상황에 따라서는 정신분석가를 매우 어렵게 만들 수 있다. 그러나 그것은 말 그대로 아주 특수한 경우에 속하기 때문에 지금 다루고 있는 논쟁에서는 별다른 의미를 갖지 못할 것이다.

앞에서 이야기했던 바와 같이 정신분석 이론들은 대부분 가정에 의존하고 있다. 다른 여타 학문들도 가설을 설정하고 다양한 사례들을 관찰해서 그 가설을 증명해 나가는 과정을 거친다고 한다면, 가정에 의존한다는 사실이 정신분석의 학문적 위치를 불안하게 만든다고 보기는 어려울 것이다. 그럼에도 불구하고 정도의 차이라는 것이 있어서, 하나의 치료요법으로서 정신분석은 이론의 정밀성이나 정확성보다는 결과의 확실성 쪽에 더 큰 승산이 있는 것 같다. 쉽게 말해서 정신분석은 스스로 그것의 가치를 이론에 두기보다는 오히려 결과, 즉 '환자가 정신분석을 통해서 증세를 극복했다는 것'에 두는 쪽이 더 유리하다는 것이다. 그리고 따지고 보면 그러한 결과 말고는 실제로 정신분석의 가정들이 옳았다는 것을 이론적으로 증명할 방법이 별로 마땅치 않은 것 같다. 프로이트도 그런 취지의 말들을 가끔씩 하고 있는데, 예를 들어 다음과 같은 것이 그 대표적인 사례가 될 수 있을 것이다.

> 정신분석가가 분석을 통해서 노이로제에 어떤 의미를 부여할 수 있다는 것, 그것은 무의식적인 정신과정이 있다는 것에 대한 반발의 여지가 없을 정도로 훌륭한 증명이다.
>
> *Einführung in die Psychoanalyse*, 278쪽.

이론과 (치료)요법(療法)이 물론 완전하게 분리되어 있을 수는 없겠지만, 정신분석은 하나의 이론으로서가 아니라 하나의 요법으로서 더 큰 가치와 의미를 갖는다. 그리고 정신분석을 그렇게 만드는 가장 큰 원인은 정신분석가가 확보할 수 있는 자료가 다른 학문들에 비해서 상대적으로 부족하기 때문이다. 적어도 지금까지의 이야기에서 정신분석가의 치료는 환자가 하는 이야기를 들으면서—혹은 환자를 관찰하면서—그것으로 증세를 해석하고 그것의 의미를 찾아내는 작업에 국한되어 있었다. 그런데 '전이'는 요법으로서 정신분석이 그런 한계를 넘어설 수 있는 획기적인 기회를 제공해주고 있는 것이다.

예를 들어 꿈을 해석하는 경우에서와 같이 정신분석은 모호한 대상에 대한 불확실한 진술을 가지고 그것을 해석해 나가야 하므로 논란의 여지가 상당히 많은 작업이 될 수도 있다. 그런데 전이가 발생하고 그렇게 전이상황에 들어가게 되면, 정신분석가는 환자의 증세를 단순히 해석하는 입장을 넘어서 직접 그 증세를 경험할 수 있게 되는 것이다. 그리고 그 결과 정신분석가의 해석은 이제 관찰에만 의존하는 해석이 아니라, 참여하고 경험한 것을 바탕으로 하는 해석으로 그 가치를 높이게 되는 것이다.

2. 놀이에의 참여와 관찰

다시 가다머 이야기로 돌아가서 앞에서 다뤘던 전이상황에 관련된 내용이 가다머에게서 어떤 의미를 갖는지 살펴보기로 하자. 가다머는 이해가 언어 대 언어 사이의 대화를 통해서 발생하는 사건이라고 생각했다. 이해의 발생과정에서 우리가 그 대화의 한쪽 편을 이루고 있다고 한다면 우리 자신은 바로 언어라고 할 수 있을 것이다. 그것은 또한 우리가 그렇게 대화에 참여하고 있으면서 그 대화를 경험하는 존재라는 것을 의미하게 될 것이다. 가다머는 그와 같은 이해의 성격을 '놀이' 개념을 통해 설명하고 있다. 놀이에 대해서 그는 구체적으로 다음과 같이 이야기를 하고 있다.

> 놀이가 존재하는 방식은 아주 특이해서 그것은 놀이하는 사람이 자신을 하나의 대상처럼 대하는 것을 허용하지 않는다. 놀이하는 사람은 물론 놀이가 무엇이라는 것을, 그리고 자기가 하고 있는 것이 놀이라는 것을 잘 알고 있다. 그러나 그가 놀이를 하고 있는 동안 그는 그가 놀이와 관련해서 알고 있는 것들을 생각하지 못한다.
>
> 놀이는 놀이하는 사람이 놀이를 하는 것 말고는 놀이에 대해서 어떤 태도도 갖지 않는 곳, 바로 그런 곳에 존재한다. 놀이의 주체는 놀이를 하는 사람이 아니며, 놀이는 단지 놀이를 하는 사람을 통해서 표현될 뿐이다.
>
> 놀이는 어떤 목표에 도달하면 끝나게 되는 것이 아니라 끊임없는 반복을 통해서 새롭게 시작된다. 그런 면에서 그것은 몸뚱이 없이 운동으로만 존재한다고 볼 수 있다. 그렇게 놀이는 행해지는 운동 그 자체이다.
>
> *Wahrheit und Methode*, 108~109쪽.

우리는 놀이를 우리 마음대로 할 수 있는 어떤 것이라고 생각한다. 그러나 가다머는 '대가(大家)'답게 그것에 대해서도 매우 독특한 시각을 보이고 있다. 그의 이야기를 들어보면 놀이의 가장 큰 특징은 '놀이가 언제나 놀이하는 사람에 대해서 우위에 서 있다'는 것이다. 그래서 놀이는 그 어느 것에도, 특히 놀이하는 사람의 의도에 따라 좌우되지 않는다.

놀이하는 사람은 단지 놀이를 할 뿐이고, 놀이하는 동안은 놀이가 이끄는 대로 따라가게 될 뿐이다. 그렇게 본다면 물론 대단히 어색하게 느껴질 수도 있겠지만, 우리가 놀이를 하는 것이 아니라 놀이가 놀이를 하는 것이라고 볼 수도 있을 것이다. 반면에 우리가 할 수 있는 것은 사실상 놀이에 빠져 있는 것밖에 없다. 또한 그러는 동안에 우리는 놀이에 대해서 어떤 것도 우리 마음대로 할 수 없을 것이다.

놀이하는 사람으로서 우리는 놀이를 중단하거나 다시 시작할 수도 있다. 그것은 마치 우리가 놀이의 주체로서 놀이를 마음대로 할 수 있는 것처럼 보이기 쉽다. 그러나 그렇게 보인다고 해서 정말로 그런 것은 아니다. 왜냐하면 놀이는 우리가 놀이하기를 그쳤다고 사라져 버리는 것이 아니라, 다른 사람들을 통해서 언제 어디서든 다시 시작될 수 있기 때문이다. (놀이가 중단되었다고 한다면 그것은 우리가 우리 마음대로 놀이를 통제했기 때문이 아니라, 단지 우리가 더 이상 놀이에 빠져 있지 않게 되었기 때문이다.) 그렇다면 놀이에서 놀이하는 사람은 어떤 의미를 갖는 것일까?

가다머는 놀이하는 사람을 놀이가 '놀이'라는 표현으로 드러나기 위한 하나의 조건일 뿐이라고 생각한다. 그리고 만약 놀이가 놀이하는 자를 통해서 표현된다고 한다면 놀이가 없다는 것, 그것은 정말로 놀이가 완전히 소멸해 버렸다는 것이 아니라 '현재 놀이에 참여하는 사람이 없다는 것', 그것 외에 다른 의미를 갖지 않는다. 놀이는 놀이하는 자가 누구든 상관없이 언제라도 표현될 수 있으며, 지금 당장 표현되고 있지 않다 하더라도 늘 그러한 방식으로 존재하고 있는 것이다. (가다머는 놀이가 '몸뚱이' 없이도 존재한다고 말했었는데, 그 말이 의미하는 바가 바로 그것인 것 같다.)

우리는 놀이에 참여하지 않고 그것을 단순히 관찰하기만 하는 경우도 있다. 우리가 그 놀이를 관찰하는 동안 우리는 하나의 대상으로서 그것에 우리의 지식을 적용할 수도 있고, 그것에 대해서 어떤 것을 규정할 수도 있으며, 그것으로부터 어떤 것을 깨닫거나 배울 수도 있을 것이다. 그때 우리와 놀이 사이에 형성되는 관계는 우리가 놀이에 직접적으로 참여하는 경우, 즉 우리가 놀이를 하는 경우와 비교했을 때 대체로 간접적인 경향이 강하다. 그래서 우리의 관심이 단순하게 그 놀이로부터 다른 곳으로 옮겨가기만 한다면 그것으로 그러한 관계는 사실상 완전히 소멸하게 될 것이다. 그리고 그것에 우리가 다시 어떤 관심을 가지게 되지 않는 한, 그 놀이가 누군가에게서 계속 되고 있든 혹은 그렇지 않든 간에 그것들은 우리에게 더 이상 아무런 의미도 없을 것이다.

우리에게서 놀이에 대한 관심이 사라진 이후에도 물론 놀이에 관련된 어떤 것이 문득 우리의 생각에 떠오를 수도 있다. 또한 우리가 의식할 수 없는 어떤 부분에서 그것이 우리에게 특정한 영향을 미치고 있을 수도 있다. 그러나 그런 것들은 적어도 우리와 놀이 사이의 직접적인 관계 맺음의 차원에서 논의될 수 있는 성질의 것들이 아니다. 그리고 놀이와의 관계 맺음이 놀이에 참여하는 경우가 아니라고 한다면—예를 들어서, 놀이를 관찰하고 있는 것과 같은 경우라고 한다면—그것들 사이에서 주도권을 가지고 있는 것은 더 이상 놀이가 아니라 바로 우리 자신일 것이다. 그 상황에서 '관계'를 이끌어 가는 주체는 우리 자신이며, 놀이는 우리에게서 단지 선택에 따라 그것의 의미가 부여되고 결정될 수밖에 없는 하나의 대상에 불과할 뿐이다.

가다머는 '놀이' 개념이 무한대로 확장되는 경우를 생각하고 있다. 그는 시간이나 공간의 제약이 없는 놀이, 그리고 그것에 참여하고 말고 하는 선택의 여지가 우리에게 전혀 없는 놀이, 그렇기 때문에 어떠한 경우에도 관찰이 불가능한 놀이를 가정하고 있다. 다시 말해서 어떤 경우에도 결코 중단될 수 없는, 그리고 어느 누구도 참여하지 않을 수 없는 놀이를 가정하고 있는 것이다.

만약 그러한 경우가 실제로 있을 수 있다고 한다면 가다머가 놀이에 대해서 이야기했던 내용들은 이 세상 모든 사람들의 성격을 언제 어디서나 동일하게 제한하게 될 것이다. 그리고 그러한 제한은 결국 그들의 본질이나 존재에 대한 성격규정으로 연결될 수 있을 것이다. 그런데 가다머에게서 그런 놀이란 바로 '이해'를 말하는 것이 아니었던가? 놀이가 그렇듯 우리는 우리의 선택으로 이해를 중단할 수 없으며, 그것으로부터 벗어나 하나의 대상으로 그것을 관찰할 수도 또한 반성할 수도 없다.

가다머가 우리에게 하고 있는 모든 이야기들의 요지를 정리해 보면 이러할 것이다.

우리가 이해하는 존재인 한, 우리는 우리 스스로 모든 관점으로부터 완전하게 벗어나 있을 수 없다.

그리고 그는 우리가 절대로 그렇게 할 수 없음을 바로 '놀이' 개념을 통해서 보여주려 하고 있는 것이다. 결과만 놓고 본다면 놀이 개념의 도입은 매우 성공적이어서, 그것으로 우리는 정신분석이 이해의 영역 안에 있다는 것을 다시 한 번 확인할 수 있게 된다. 왜냐하면 정신분석은 그것이 기능적으로 이해에 대한 반성의 역할을 하는 것처럼 보이기는 하지만 결국 다음과 같은 면에서 분명한 한계를 드러내기 때문이다.

정신분석에서 분석가가 하는 일은 환자의 증세 외부에 있으면서 그것에 대해서 관찰하는 것이 전부이다. 그렇게 '관찰로부터 나온 결론'이 아무리 정확한 것이라 하더라도 그것은 결코 '증세에 대한 해석'이라는 한계를 넘어설 수 없다. 그러나 이야기는 거기에서 끝나는 것이 아니었다. 하버마스가 정신분석의 일반적인 성격을 가지고 가다머의 주장을 꺾는 일에는 실패했지만, 범위를 좁히고 더욱 구체화해서 새로운 가능성을 여는 일에는 분명하게 성공하고 있기 때문이다. 그것은 바로 앞에서 이야기했던 '전이상황'이다.

전이상황은 정신분석가가 단순히 환자의 증세를 외부에서 관찰하는 차원을 넘어서 그 증세에 직접 참여하는 상황이었다. 그런 점에서 그것은 가다머의 놀이 개념에 대한 반론으로 적합할 뿐만 아니라, 아무리 가다머라 해도 그것에 즉각적인 반론으로 맞서기는 대단히 어려울 것이다. 쉽게 말해서 가다머는 놀이 개념을 통해서 다음과 같은 내용을 증명하려 했던 것이다. '이해하는 존재로서 이해를 경험하는 동시에 그것을 벗어나 관찰하는 것은 불가능하다.' 그런데 하버마스가 전이상황을 들고 나와서 '경험하는 동안에도 관찰이 가능한 경우가 있을 수 있다'고 반례를 제시해 버린 것이다. 이것이 지금 이야기의 흐름이라고 한다면, 앞으로 우리가 해야 할 일은 전이상황이 정말로 그런 것이 가능한 상황인지 세세하게 따져보고 검증하는 일이라 할 수 있을 것이다.

3. 놀이의 이론과 놀이의 본질

전이상황에 대한 이야기를 시작하기에 앞서 '놀이' 개념에 대해서 조금 더 자세하게 살펴보기로 하겠다. 놀이가 과연 가다머가 생각하고 있듯이 그렇게 넓은 개념인지 확인하는 것도 중요하겠고, 또한 놀이가 과연 몰입과 그렇게 밀접하게 연결되어 있는지 확인하는 것도 중요할 것이다. 그렇지만 그런 것보다 더 중요한 이유는 근래에 들어서 놀이 개념이 갖는 비중이 계속해서 커지고 있으며, 실제로 우리가 놀이 개념을 통해서 들여다 볼 수 있는 것들이 대단히 많기 때문이다.

가장 먼저 살펴볼 것은 '인간의 삶에서 놀이가 어느 정도로 많은 부분을 차지하고 있는가?' 하는 것이다. 그러나 그것은 단 하나의 문장으로 답할 수 있을 정도로 아주 분명하다. 즉 '태어나서 죽을 때까지 인간은 언제나 놀이를 하면서 그것과 더불어 살아가게 된다.' 특히 어린아이에게서 놀이는 배우지 않아도 할 수 있다는 면에서 '본능(本能)'과도 같은 것이며, 혹은 놀이를 통해서 배울 수 있다는 면에서 그것은 '학습(學習)'의 한 방식이기도 하다.

어린아이는 성장해 갈수록 더 고차원적이고 더 복잡한 놀이에 익숙해지게 되는데, 그렇게 삶의 일부로 자리를 굳힌 놀이는 경우에 따라서 단순히 '노는 것'으로만 머무르지 않고 그 이상을 의미하게 되기도 한다. [예를 들어 쿼릭(G. Quarrick)과 같은 학자들은 놀이를 우리의 '경험'과 연결시켜 생각하면서 그것을 우리의 '인간성(humanity)' 자체로 규정하기까지도 한다.] 이처럼 우리는 놀이를 우리 삶과 따로 떼어 생각할 수 없음에도 불구하고, 오랜 동안 그것은 학문적 대상으로서 그리 비중 있게 다루어지지 않았던 것이 사실이다. 설령 그에 대한 학문적인 논의가 있었다 하더라도, 그것들 대부분은 놀이를 어떤 특정한 목적을 위한 하나의 수단으로, 다시 말해서 우리 삶에 있어서 단지 부수적이거나 보조적인 어떤 것으로만 생각해 왔을 뿐이다.

놀이이론은 크게 '고전적 이론(Classical Theory)'과 '현대적 이론(Contemporary Theory)'으로 양분될 수 있다. 고전적 이론은 19세기 말에서 20세기 초 몇몇 학자들에 의해서 형성되었으며, 놀이를 주로 특정한 목적, 예를 들어 '에너지 조절'이나 '본능의 발산' 등의 목적을 갖는 행위로 설명하고 있다. 전자에는 '잉여 에너지 이론(Surplus Energy Theory)', '휴식 이론(Relaxation Theory)' 등이 속하는데, 그 이론들은 놀이의 목적을 '잉여 에너지의 소모' 혹은 '소모된 에너지의 재생'으로 규정하고 있다. 또한 '반복이론(Recapitulation Theory)'이나 '연습이론(Practice Theory)' 등도 고전적 이론에 속하며, 그 안에서 놀이는 '진화과정의 재연과 반복' 혹은 '성장을 위한 연습'으로 규정되고 있다. [고전적 놀이 이론을 펼쳤던 학자에는 쉴러(F. Schiller), 그로스 (K. Groos), 홀(S. Hall) 등이 있다.]

현대적 놀이이론은 고전적 놀이이론들이 지나치게 '놀이의 목적에 관한 단순한 설명'에 치우쳐 있다고 지적하면서 그것으로부터 벗어나 '놀이의 역할을 규명'하는 작업에 초점을 맞추려 하고 있다. 대표적인 이론으로는 '정신분석이론(Psychoanalytic Theory)'과 '인지발달이론(Cognitive-developmental Theory)' 등이 있는데, 전자의 경우는 놀이가 심리적·정서적 경험 역할을 한다고 보고 있고, 후자의 경우는 지적 성장이나 환경적응에 도움을 주는 것이 놀이의 주된 역할이라고 주장하고 있다. [현대적 놀이이론을 펼쳤던 학자에는 피아제(J. Piaget), 비고츠키(L. Vygotsky), 부르너(J. Bruner)등이 있다.]

프로이트와 같은 정신분석학자는 '놀이가 정화(카타르시스) 효과를 가지며, 이 효과는 유아가 심리적 외상을 경험한 사건과 연합된 부정적인 감정을 제거시켜 준다'는 입장을 견지하고 있다. 반면에 피아제는 정신분석이론이 지나치게 '정서적 가치'에만 매어 있다고 지적하면서 놀이의 역할을 '지적 성장'이라는 측면에서 바라보고자 한다. 그는 인지발달 과정을 '환경과의 끊임없는 상호작용으로 인한 적응행동'으로 보면서 놀이가 특히 '동화(Assimilation)'와 '조절(Accommodation)'을 위한 훈련의 역할을 하고 있다고 주장하고 있다. 그렇게 보았을 때 놀이는 결국 '새로운 정보를 받아들이고 적응시키는 일을 반복적으로 수행하면서 가장 자연스럽게 인지발달을 촉진시키는 매개체'가 되는 것이다.

'각성조절이론(Arousal modulation Theory)', '상위 의사소통관계이론(Meta-communication Theory)'도 현대적 이론에 속한다. 각성조절이론은 '놀이가 각성상태를 최적화하기 위한 자극을 주거나 최적화되어 있는 상태를 유지시켜 주는 역할을 한다'고 보고 있다. 그리고 상위 의사소통관계이론의 경우, 놀이의 역할을 '놀이 참여자인 유아가 놀이 속에서 스스로 어떤 상황을 설정하고 그 상황에 맞는 역할을 맡아봄으로써 의사소통 관계를 직접 연습하는 기회를 제공해 주는 것'으로 보고 있다. 그 외에도 많은 이론들이 있으나 그것들 역시 놀이가 우리 삶이나 생활에서 특정한 역할을 하고 있다는 관점에 머물러 있기 때문에 성격상 다른 이론들과 근본적인 차이는 없다고 할 수 있다(『개정 유아교육개론』, 131~135쪽 참조).

『호모 루덴스(*Homo Ludens*)』의 저자 호이징어(J. Huizinga)는 놀이에 대한 기존의 접근방식들이 다음과 같은 공통된 입장에서 출발한다고 생각하고 있다.

> '놀이는 놀이 자체가 아닌 어떤 것을 위한 것', 다시 말해서 특정한 목적을 달성하기 위한 하나의 수단이라는 성격을 가지고 있다.

그에 따라 놀이에 대한 물음도 자연스럽게 '왜, 무엇 때문에 노는가?' 하는 것에만 치우치게 되고 말았다. 이 물음에 대해서는 각각의 입장에 따라 매우 다양한 답변이 가능할 것인데, 그것들 모두는 '놀이 그 자체'가 아니라 '놀이와 놀이 아닌 것과의 관계' 속에서 나온 것들이라 할 수 있을 것이다. 그러나 호이징어의 이야기를 그대로 따라가 보면, 놀이의 논리는 그런 관계로부터 형성된 것이 아니라, 놀이 그 자체에 원래부터 내재해 있는 고유한 어떤 것이다. 그러므로 놀이로부터 발생하는 효과는 바로 그 '놀이의 고유한 논리'로부터 나오는 것이며, 그렇게 본다면 앞서의 물음, 즉 '왜, 무엇 때문에 노는가?' 하는 것과 그에 대한 답변들은 결국 놀이의 고유한 논리를 충분하게 반영할 수 없게 되는 것이다.

예를 들어 '재미'의 경우 호이징어는 그것을 놀이의 본질에 속하는 것으로 간주하고 있는데, 그의 견해에 따르면 재미는 다른 어떤 정신적 범주로도 환원시킬 수 없는 것이다. 그렇다면 우리는 당연히 놀이를 독립된 하나의 범주로 다루어야 하며, 그것은 곧 놀이가 '하나의 총체성으로서' 이해되고 평가되어야 함을 의미한다. 호이징어는 묻는다. '왜 어린아이는 기어다니면서 즐거워하는가?' '왜 노름꾼은 정신을 못 차리고 노름에 빠져드는가? 그리고 왜 축구시합에서는 그 많은 사람들이 열광을 하는가?' 이러한 물음들에 놀이 이외의 관점을 적용하려 한다면 호이징어의 이야기처럼 '우리는 결국 그것들에 대해서 많은 것을 놓치게 되고 말 것이다.'

놀이 개념에 대한 접근은 놀이에 대한 정의로부터 시작되는 것이 합리적일 것이다. 그러나 놀이에 대한 정의는 일반적으로 '즐거움을 얻기 위해 자발적으로 행하는 모든 활동'이라는 대단히 애매한 수준에서 그치고 있을 뿐이다. 물론 그 정의 안에는 놀이의 가장 기본적인 성격이 포괄적인 형태로 담겨 있으며, 그런 면에서 그것을 하찮게 다루는 것은 결코 옳은 일이라 할 수 없을 것이다. 그럼에도 불구하고 그것은 너무나 막연한 내용이기 때문에 놀이와 놀이 아닌 것 사이의 차이조차도 뚜렷하게 드러내 보이지 못하고 있다. 예를 들어 '도대체 어디까지를 놀이로 봐야 하고 어디부터는 놀이가 아닐까?' 하는 것은 확실히 놀이의 본질에 관련된 중요한 물음이라 할 수 있겠다. 그렇지만 놀이에 대한 그런 식의 정의로부터는 그 물음에 대한 답이 전혀 드러나 보이지 않는다.

만약 누군가가 즐거움을 얻기 위해서, 그리고 자발적으로 헌혈을 하고 있다면, 혹은 같은 이유로 청소를 하고 있다면 헌혈이나 청소도 그렇게 하나의 놀이로 보아야 하는 것일까? 아니면 누군가가 자발적으로 그것도 즐기면서 범죄를 저지르고 있다면 그것도 놀이의 영역 안에 포함될 수 있을까? 이와 같이 놀이에 대한 일반적인 정의는 놀이에 대한 정확한 이해에 별다른 도움을 주지 못한다. 그런 이유 때문에 호이징어는 이전과는 사뭇 다른 방식으로 놀이에 접근하게 되는데, 그것은 다음과 같은 면에서 이전의 방식들과는 뚜렷한 차이를 보이고 있다.

> '놀이'에 대해 정확하게 이해하기 위해서는 우리 삶을 구성하는 다양한 요소들로부터 그것들 각각에 담겨 있는 놀이적 성격을 추출해냄으로써 놀이가 우리 삶에 얼마나 폭넓게 스며들어 있는지 살펴보는 것이 무엇보다 중요하다. 여기에서 '우리 삶을 구성하는 다양한 요소들', 그것 모두를 하나로 포괄할 수 있는 개념으로서는 '문화'가 가장 적절할 것인데, 놀이에 대한 그와 같은 접근방식은 궁극적으로 문화를 놀이의 성격을 규명하기 위한, 동시에 놀이를 문화의 성격을 규명하기 위한 하나의 매개로 삼는다는 것을 의미한다.

4. 호이징어의 '놀이' 개념과 문화

호이징어에 따르면 '놀이는 문화 그 자체가 존재하기 이전부터, 그러니까 태초부터 현재 우리가 살고 있는 시대에 이르기까지 항상 문화

현상 속에 함께 존재해 왔다.' 만약 그렇다고 한다면 놀이가 문화의 특정한 하나의 부분은 아닐 것이다. 또한 문화와 사회 사이의 특수한 관계를 고려했을 때, 놀이가 사회구조 그 자체와도 밀접하게 연결되어 있을 것이라는 추론도 얼마든지 가능하다. 그리고 그것은 결국 개별 사회의 구조 혹은 개별 문화의 구조를 결정하는 틀이—매우 추상적이기는 하지만—인류 보편적인 형태로 존재한다는 것과 비슷한 맥락의 이야기가 될 것이다. 예를 들어 앞에서 이야기했던 융의 '원형' 개념이 바로 그러한 '보편적인 형태'에 해당하는 사례이다.

원형들은 특정한 사회나 문화를 구성하는 각각의 요소들로 주조(鑄造)되듯 나타나게 되는데, 그렇기 때문에 전혀 다른 시대나 지역의 문화들 사이에서도 간과할 수 없을 정도의 유사성 내지는 공통점들이 발견되는 것이다. 구체적으로 신화나 전설, 혹은 문학이나 예술작품의 내용이 서로 비슷하다거나 그 안에 등장하는 인물 혹은 동물들의 성격이 전형적인 모습을 보이는 것은 바로 그러한 이유라고 할 수 있다. 호이징어 역시 자신의 견해가 그러한 원형 개념과 밀접하게 관련되어 있음을 다음과 같은 언급을 통해서 직접 밝힌 바 있다.

> 인간 사회의 중요한 원형적(原型的) 행위에는 처음부터 전부 놀이가 스며 있다.
>
> 『호모 루덴스』, 15쪽.

따라서 호이징어의 주장을 그대로 받아들인다면 인간의 모든 행위는 그것이 사회적·문화적 맥락을 결코 벗어날 수 없는 한, 놀이와 직접적으로 연결되어 있다고 할 수 있다. 그 행위들에는 '법률, 예술, 학문, 상업 등과 같은 문명생활의 원동력이 모두 포함되는데, 그것들은 모두 놀이라는 땅에 뿌리를 내리고 있다.' 그렇다고 한다면 우리는 놀이를 인간의 모든 사회적 행위의 출발점으로, 그리고 거기에서 한 걸음 더 나아가 문화 자체를 결국 '놀이의 한 형태'로 받아들일 수 있을 것이다.

이처럼 호이징어는 문화와 놀이의 관계에 대해서 매우 깊은 관심을 가지고 있었다. 그는 놀이가 문화의 한 부분에 불과하다는 구태(舊態)적인 시각으로부터 벗어나 '놀이 없이는 문화도 없다'는 식의 독자적인 주장으로까지 나아갔다. 그것은 놀이에 대한 학문적 접근으로서는 대단히 파격적인 시각이 아닐 수 없었다. 어떤 내용의 논의를 막론하고 그 안에서 문화 혹은 문명이 거론된다는 것은 그 논의가 적어도 사회나 국가를—혹은 민족을—배경으로 이루어진다는 것을 의미한다. 그렇게 보았을 때, 놀이에 대한 호이징어의 관점은 개인 혹은 소집단의 범위를 넘어서 이미 거대집단의 차원으로까지 확장된 것이라 할 수 있겠다. 그러나 그것은 단순하게 놀이로부터 출발해서 문화가 나왔다거나 혹은 문화가 발전하면서 놀이가 형성되었다는 것을 의미하지는 않는다.

호이징어는 '문화는 처음부터 놀아지는 것'으로 존재한다고 단정했다. 그렇다면 문화는 그것이 놀아지는 방식이나 분위기에 따라 그것의 전체적인 분위기 혹은 진행의 경로까지 영향을 받게 될 것이다. 그런 면에서 놀이는 필연적으로 특정 공동체의 '인생과 세계에 대한 그 나름의 해석'을 담고 있을 수밖에 없다. 따라서 사회와 문화가 존재하는 한, 놀이는 완전하게 소멸될 수 없으며, 혹시 소멸된 듯 보일지라도 그것은 단지 놀이가 다양한 문화적 현상 속에 자신을 숨기고 있는 것으로 해석해야 할 것이다.

놀이와 문화는 모든 사회나 국가에서 절대적인 역할을 하고 있으며, 그것들 사이의 관계는 시대나 장소를 초월해서 우리 모두에게 보편적으로 적용될 수 있다. 그런 면에서 호이징어의 '호모 루덴스', 즉 '놀이하는 인간'은 인간의 존재를 이해하는 방식 중의 하나로 인정되는 것이 옳을 것이다. 그러나 한편으로 호이징어의 견해에 담긴 놀이와 문화 사이의 관계는 전체적으로 보아 정말로 단순한 것이 아닐 수 없다. 실제로 호이징어의 모든 주장은 다음과 같은 단 하나의 문장으로 압축될 수 있다. '문화와 관련되어 있는 한, 인간의 모든 것은 놀이로부터 기인했다.'

그 문장을 달리 표현해 보자면 그것은 곧 '인간의 모든 생각과 행위에 놀이의 성격이 담겨 있다'는 것, 그것 외의 다른 것이 아니다. 그렇게 보았을 때 놀이는 결국 문화의 한 부분이 아니라, 문화와 더불어 존재하면서 한편으로 문화를 문화로서 존립하게 해주는 기틀의 역할을 하게 될 것이다. 이와 같이 호이징어는 놀이를 문화라는 거대범주와 연결시킴으로써 놀이에 대한 사유의 범위를 획기적으로 넓혀놓고 있다. 그럼에도 불구하고 놀이에 대한 그의 접근방식은 결과적으로 놀이 각각의 내적 특성 대부분을 감춰버리게 되고 마는데, 그것은 그가 원래 의도했던 것과는 다르게 놀이의 성격을 놀이 그 자체로부터가 아니라 다른 범주와의 관계, 즉 문화와의 관계 속에서 파악하려 했기 때문이다.

호이징어는 놀이의 본질이 '문화현상'이며 놀이의 기능은 '문화창조'라는 입장을 견지하고 있다. 그는 『호모 루덴스』에서 '신화, 철학, 지식, 예술, 법률, 전쟁' 등 인간의 대표적인 (문화)활동들에서 놀이적 성격을 찾아내는 작업에 주력하고 있다. 그가 그렇게 했던 이유는 그 책의 서문에도 분명하게 나타나 있다.

> 나의 목적은 모든 문화현상들 중에서 놀이의 위치를 정의하려 하는 것이 아니라, 문화가 얼마나 놀이적 성격을 지니고 있는가를 이야기하려는 것이다. 이번 연구에서는 놀이라는 개념을 문화라는 개념에 통합해 보려고 한다. 즉 놀이를 문화현상으로 이해하려 하는 것이다.
>
> 『호모 루덴스』, 8쪽.

이처럼 호이징어는 애초부터 각각의 놀이들에 담긴 개별적인 특징에 관심을 기울였던 것이 아니다. 그의 작업은 어디까지나 놀이와 문화를 개념적으로 연결 혹은 결합시킴으로써 문화에 담겨 있는 놀이적 성격을 밝히는 것에 집중되어 있었을 뿐이다.

놀이가 문화와의 관계 속에서 논의될 경우, 놀이 그 자체에 대한 이야기들은 구체성을 잃게 되기 쉽다. 예를 들어 호이징어가 주장했던 것과 같이 '재미'가 놀이의 본질이라는 것은 의심의 여지가 없다. 혹은 '경쟁'을 중심으로 문화의 놀이적 성격을 파악하는 방식 역시 매우 유용할 것이다. 그러나 재미있다고 모두가 놀이는 아니며, 모든 놀이들이 경쟁적인 것도 아니다. 재미나 경쟁과 같은 것들은, 그것들이 비록 놀이를 이루는 핵심적인 요소라고 하더라도, 반드시 놀이에서만 발견되는 것은 아니다.

그렇게 보았을 때 놀이에 대한 호이징어의 접근방식은 놀이 그 자체의 성격과 의미를 파악하는 작업으로서는 적합하지 않은 부분이 있다고 할 수 있다. 그런 문제들이 발생하는 이유는 호이징어가—본인 스스로 생각했던 것과는 다르게—놀이를 놀이 그 자체로부터, 혹은 그 자체로서 파악하려 하지 않았기 때문이다. 그러므로 그가 했던 작업이 학문적으로 얼마나 큰 의미를 가지고 있든지 간에, 그것은 결과적으로 '놀이 그 자체의 고유한 어떤 것들을 밝히는 작업'과는 분명히 거리가 있을 것이다.

5. 카이와의 '놀이하는 인간'과 인간의 문화

카이와(R. Caillois)는 호이징어와 쌍벽을 이룰 만한 학자로서 호이징어와는 또 다른 방식으로 놀이를 바라보고 있다. 물론 카이와 역시 호이징어의 놀이이론을 완전히 거부하는 것은 아니었다. 그렇지만 그는 놀이에 대한 호이징어의 접근방식이 '문화에 대한 놀이의 기여'라는 쪽으로 지나치게 기울어 있다고 생각했다. 먼저 그는 '놀이 개념에 대한 과소평가' 문제에 대해서는 호이징어의 주장에 전적으로 동의를 표하고 있다. 그러나 그가 보기에 호이징어는 그런 문제에 맞서는 과정에서 결국 중심을 잃고 어느 한쪽으로 치우치게 되고 말았던 것이다. 그래서 그는 '놀이 개념에 대한 과소평가'와 '놀이에 대한 호이징어의 주장' 그 두 가지 모두의 문제점을 지적하면서 그것들 사이에서 균형을 잡는 것을 자신의 일차적인 과제로 삼게 된다. 카이와에 따르면,

일반적으로 놀이는 어린아이들의 기분풀이와 같이 단순하고 무의미

한 것으로 간주되어 왔다. 그래서 지금까지 '놀이에 문화적 가치가 조금이라도 들어 있을까?' 하는 문제에 대해서 깊게 생각해 본 일이 별로 없었다. [···] 그렇지만 호이징어는 1938년 그의 『호모 루덴스』에서 이것과는 정반대되는 주장을 내세웠다: 문화야말로 놀이에서 생겨나는 것이다. [···] 중요한 문화현상은 모두 놀이를 본떠서 만들어진 것이다. 그것들은 놀이가 일으키고 유지시키는 탐구정신, 규칙의 존중, 초연한 태도에 의지하고 있다. [···] 그것들의 치밀한 망(網)이 바로 문명을 세우는 것이다.

『호모 루덴스』를 읽은 사람은 그 책을 덮으면서 '진짜 모든 것이 놀이에서 생겨났을까?' 하는 의문이 생길 것이다. 다음과 같은 두 가지 주장은 거의 완전한 모순을 이루고 있다. [···] 한쪽에서는 놀이가 어른이 하는 활동 중에서 진지함을 잃고 대수롭지 않은 오락의 수준으로 떨어져 버린, 타락한 형태의 활동이라고 주장하고 있다. 다른 한 쪽에서는 놀이에 담긴 정신이 풍부한 창조력을 가지고 있어서 문화의 발전을 가능하게 하는, 그야말로 약속의 원천이라고 주장하고 있다. [···] 그렇지만 나로서는 이 이율배반이 해결 불가능하다고 생각하지는 않는다. 놀이에 담긴 정신이 문화에 본질적인 것이기도 하지만, 놀이나 장난감이 역사의 흐름 속에 있는 문화의 잔재(殘滓)라는 것도 사실이다.

『놀이와 인간』, 94~96쪽.

카이와의 판단이 옳다면 놀이는 문화의 '생성'과 '발전'에 기여하기도 하지만 반대로 그것의 '폐기' 혹은 '무효화'를 촉진하기도 한다. 놀이는 무엇보다 '여가를 전제로' 하며, '즐거움을 느끼는 것에 의해서만' 유지된다. 그렇기 때문에 놀이는 전혀 생산적이지 않으며, 현실문제와도 별다른 관계가 없다. 그런 면에서 놀이는 분명 일종의 '결함'을 가지고 있는 셈이다. 그럼에도 불구하고 호이징어는 놀이의 그러한 성격을 간과한 채 처음부터 끝까지 그것의 창조적인 일면(一面)만을 높이 떠받들고 있을 뿐이다. 그러나 그것은 놀이의 성격 전체 중에서 일부에 불과할 뿐이며, 따라서 호이징어의 놀이이론은 기존의 놀이 개념들과 적절하게 어우러질 경우에 오히려 더 온전한 모습을 드러낼 수 있게 될 것이다.

문화에 관한 한, 놀이는 창조적인 동시에 한편으로는 파괴적인 힘을 가지고 있다. 언뜻 보기에 '창조'와 '파괴'는 완전히 상반된 말처럼 보이지만, 이 경우에는 그 두 가지가 서로를 보완하는 관계를 맺고 있다. 앞에서 말했던 폐기와 무효화가 문화의 완전한 소멸로 이어질 수 없는 한, 그것들은 문화가 창조되는—혹은 (재)창조되는—과정과 무관하지 않을 것이기 때문이다. ('창조적 파괴' 혹은 '생산적 폐기'와 같은 말들에 담긴 의미가 바로 그것일 것이다.) 그러나 그러한 이야기가 유효하기 위해서는 다음과 같은 물음에 분명하게 답할 수 있어야만 할 것이다. 그것은 '놀이가 그 자체로서 본래부터 그와 같이 놀라운 힘을 가지고 있다'는 것인가, 아니면 '놀이가 놀이 이외의 어떤 것에 대해서 단순히 기능적으로 그러한 역할을 할 수도 있다'는 것인가?

카이와는 호이징어가 이 두 가지 문제를 정확하게 나누어 놓지 않았으며, 그의 입장이 주로 놀이의 힘을 인정하는 쪽으로만 치우쳐 있다고 생각했다. 그랬기 때문에 호이징어는 하찮게 취급되고 있던 놀이를 일거에 '문화의 창조'라는 거대한 이야기와 연결시키게 되었던 것이다. 이러한 내용을 바탕으로 카이와는 놀이에 대한 호이징어의 접근방식이 경우에 따라서는 '기만적인 작업'이 될 수도 있음을 경계하고 있는 것이다.

카이와는 놀이를 놀이 외적인 어떤 것과의 관계로부터 파악하려 하지 않는다. 또한 놀이 외적인 어떤 것이 놀이의 성격을 좌우할 수 있다고 생각하지도 않는다. 그의 견해에 따르면 놀이는 '놀이 그 자체'로서 파악되어야 하며, 그 외의 것들은 단지 부차적인 목적에나 적합할 뿐이다. 그렇다면 '놀이를 놀이 그 자체로서 파악한다는 것', 그것은 구체적으로 어떤 것을 말하는 것일까?

카이와의 경우, 그는 우선 가능한 한 많은 놀이들로부터 그것들 각각의 공통점을 찾아내고, 그 공통점들을 놀이의 분류를 위한 기준으로 삼아서 그것을 보편화하는 방식을 택하고 있다. 그 내용을 간략하게 추려보면 대체적으로 다음과 같이 정리될 수 있을 것이다.

[놀이의 분류기준]

	루두스(Ludus) 규칙과 질서의 성격	파이디아(Paidia) 자유와 소란의 성격
아곤(Agôn) 경쟁이나 대결	아곤-루두스	아곤-파이디아
알레아(Alea) 운이나 우연	알레아-루두스	알레아-파이디아
미미크리(Mimicry) 모의나 흉내	미미크리-루두스	미미크리-파이디아
일링크스(Ilinx) 흥분이나 현기증	일링크스-루두스	일링크스-파이디아

『놀이와 인간』, 70, 111~112쪽 참조.

이 세상의 모든 놀이들은 기본적으로 이 여섯 가지 요소(네 가지 + 두 가지)에 의해서 분류될 수 있다. 그러나 아곤, 알레아, 미미크리, 일링크스, 이 네 가지 요소 사이의 조합도 얼마든지 가능하기 때문에—그리고 대부분의 경우 놀이는 그렇게 조합된 성격을 가지고 있기 때문에—실제로 그러한 방식을 사용할 경우, 놀이의 분류는 훨씬 더 다양하고 복잡한 모습을 보이게 된다. 예를 들어 가면을 쓰고 춤을 추는 축제는 미미크리와 일링크스의 조합이고, 우리가 흔히 스포츠라고 부르는 운동경기들의 대부분은 아곤과 미미크리의 조합이다. 그렇게 일반적인 조합에 파이디아나 루두스의 조합까지 고려한다면, 카이와식 놀이 분류는 한편으로는 매우 복잡하면서도 다른 한편으로는 매우 정밀한 차원으로까지 진행할 수 있을 것이다.

6. 카이와의 이론과 문화의 분석 (1)

앞에서 살펴본 바와 같이 호이징어의 주된 관심은 사실상 놀이 그 자체가 아닌 놀이와 문화 사이의 관계에 있었다. 그리고 카이와는 그와 관련된 호이징어의 주장, 즉 '문화가 놀이의 성격을 가지고 있다'는 주장에 대체적으로 긍정적인 반응을 보이고 있다. 그렇다고 한다면 카이와의 이론은 그것이 어느 곳이든 상관없이 호이징어의 이론과 자연스럽게 연결될 수 있을 것이다.

물론 카이와에게서 문화와 놀이가 일치하는 개념이라고 보기도 어려울 뿐만 아니라, 또한 그가 문화와 놀이를 직접적으로 연결시키려 하는 것 같지도 않다. 그러나 카이와가 호이징어의 이론에 궁극적인 차원에서 동의하고 있는 한, 놀이에 대한 카이와의 분석방식은 놀이뿐만 아니라 문화(의 분석)에도 무리 없이 적용이 가능해야 할 것이다. '문화가 놀아지는 것으로 존재한다'는 호이징어의 주장에 동의한다면 카이와의 이론은 놀아지는 어느 것에라도 유효할 것이기 때문이다.

어떤 사회의 문화를 분석하는 작업은 일반적으로 대상 사회를 주도하고 있는 개별적인 '문화요소'들에 대한 분석으로부터 출발하게 된다. 그리고 그 분석결과는 특정 사회의 전반적인 흐름이나 지배적인 분위기를 밝혀내기 위한 평가기준으로 사용될 것이다. 문제는 그러한 분석작업에 카이와의 이론이 어떻게 적용될 수 있겠는가 하는 것인데, 그와 관련해서 그는 다음과 같이 언급함으로써 그 가능성을 열어보이고 있다.

> 경쟁의 애호, 운의 추구, 모의의 즐거움, 현기증의 매력은 물론 놀이의 주된 원동력이지만, 그것들의 작용은 사회생활 전체에 반드시 침투한다.
>
> 『놀이와 인간』, 128쪽.

그의 이야기를 뒷받침할 만한 사례들은 인간의 생활세계 속 어디에서나 매우 흔하게 발견된다. 동서고금(東西古今)을 막론하고 경쟁이 없는 사회형태를 상상할 수 없으며, 경쟁이 부적합하거나 불가능하다고 판단되는 경우에는 대부분의 것을 추첨을 통해 결정해 왔다. 예를 들어 고대 그리스에서는 공직자를 추첨을 통해서 결정하기도 했으며, 로마 초기의 군사제도에서도 추첨을 통한 징병제를 찾아볼 수 있다.

모의(흉내)의 경우에도—'전통'이라는 것이 완전히 사라질 수 없는 한—그것은 언제나 사회와 더불어 있을 수밖에 없다. 나치 독일은 과거 로마제국의 흉내를 내고 있으며, 영국의 기사 작위는 중세 기사도를 현대의 입맛에 맞춰 되살려낸 것이다. 현기증의 경우도 마찬가지이다. 번지점프가 남태평양 어느 섬(Pentecost Island) 주민들의 성인식에서 유래했다는 것은 이미 널리 알려진 사실이며, 끊임없이 회전하는 무용인 터키의 '세마(Sema)'는 일종의 환각을 이용한 명상방법으로 볼 수 있다.

이렇듯 카이와의 이론 안에는 문화의 분석에 필요한 바탕이 이미 충분하게 갖추어져 있다고 할 수 있다. 그렇게 보았을 때 다음과 같은 사례는 그의 놀이이론이 개별적인 문화요소들의 분석에 얼마나 유용하게 활용될 수 있는지를 매우 잘 보여주고 있다. 카이와의 이론을 적용해 볼 경우 놀이와 일은 다음과 같은 면에서 서로 동질적인 성격을 나누어 가지고 있다.

놀이로서 각종 운동들이 아곤의 성격을 가지고 있다면, 일로서의 (프로) 스포츠에도 아곤의 성격이 담겨 있다. 또한 놀이로서 복권이 알레아적 성격이 강하다고 한다면, 일로서 주식투자에서도 복권에서와 같은 알레아적 성격을 찾아볼 수 있다. 정치가가 의도하는 특정 이미지는 미미크리의 성격을 가지고 있으며, 그것은 소꿉놀이에서 아이들 각각의 역할과 본질적인 차이를 말하기 어렵다. 일링크스의 경우, 물론 그것을 일에 직접 적용하는 것은 그리 쉽지 않아 보인다. 그러나 무당이 벌이는 '굿판' 같은 것을 일의 관점에서 본다면 일과 일링크스가 전혀 무관하다고 할 수는 없을 것이다.

놀이 성격 각각의 조합 역시 비슷한 방식으로 적용될 수 있다. 손님을 찾는 택시기사는 다른 택시기사들과 경쟁해야 하지만 그 결과는 상당 부분 우연이나 운에 의존한다. 이것은 아곤과 알레아의 조합이다. 각종 선거에 출마하는 사람들이 언제나 정책으로만 경쟁하는 것은 아니다. 특정인의 흉내를 내거나 어떤 이미지로 자신을 위장하기도 한다. 이것은 아곤과 미미크리의 조합이다. 다이빙 경기에 출전한 선수의 경우, 비록 매우 제한적이기는 하지만 아곤과 일링크스의 성격이 동시에 나타나기도 한다. (이 조합들 대부분은 아곤과 그 외의 것들이 결합된 형태로 나타나는데, 그것은 일이 일반적으로 '경쟁'의 성격을 가지고 있기 때문이다.)

반면에 놀이와 일이 질적으로 같은 성격을 나누어 가지고 있다 하더라도, 원칙적으로 놀이는 일로부터—또한 일은 놀이로부터—고유하고 독립적인 영역으로 다루어져야 할 것이다. 왜냐하면 아무리 진지한 놀이라 할지라도 그것은 일이 될 수 없으며, 또한 아무리 즐겁게 일한다 하더라도 그것은 놀이가 될 수 없기 때문이다. 놀이의 고유한 특성은 일로부터 벗어나는 것에 있으며, 그렇게 해야만 놀이의 궁극적인 목적이 실현될 수 있다. 마찬가지로 일의 고유한 특성 역시 놀이로부터 벗어나는 것에 있으며, 그렇게 하지 않으면 일의 궁극적인 목적은 달성되기 어렵다.

지금까지 논의된 내용을 바탕으로 판단해 보았을 때, 카이와의 이론은 개별적인 문화요소들의 분석에 얼마든지 유용한 도구로 활용될 수 있을 것 같다. 그러나 그것을 개별요소가 아니라 사회적 흐름이나 문화적 경향 전반의 분석에 활용하려 할 경우 그것은 한편으로 다음과 같은 부정적인 면을 보이기도 한다. 즉 하나의 틀로서 어떤 사회와 그 사회의 문화 전체를 한꺼번에, 그것도 완벽하게 분석하려는 것은 전혀 바람직하지 않을 뿐만 아니라 또한 완전히 불가능한 일이다.

사회는 대단히 많은 요소들이 담겨 있는 거대한 범주이며, 그 안의 개별적인 요소들은 아무 움직임도 없이 굳어 있는 것이 아니라, 생생하게 살아 움직이면서 서로에게 끊임없이 영향을 미치고 있다. 그렇기 때문에 우리가 생각할 수 있는 어떠한 틀로서도 그렇게 수많은, 그리고 활동적인 요소들 모두를 한꺼번에, 그것도 빈틈없이 정리하거나 평가할 수는 없을 것이다. 예를 들어 우리 주변에서 흔히 볼 수 있는 '장난(作亂)'의 경우, 그것 역시 문화를 구성하는 수많은 요소들 중 하나라고 할 수 있다. 특히 장난은 '재미(滋味)'를 추구한다는 면에서 놀이와 매우 밀접한 관계가 있지만, 그것의 많은 부분들은 카이와의 이론 어디에도 마땅히 속할 곳이 없어 보인다. 우리의 다양한 취미활동들 역시 그러하다. 그것들은 적어도 일과는 별다른 관계가 없으며, '재미'를 추구하는 활동이라는 면에서 놀이와 결코 무관하지 않을 것이다. 그러나 카이와의 놀이이론 안에서 그것들의 정확한 위치를 정하는 것은 결코 쉬운 일이 아닐 것이다.

비슷한 맥락에서 만약 어떤 사회나 문화를 그 사회의 내부에서 행해지는 놀이 하나만으로 분석해내려고 한다면, 그러한 시도는 대단히 불합리할 뿐만 아니라 또한 매우 위험스런 일이 될 수도 있을 것이다. 예를 들어 어떤 나라에서 전통적으로 복권이 인기를 얻어오고 있다거나 혹은 갑작스럽게 복권열풍이 불기 시작했다고 가정해 보자. 그럴 경우 갑자기 그렇게 변해버렸으니 그것은 단지 우연에 불과할 뿐이라고 치부해 버리는 것도 잘못이려니와, 선부르게 카이와의 이론을 끌어들여서 '그 나라는 요행에 의지하려는 경향이 강하니 낮은 수준의 문화를 가지고 있다'고 단정해 버린다면 그것은 두말 할 나위 없이 잘못된 판단일 것이다. 그런 면에서 카이와의 이론은 어떤 면에서 사회나 문화의 분석에 있어서 그리 효과적인 접근방식이 될 수 없어 보이기도 한다. 이것이 바로 그의 놀이이론이 문화의 분석에 적용될 경우에 나타날 수 있는 부정적인 면이다.

7. 카이와의 이론과 문화의 분석 (2)

카이와의 이론을 문화의 분석에 적용하려 할 경우, 개별적인 문화요소들에 대해서는 별다른 무리가 없었다. 반면에 거시적인 차원의 접근, 즉 특정 사회의 문화적 경향 전반을 분석하려할 경우, 매우 신중한 접근이 이루어지지 않는다면 심각한 문제들이 발생할 수도 있을 것이다. 그럼에도 불구하고 그것이 곧 그의 이론을 사회적 차원의 논의로 확장시키는 것 자체가 완전히 불합리하다거나 혹은 전혀 불가능하다는 것을 의미하지는 않는다. 그렇다고 한다면 이제 이야기해야 할 것은 다음과 같은 문제일 것이다. 즉 '그의 이론에 담긴 부정적인 면을 어떻게 최소화해서 그것이 사회와 문화의 분석에 효과적으로 활용될 수 있도록 할 것인가?'

이 문제를 풀어나가기 위해서 방금 들었던 복권의 예에 다시 카이와의 이론을 적용해 보기로 하자. 그럴 경우 그의 이론은 자연스럽게 다음과 같은 물음을 던지게 될 것이다. 첫째, 복권의 주된 성격인 알레아가 그 나라의 다른 놀이들에서, 혹은 놀이 외의 다른 문화요소들에서 얼마나 많은 비중을 차지하고 있는가? 둘째, 그 나라의 문화요소들에서 알레아가 상대적으로 많이 발견된다고 한다면 그 알레아는 파이디아나 루두스 중 어느 쪽으로 더 많이 기울어 있는가? 그리고 카이와의 이론을 바탕으로 우리는 이 물음들에 대해서 어렵지 않게 다음과 같은 답을 내놓을 수 있을 것이다.

그 나라의 다른 놀이나 문화요소들에서도 많은 알레아가 나타나고 있다면 먼저 그것의 성격이 파이디아인지 루두스인지 판단해 보아야 할 것이다. 그리고 만약 전체적으로 파이디아의 성격이 강하다고 한다면, 그 나라에서 나타나는 알레아는 확실히 문제가 될 소지가 충분하다고 보는 것이 옳을 것이다. 그러나 논의 자체가 이러한 정도로 단순한 것이라고 한다면, 우리는 굳이 카이와의 이론에 의지하지 않는다 하더라도 상식적인 차원에서 얼마든지 그런 식의 물음을 던지거나 혹은 그에 적합한 답을 내놓을 수 있을 것이다. 예를 들자면,

> 지금 복권의 인기나 열풍은 요행에나 의지하려는 그 사회의 문화적 특성이 반영된 결과가 아닌가? 만약 그렇다면 언젠가 그것은 도박중독과 같은 수준으로 진행될 수도 있으며, 그렇게 되면 심각한 사회문제를 발생시키게 될 가능성이 높다.

이 경우에 카이와의 이론은, 비록 그것이 비교적 거시적인 차원에서 활용되고 있음에도 불구하고, 단지 판단을 위한 매우 기본적인 수준의 정보, 구체적으로 '개별적인 문화요소들에서 알레아와 파이디아의

조합이 비교적 많이 나타난다'는 정보를 제공하는 선에서 그치고 있을 뿐이다.

변화가 아예 없거나 혹은 그렇게 보일 정도로 변화(속도)가 아주 더딘 사회가 아니라고 한다면, 어떤 사회의 문화를 거시적인 차원에서 파악한다고 하는 것은 어느 정도 '시간적인 맥락'에 의존할 수밖에 없다. 시간적인 맥락을 소홀히 할 경우, 카이와의 이론은 앞에서의 지적처럼 문화의 분석에 관한 한, 단순히 몇몇 유용한 정보를 제공하는 정도의 수준에서 그치게 될 가능성이 높다. 그러므로 문제는 여기에서 말하는 시간적인 맥락이 구체적으로 어떤 것인가 하는 것인데, 그것은 결국 다음과 같은 물음을 의미하게 될 것이다. 즉 '어떤 사회나 문화가 전체적으로 어떤 성격을 가지고 어떻게 변해가고 있으며 또한 앞으로 어떻게 변해가야 할 것인가?' 이것은 물론 고대로부터 현대에 이르기까지 수천년 혹은 그 이상에 걸친 변화를 추적하는 식의 대단히 방대한 학문적 작업과는 분명한 거리가 있을 것이다. 그러므로 카이와의 이론은 그보다는 비교적 짧은 기간에 일어나는, 그래서 현실적으로 체감 가능할 정도의 변화를 '실천적인' 차원에서 분석해내는 작업에 더욱 적합할 것으로 보인다.

카이와의 이론에서 문화적 변화의 계기나 원동력은 파이디아와 루두스의 대립적 관계에서 찾을 수 있다. 파이디아는 자유나 소란의 성격을 갖는 반면에 루두스는 규칙이나 질서의 성격을 가지고 있다. 이 두 가지를 시간적인 맥락에서, 즉 문화적 변화라는 관점에서 적용해 본다면 전자는 변화와 혁신의 원동력으로서, 후자는 고정과 지속의 원동력으로서 역할을 하게 될 것이다. 어떤 문화 혹은 그 안의 어떤 특정 요소가 견고한 질서로 자리를 잡게 되는 것은 일반적으로 그에 앞선 어떤 것이 무너져내린 다음이며, 또한 새롭게 자리 잡은 것 역시 언젠가는 흔들리고 무너져 결국 다른 것에 그 자리를 내어주게 될 것이다.

루두스와 파이디아 사이의 긴장과 변화는 '문예사조사(文藝思潮史)'에 있어서 흔히 하나의 공식과도 같이 여겨지는 '고전(Classic)과 낭만(Romantic)' 사이의 대립이나 순환에 견줄 수 있을 것이다. 고전이 일반적으로 '규범, 규칙, 이론, 합리, 질서, 조화, 통제, 보편' 등을 강조하는 경향이라고 한다면 낭만은 반대로 '자유, 체험, 자연, 감정, 상상, 창조, 상징, 개성' 등을 강조하는 경향이라 할 수 있다. 이것들은 서로에 대해서 대립하고 계속해서 순환하는 모습을 보이게 되는데, 그러한 식의 대립과 순환은 루두스나 파이디아 사이에서도 거의 비슷하게 나타난다.

문화적 변화를 분석하는 하나의 시각으로서 카이와의 이론은 하나의 사회가 얼마나 긍정적이거나 부정적인 방향으로 흘러가고 있는지 판단하기 위한 매우 유용한 기준으로 활용될 수 있다. 그것은 무엇보다 그의 이론이 대상에 대해 '외적 형태', 즉 아곤, 알레아, 미미크리, 일링크스 이 네 가지뿐만 아니라, '내적 성격'으로서 파이디아와 루두스라는 기준을 적용해서 매우 효과적인 분석이 가능하도록 도와주고 있기 때문이다. 그것을 지금의 이야기에 적용해서 일반화시켜 본다면 그것은 대체적으로 다음과 같은 내용으로 정리될 수 있을 것이다.

> 파이디아의 경향이 강한 사회를 기준으로 했을 때, 만약 그 사회가 아곤이 강조되는 분위기로 흘러가고 있다면 그것은 그 사회 구성원

들의 생활이 그 만큼 어려워졌다는 것을 의미할 것이며, 또한 아곤이 알레아로 바뀌어 버렸다고 한다면 그 사회의 구조는 이미 건전한 경쟁이 설득력을 잃는 단계에 접어들었다고 할 수 있을 것이다. 만약 미미크리가 사회를 주도하는 분위기가 되었다면 기만적이거나 혹은 부패한 사회가 된 것을, 그리고 일링크스가 만연하게 되었다면 그것은 이미 희망이 멀어진 사회가 되었음을 의미할 것이다. 반대로 전반적인 분위기가 미미크리나 일링크스로부터 벗어나고 있다면 그 사회는 호전될 기미를 보이기 시작한 것이며, 그러다가 네 가지 요소가 균형을 이루는 정도의 단계가 되었다면 그 사회는 점차 회복의 단계에 접어들고 있다고 볼 수 있을 것이다. 그 다음 그것들은 파이디아에서 루두스적인 성격으로 변모할 수도 있을 것이고, 그럴수록 그 사회는 더 건전하고 더 건강한 모습을 되찾아가게 될 것이다.

(한편으로 루두스가 주도하는 사회는 시간이 흐를수록 경직된 분위기로 흐를 가능성이 높으며, 그렇게 되면 언젠가는 파이디아가 다시 그 경직된 분위기를 흔들어 놓게 될 것이다. 하지만 파이디아의 지속은 사회적 혼란을 가중시킬 우려가 있기 때문에 그것은 보통 진부한 세대를 무너뜨리고 새로운 질서를 세우는 시기에나 긍정적인 역할을 할 수 있을 것이다.)

아곤으로부터 일링크스로의 이행(移行), 그리고 루두스로부터 파이디아로의 추락, 그에 해당하는 전형적인 사례를 우리는 소위 '근대화' 과정으로 일컬어지는 근래 대한민국의 모습에서 찾아볼 수 있을 것 같다. 경제상황이 어려워질수록 생존을 위한 경쟁은 더욱 치열해졌고, 경쟁이 치열해질수록 다른 한편에서는 투기가 늘어나기 시작했다. 과도한 투기는 경쟁의 질서를 심각하게 붕괴시켰으며, 투기에서조차 기회를 얻지 못하게 되자 각종 속임수와 범죄가 만연하게 되었다. 범죄는 향락을, 그리고 다시 향락은 범죄를 부추겼으며, 그러한 혼란 가운데서 우리는 점점 더 큰 불안을 경험하게 되었다. (물론 이러한 상황이나 단계들이 뚜렷하게 순차적인 형태를 띠면서 나타난다고 볼 수는 없을 것 같다. 그럼에도 불구하고 전반적인 흐름이나 경향에 주목하려 한다면 그런 것은 그리 큰 문제가 되지 않을 것이다.)

이와 같이 카이와의 이론은 작게는 개별 문화요소들로부터 크게는 사회나 국가 단위의 문화변동에 이르기까지, 그리고 그 안에 담겨 있는 성격파악은 물론 그것의 의미평가에 이르기까지 대상에 대한 매우 효과적인 분석방식으로 활용될 수 있다. 따라서 우리가 카이와 이론에 내재된 부정적인 면들에 유의하면서 그것을 적절하게 활용할 경우, 우리는 사회나 문화를 바라보는 또 다른 시각 하나를 새롭게 경험할 수 있을 것이다.

8. 놀이에서의 '몰입' 개념

우리는 앞에서 급속도로 발전을 거듭해 온 물질문명이 놀이를 바라보는 시각에도 많은 영향을 미쳤다는 사실에 대해서 살펴보았다. 그 내용을 간단하게 요약해 보면 이렇게 정리될 수 있을 것이다. 현대 이전의 삶에 있어서 주된 관심사는 어디까지나 '일'이었으며, 그에 비해서 놀이는 언제나 부수적인 어떤 것으로만 간주되어 왔을 뿐이다. 그러나 물질 문명의 발달이 가져다 준 풍요는 일을 해야 하는 시간을 점차로 줄여주었고, 그에 따라 우리 삶에 있어서 놀이가 차지하는 비중도 점점 더 커져서 이제는 '놀기 위해 일을 한다'는 말이 그리 어색하지 않은 정도가 되었다. 그러한 변화에 맞물려서 놀이에 대한 학문적 관심 역시 계속해서 높아졌으며, 놀이에 대한 이런 저런 논의들도 각각의 이론으로 제 모습을 갖추어 나가게 되었다.

초기 놀이이론들은 대체로 일과는 무관하게 놀이의 중요성 강조하는 특징을 가지고 있었다. 그러나 그것들 대부분은 여전히 '놀이가 우리 삶을 구성하는 많은 요소들 중 하나'라는 고루한 관점에 얽매어 있었을 뿐만 아니라, 그러한 관점이 이론적 발전의 장애물로 작용하고 있다는 사실조차 분명하게 인식하지 못했다. 그와 같은 흐름은 20세기에 이르러서 방향을 완전히 전환하게 되는데, 그것은 우리의 삶이 그 자체로서 '놀아지는 것'으로 존재한다는 생각에 많은 학자들이 동의하게 되면서부터이다. 그 결과 놀이는 우리 삶의 어느 한 부분이나 영역에 국한된 것이 아니라, 우리 삶 자체의 성격을 좌우하는 어떤 것으로서 새로운 의미를 부여받게 되었다. 즉 놀이는—단순히 즐거움을 주는 어떤 것에서 그치는 것이 아니라—우리 삶 전체와 맞물려 그것을 이끌어가는 '원동력'으로서 그 모습을 드러내게 된 것이다.

다른 많은 경우와 마찬가지로 놀이에 대한 학문적 연구과정에서도 '과연 어떠한 시각으로부터 그것에 접근하느냐'에 따라서 그 결과는 매우 다양하게 나타나게 된다. 그럼에도 불구하고 놀이에 관한 한, 지금까지 거의 대부분의 연구들은 그 밑바탕에 공통적으로 특정한 내용을 전제하고 있었는데, 그것은 놀이가 궁극적으로 '몰입(沒入)'행위에 속한다는 것이었다. 그런 이유로 각각의 놀이이론들은 그것들 나름의 특성에도 불구하고 비교적 마찰이 적은 테두리를 형성하면서 발전해 왔다고 볼 수 있다. 하지만 이러한 내용은 주로 서양의 경우에나 무리 없이 적용될 수 있을 뿐이며, 그것이 과연 삶의 방식이나 태도가 확연하게 달랐던 동양에도 마찬가지로 그러할까 하는 것은 쉽게 단정해서 말하기 어려운 문제일 것이다. 그렇다고 한다면 그와 관련해서 자연스럽게 다음과 같은 물음들이 뒤따르게 될 것이다.

> 첫째, 현대 서양의 학문적 관점에는 정말로 놀이가 몰입의 성격을 가지고 있음이 전제되어 있는가?
>
> 둘째, 서양의 '몰입'과 비교했을 때 동양에서 놀이를 바라보는 시각은 그것과 어떠한 차이를 가지고 있는가?

근대 이후 서양의 생활양식은 거의 지구 전체를 뒤덮어 버렸다. [우리 입장에서 보면 '서구화(西歐化)'라는 말에 담긴 의미가 바로 그것일 것이다.] 그러한 상황에서 '몰입'이라는 하나의 기준으로 동·서양의 놀이들을 둘로 나누는 것은 아무래도 무리가 있어 보인다. 설사 생활양식의 차이가 아직까지 분명하게 남아 있다 하더라도, '몰입놀이'와 그렇지 않은 놀이는 동·서양 어디를 막론하고 비교적 고르게 분포해 있다고 보는 것이 옳을 것이다. 예를 들어 신명나게 몰입하는 놀이라든가, 혹은 반대로 몰입으로부터 벗어나 거리를 두고 여유롭게 즐기는 놀이, 그런 것은 결코 어느 특정 지역이나 시대에 국한해서 나타나는 것이 아니다.

지금 우리에게 중요한 것은 '놀이의 취향이나 종류가 동·서양에 있어서 어떻게 다른가?' 하는 것이 아니라, '그들 각각의 삶을 지배하고 있는 중심적인 정서가 과연 놀이를 바라보는 시각에 어떻게, 어느 정도나 반영되어 있는가?' 하는 것이다. 정서의 차이는 대상을 바라보는 시각에도 적지 않은 영향을 미칠 것이고, 그것은 놀이에 대한 학문적 접근의 경우에 있어서도 예외가 될 수 없을 것이기 때문이다.

한 가지 더 반드시 고려되어야 할 것은 놀이에의 '몰입'을 그것 아닌 다른 어떤 것과, 예를 들어 '일' 같은 것과 연결시켜 생각할 경우 논의가 제대로 된 방향을 잡기 어려울 것이라는 점이다. 왜냐하면 놀이와 일이 맞서 있는 개념으로 취급되는 한, 어느 한쪽으로의 몰입은 결국 다른 것으로부터 거리두기를 전제하게 될 것이며, 그렇게 그 두 가지는 자연스럽게 몰입과 거리두기라는 두 가지 성격 모두를 갖게 될 것이기 때문이다. 따라서 지금 하려는 이야기들은 다른 어떤 것과의 관계에서가 아니라, 반드시 놀이 그 자체에 담겨 있는 성격 혹은 그것에 대한 지배적인 정서나 태도와 같은 것으로 그 범위가 제한되어야 할 것이다.

먼저 서양에서는 놀이를 주로 어떤 관점에서 바라보고 있는지 살펴보도록 하자. 물론 상당히 많은 이야기들이 있겠지만, '몰입'이라는 개념을 중심으로 한다면 그것은 크게 다음과 같이 세 가지로 나누어 놓고 보는 것이 좋을 것 같다.

성장-발달의 관점/문화적 관점/철학적 관점

이 세 가지 관점 각각에 대해서는 앞에서 이미 대체적인 이야기가 있었다. 성장-발달의 관점에서는 놀이를 고전적 이론과 현대적 이론으로 양분하고 그것들에 속하는 몇몇 주요 이론들을 열거했다. 그리고 문화적 관점에서는 호이징어와 카이와의 놀이이론이 문화 혹은 문화이론과 어떻게 연결될 수 있는지 살펴보았다. 또한 철학적 관점에서는 가다머의 '이해' 개념과 놀이이론의 관계를 중심으로 그것들의 보편적 성격에 대해서 숙고해 본 바 있다. 그래서 그것들에 대해서 다시 이야기하기보다는 '몰입'이라는 기준에 맞춰 그것들의 내용을 새롭게 정리해 보도록 하겠다.

1) 성장-발달의 관점

성장-발달의 관점에서 보았을 때 놀이에 대한 논의들이 체계적인 이론으로 정착하게 된 것은 비교적 근래의 일이었다. 실제로 놀이이론의 고전으로 여겨지는 대부분의 경우, 그것들의 이론적 외형은 기껏해야 19세기에서 20세기 초반에 이르러서 체계적인 모습을 갖출 수 있었다. 또한 그렇게 시간적·공간적 테두리가 크지 않았기 때문에 관련된 논의의 맥락 역시 서로 비슷한 성격을 나누어 가지고 있었다. 그 이론들에 담긴 내용적인 공통점을 큰 줄기만 좇아 정리해 본다면 이렇게 될 것이다. 첫째, 놀이는—어른이 아니라—주로 어린아이들에게 유의미한 행위이며, 둘째, 놀이는 특정한 목적에 부합하는 행위, 즉 성장과 발달에 도움이 되는 행위이다.

당시의 이론들이 그렇게 비슷한 방향으로 흘러갔던 것은 놀이에 대한 이론적 판단의 기저에 다음과 같은 내용이 자리하고 있었기 때문이다.

> 어른들에게 중요한 것은 놀이가 아니라 어디까지나 '일'이며, 놀이는 그들에게 단지 일과 일 사이를 연결하는 윤활작용 정도의 의미를 가지고 있을 뿐이다. 반면에 어린이의 생활에서 놀이가 차지하는 비중은 절대적이기 때문에 그들이 어떻게 놀이하느냐에 따라서 성장과정의 성격이나 내용은 크게 달라질 수 있다.

성장과 발달이 충분하게 이루어지기 이전에 학습효과를 기대할 수 있을 만한 자발적인 행위가 사실상 놀이뿐이라는 것은 이론(異論)의 여지가 없을 정도로 분명한 것이다. 그러므로 간단하게 말해서 놀이는 성장과 발달이라는 목적에 부합하며, 또한 그것에 결정적인 영향을 미치는 행위인 셈이다. 그런데 놀이가 그런 행위가 되기 위해서 거기에는 반드시 이러한 것이 전제되어야 할 것이다. 즉 '놀이에 참여하는 어린아이들 누구나 그것에 충분하게 몰입해야 한다.'

어린아이의 성장과 발달이 특정한 경험이나 훈련을 통해서 가능하다고 한다면, 그리고 그것이 놀이를 통해서 성취될 수 있다고 한다면 그들은 반드시 놀이에 몰입해야 한다. 그렇지 않다면 그들의 정상적인 성장과 발달을 기대하기란 매우 어려울 것이다. 그러한 관점이 가장 직접적으로 반영된 곳은 다름 아닌 UN의 '어린이 권리장전'이다. UN의 어린이 권리장전에는 놀이에 대해서 다음과 같이 규정되어 있다.

> 놀이는 영양, 주거, 건강한 양육, 교육과 함께 어린이의 기본 권리의

하나이며, 건강한 어린이가 정열적으로, 그리고 자유분방하게 참여하는 '몰입' 행위이다.

United Nations Declaration of the Rights of the Child, 1948.

UN에서조차 이렇게 놀이를 강조하고 있는 이유는 물론 놀이가 어린이의 정신적·신체적 발달은 물론 사회성을 기르는 데 있어서 다른 어떤 것들보다 중요한 영향을 미친다고 알려져 있기 때문이다.

2) 문화적 관점

놀이에 대한 호이징어의 관심은 처음부터 문화의 놀이적 성격을—혹은 놀이와 문화의 직접적인 관련성을—파악하는 것으로 향하고 있었다. 그러한 사실은 특히 그의 저서 『호모 루덴스』의 부제에 매우 분명하게 반영되어 있다. 그는 그 책의 부제를 '놀이와 문화에 관한 한 연구(A study of the play element in culture)'로 했는데, 원래는 'in'을 'of'로 써서 '문화의 놀이적 요소에 대한 한 연구'로 하려고 했다고 한다. 어쨌든 그것은 그가 놀이를 최소한 문화와 같은 위상을 갖는 것으로, 혹은 오히려 문화에 앞선 것으로 생각했기 때문일 것이다. 그런 이유로 그는 놀이가 문화의 한 부분에 불과하다는 과거의 시각으로부터 벗어나 놀이의 위상을 완전히 새로운 지평 위에 올려놓을 수 있었다.

인간의 삶과 관련된 어떤 것을 문화를 배경으로 논의하려 할 경우, 호이징어의 견해는 이렇게 압축될 수 있을 것이다. '놀이는 문화의 본질이다.' 이 말에는 우리가 살아가고 있는 동안 우리가 결코 놀이로부터 벗어날 수 없다는 내용이 이미 그 안에 담겨 있다고 보는 것이 옳을 것이다. 왜냐하면 우리는 본질적으로 어떤 종류의 문화이든 특정한 문화(권) 안에서 살아갈 수밖에 없는 그런 존재이기 때문이다.

호이징어의 견해에 따를 경우 우리가 문화 속 존재인 한, 우리는 또한 놀이하는 존재라 할 수 있다. 그러나 그것은 우리의 의지와는 별로 관계가 없는 일이기 때문에 거기에서 말하는 놀이는 우리의 구체적인 행위의 하나로서 놀이와는 성격상 어느 정도 차이가 있을 수밖에 없다. 우리의 행위는 명백하게 우리의 의지와 연결되어 있으며, 문화는 우리 행위들의 바탕에 놓여 있는, 혹은 그 행위들에 대해서 포괄적인 기반으로서 역할을 하는 어떤 것이라 할 수 있다. 그렇기 때문에 '특정한 놀이를 한다는 것'과 '어떤 문화 속에서 살아간다는 것' 이 두 가지 모두에 '몰입'이라는 하나의 개념을 적용하는 것은 한편으로 상당히 부자연스러운 모습을 보이게 된다.

반면에 의지를 가지고 놀이를 시작했다 하더라도, 일단 놀이에 빠져들게 되면 그 다음 단계로서 '놀이하는 것'은 몰입이라는 측면에서 문화 속에서 살아가는 것과 별로 차이가 없는 상태가 될 것이다. 그런 맥락에서 '퀴릭'이라는 학자는 놀이에 관련된 의지와 비의지 문제를 '집중' 개념을 통해서 해결하려 한다.

> 몰입은 주의력이 집약되어 있는 것처럼 보이지만, 적어도 그것 이상이어서 […] 최면의 형태라고밖에 볼 수 없을 것이다. […] 몰입은 어떤 것에 반응하듯 암시에 걸려 […] 자기 자신을 잃거나 어떤 매혹에 조화되듯 빠져드는 것이다.

> 집중은 일상의 의식이지만 몰입은 그렇지 않다. 집중이 작업이라면 몰입은 놀이 […] 이다. 집중은 강한 정신적 활동, 예를 들어 인지의 과정, 문제의 해결, 분석 등과 같은 것이다. 반면에 몰입은 내적으로 유발된 활동의 중지를 말한다.
>
> 집중은 자아가 개입되고 노력하는 활동이어서 실제적인 결과를 얻는 데 목표를 둔다. 몰입은 때때로 매혹이라는 용어와 동의어로 쓰이는데, 어떤 의미로는 '주의력이 사로잡혀서 움직임이 없는 것'을 말한다.
>
> 『달콤한 시간 : 어른 놀이와 몰입』, 29~30쪽.

집중이 자아의 통제력이 충분하게 작용하고 있는 상황이라고 한다면, 몰입은 자아의 통제력이 미치지 않는 곳에 빠져들어가 있는 상황을 의미한다. 그런 맥락에서 보았을 때 어떤 문화 속에서 살아가는 것, 그것은 의심의 여지없이 몰입이기 때문에 집중과는 확연하게 구분될 수 있는 것이다. 왜냐하면 그것은 자아의 통제력과 무관하게 이미 그 안에 완전하게 잠겨 있는 상황을 말하기 때문이다.

그것은 놀이의 경우에도 역시 마찬가지이다. 쿼릭의 관점에서 놀이를 한다는 것은 그것에 빠져들어 있음을 의미하며, 일단 그렇게 놀이에 빠져든 이상 그의 표현 그대로 그것은 마치 최면에 걸린 것과 같아서 단지 그것에 홀려 있을 뿐, '작업'을 할 때와 같은 강한 정신적 활동이 일어나지는 않을 것이다. 따라서 '어떤 문화 속에서 살아가는 것', 그리고 '특정한 놀이에 빠져 있는 것', 이 두 가지는 몰입이라는 측면에서 서로 동질적이며, 따라서 호이징어와 같이 놀이를 문화적 관점에서 바라보았을 때 역시 거기에는 항상 몰입이 전제되어 있다고 할 수 있다.

3) 철학적 관점

서양철학의 과거 전통적인 사유방식을 고려했을 때, 놀이가 그리 비중 있는 주제로 다루어지지 못했던 것은 어쩌면 당연한 일이었다. 그런 사유방식에서 놀이는 대체적으로 올바름이나 진지함과는 거리가 멀며, 오히려 가장(假裝)하거나 과장(誇張)하는 방식으로 웃음을 유발하거나 혹은 비현실적인 상상 속에서 쾌락이나 욕망을 좇는 행위에 가깝다. 그럴 경우 놀이는 참된 '이데아(Idea)'의 세계가 아니라 헛된 '모상(Simulacra)'의 세계에 속하게 될 것인데, 모상이 본래의 것이 아닌 어떤 것, 다시 말해서 본질이나 실체를 대신하고 있는 '가상(假像)'이라고 한다면 그것은 또한 임시적이고 가변적인 성격을 가질 수밖에 없다. 그에 따라 우리는 그것에 유의미하게 적용될 수 있는 기준이나 법칙을 찾을 수 없을 것이고, 그래서 놀이는 결국 학문의 영역, 특히 철학적 논의의 영역에서 주변부로 멀찌감치 밀려나게 되는 것이다.

이와 같이 놀이가 고정불변의 성격을 가지고 있지 않다는 것, 혹은 그것이 당위적이지도 못하며 인과법칙에 의해 지배되지도 않는다는 것, 그것이 놀이를 철학적 논의로부터 멀어지게 했던 주된 원인이라고 한다면, 근·현대에 이르러 나타났던 '미적(美的) 경험'에 대한 관심의 고조, 그것은 놀이를 철학적 논의의 중심부로 끌어올리는 중요한 계기가 되었다.

놀이를 미적 경험의 차원에서 가장 직접적으로, 또한 가장 포괄적으로 논의했던 철학자는 단연 우리 이야기의 중심에 서 있는 가다머였다. 그는 몰입이라는 측면에서 '이해'를 놀이와 같은 성격을 갖는 것으로 생각했다. 그는 몰입으로서 놀이가 갖는 성격에 대해서 다음과 같이 말하고 있다.

> 놀이하는 사람이 놀이하는 데에 전적으로 몰두할 때에만 놀이하는 목적이 실현된다. 놀이가 정말로 놀이가 되게 하는 것은 […] 오직 놀이에서의 진지함이다. 놀이를 진지하게 받아들이지 않는 사람은 놀이를 망치는 사람이다.
>
> 놀이는 놀이하는 사람의 의식에 대해 우위에 서게 된다 […] 놀이의 구조는 놀이하는 사람이 전적으로 자기에게 몰두하게 함으로써 그가 주도권을 쥐어야 한다는 부담을 덜어주게 되어 있다.
>
> 모든 '놀이하는 것'은 '놀이되는 것'이다. 놀이가 주는 매혹, 그것의 본질은 놀이가 놀이하는 사람을 지배한다는 것에 있다. […] 놀이의 주체는 놀이하는 사람이 아니라 놀이 그 자체이다. 놀이는 놀이하는 사람을 사로잡아, 놀이로 끌어들여서 놀이에 붙잡아 두게 된다.
>
> *Wahrheit und Methode*, 107~112쪽.

이러한 주장이 옳다고 한다면 놀이는 그 어느 것에도, 특히 놀이하는 사람의 의식, 즉 그의 '주관적 의도'에는 속하지 않을 것이다. 놀이는 놀이하는 사람을 몰두하게 하고, 놀이하는 사람은 단지 놀이가 이끄는 대로 놀이하게 될 뿐이다. 그렇게 놀이가 절대적인 우위를 점하고 놀이하는 자를 지배하고 있는 한, 놀이에서 놀이하는 자의 역할은 말 그대로 '놀이에 빠져 있는 것', 즉 놀이에 '몰입'해 있는 것 이상이 될 수 없을 것이다.

9. 놀이에서의 '거리두기' 개념

가다머의 '놀이' 개념과 그것에 관련된 주장들은 아직까지 비교적 건재한 모습을 보이고 있다. 그런 점을 고려했을 때 놀이에 관한 철학적 논의에서 그것에 '몰입'이 전제되어 있다는 판단에는 별다른 무리가 없을 것이다. 그러나 그렇다 하더라도 거기에 논란의 여지가 전혀 없다고 단정하기는 어려울 것 같은데, 그것은 바로 이러한 문제제기가 가능할 것이기 때문이다.

> 가다머가 말하는 '진지함'과 '몰입'이 과연 놀이와 놀이 아닌 것을 나누는 확고부동한 기준이 될 수 있을까?

만약 놀이하는 자가 놀이의 진지함으로부터 멀어지게 된다면, 그래서 놀이하는 자가 더 이상 놀이에 몰입하지 않게 된다면 그것은 지금의 이야기에서 과연 어떤 의미를 갖게 되는 것인가? 물론 그것은 놀이가 놀이하는 자를 다시 사로잡기 전까지 잠정적으로 놀이가 중단된 상태를 의미할 것이다. 그러나 그렇게 사로잡히지 않은 상태에서라 할지라도, 즉 진지하거나 몰입하지 않은 상태에서도 놀이가 중단되지 않을 가능성이 전혀 없는 것은 아니다.

예를 들어서 앞에서 잠깐 나왔던 '장난'과 같은 경우가 그러할 것이다. 그것들 대부분은 별로 진지하지도 않으며, 또한 그것을 하는 자가 그것에 완전히 몰입해 있지 않은 경우도 얼마든지 있다. 반면에 놀이가 본질적으로 재미를 추구하는 행위라고 한다면 재미의 추구라는 측면에서 그것은 장난 역시 마찬가지이다. 이러한 이유 때문에 장난은 놀이와의 관계에 있어서 언제든지, 그리고 얼마든지 논란의 불씨가 될 수 있는 것이다.

장난이란 사전적 의미를 따르면 '주로 어린이들이 재미로 하는 짓 혹은 심심풀이 삼아 하는 짓'을 뜻한다. 그리고 놀이의 사전적 의미는 '즐거움을 얻기 위하여 자발적으로 하는 모든 행동'을 말한다. 이렇게 사전적 의미만을 놓고 보았을 때 그 두 가지는 근본적으로 동질적인 성격을 가지고 있으며, 그런 이유로 장난은 놀이의 영역에 속한다고, 다시 말해서 장난이 그것의 일부라고 보는 것이 타당할 것이다. 그럼에도 불구하고 만약 놀이의 본질을 진지함이나 몰입으로 규정해 버린다면 장난과 같은 것은 관련된 논의로부터 일거에 밀려나 버릴 수밖에 없을 것이다.

이와 같이 놀이에 대한 서양적 접근방식은 다른 가능성들에 대한 충분한 고려가 없을 뿐만 아니라, 특정한 면에만 초점을 맞추어 그것을 무작정 일반화시키는 경향도 보이고 있다. 이러한 문제는 앞에서 이야기했던 몇몇 관점들이나 이론들 그 자체로서는 해결이 곤란할 것이다. 그러므로 그 문제에 대해서는 새로운 방향으로부터 접근할 필요가 있겠는데, 우리는 그 새로운 방향을 이번에는 동양적인 관점에서 찾아보도록 하겠다.

1) 유희(遊戱)

호이징어는 『호모 루덴스』에서 '놀이가 언어적으로 어떻게 표현되고 있는가?' 하는 것을 기준으로 놀이 개념의 지역적 특성을 분석하고 있다. 동양의 경우 그가 가장 비중을 두고 다뤘던 곳은 역시 한자(漢字)의 나라 중국이었는데, 그가 보기에 한자에는 놀이로 간주될 수 있는 인간의 활동을 하나로 묶을 만한 그렇게 포괄적인 의미를 가진 말이 없었다. 그래서 그는 주로 '완(玩)'을 중심으로—그리고 부수적으로 '쟁(爭)'을 언급함으로써—중국에서 놀이가 갖는 의미를 나름대로 풀어보고자 했다. 그의 견해에 따르면,

> 가장 중요한 말은 '완(玩)'인데, 그 뜻에는 주로 어린이들의 놀이라는 관념이 지배적이지만 그 의미론적 범위는 다음과 같은 특별한 의미에까지 확장된다. 즉 무엇에 몰두하다, 어떤 것을 즐기다, 장난하다, 희롱하다, 날뛰다, 농담하다 따위이다. 그것은 또한 만지다(玩弄), 깊이 조사하다(玩味), 냄새 맡다(琓賞), 작은 장식품을 손가락으로 만지작거리다(玩愛), 마지막으로 달빛을 즐기다(玩月)는 뜻까지 포함한다. 이렇게 볼 때 그 의미론적 출발점은 '장난하듯 주의력을 가지고 어떤 것을 손으로 다루는 것' 혹은 '가볍게 열중해 있는 것' 인 듯 보인다. 그러나 이 말은 노련한 솜씨를 겨루는 게임이나 경기 또는 도

박이나 연극 공연에 대해서는 사용되지 않는다.

> 정연한 연극적 놀이를 나타내는 중국말은 '위치', '상황', '배열' 등의 관념의 영역에 속하는 단어들이다. 경기와 관계되는 것은 모두 '쟁(爭)'이라는 특수한 낱말로 표현했는데, 이것은 그리스어 '아곤'과 완전한 동일어이다. ['쟁'과 비교했을 때 '상을 걸고 하는 조직적인 시합'은 '새(賽)'라고 한다.]
>
> 『호모 루덴스』, 53~54쪽.

그러나 『호모 루덴스』의 일본어 번역판에서 번역자 다카하시 히데오(高橋英夫)는 호이징어의 이러한 견해에 대해서 다음과 같은 반론을 제기하고 있다.

> 원서에서 遊, 戱 등의 낱말이 언급되지 않은 것은 분명히 그가 그것을 알지 못했기 때문인 것 같다. […] 이것이 빠짐으로써 원저자는 중국어에는 놀이활동을 '하나로 묶어 표현하는 말이 없다'고 했다.
>
> 『호모 루덴스』, 54쪽.

다카하시 히데오의 평가에 동의할 수 있다면 중국어, 즉 한자에서 놀이활동을 하나로 묶어 표현할 수 있는 말은 완(玩), 쟁(爭)보다는 오히려 유(遊), 희(戱)가 더 적합하다고 보는 것이 옳을 것이다.

한자 유(遊)는 주로 '떠돌다, 여행(旅行)하다, 유람하다(遊覽)하다' 라는 의미로 쓰이고 있다. 그런 면에서 그것 역시 완(玩), 쟁(爭)과 같이 '즐기다'라는 포괄적 의미의 한 부분을 형성하고 있는 것처럼 보인다. 그렇다면 유(遊)는—호이징어가 말했던 것과 같은—몰두, 장난, 희롱 등의 '날뛰는' 행동들과는 어느 정도 거리가 있는 개념이 될 것이다. 또한 단순히 어감(語感)의 측면에서도 그것의 지배적인 분위기는 확실히 정적(靜的)이며, 그렇기 때문에 경기, 게임, 도박과 같이 '열중하는' 행동들과도 비교적 많은 차이를 느낄 수 있다.

반면에 희(戲)의 경우 그것은 본래 '희롱하다, 연극하다'는 의미를 가지고 있는데, 그런 면만을 놓고 보았을 때 그것은 한편으로 완(玩) 혹은 쟁(爭)에서와 같이 날뛰거나 열중하는 행위와 부분적으로 상통하는 면이 있는 듯도 보인다. 그럼에도 불구하고 특히 정도의 차이를 고려했을 때 희(戲) 역시 뚜렷하게 동적(動的)인 행위를 나타내기보다는, 오히려 단순히 '즐기면서 얻는 기쁨'이라는 정도의 정적(靜的)인 의미를 나타내기에 훨씬 더 적합하다. [그러한 차이를 굳이 한자로 표현해 본다고 한다면 희(戲)는 완(玩)이나 쟁(爭)보다는 오히려 '희(喜)'와 더욱 자연스럽게 연결될 수 있을 것이다.]

이와 같이 유(遊)와 희(戲)는 완(玩)과 쟁(爭)의 의미를 어느 정도 그 안에 담을 수 있으며, 동시에 그것들과는 충분하게 구별되는 의미로도 쓰일 수 있다. 따라서 유(遊)와 희(戲)를 결합하여 '유희(遊戲)'로 쓸 경우, 그것은 여기에서 놀이에 대해 언급된 대부분의 내용들을 한꺼번에 포괄하는 가장 넓은 의미를 갖는 말이 될 수 있을 것이다.

다카하시 히데오의 지적과 같이 만약 '유희'가 중국말에서 놀이활동을 '하나로 묶어 표현하는 말'로 적합하다고 한다면, 그것은 당연히 모든 형태의 놀이들을—그것이 정적이든, 동적이든 상관없이—한꺼번에 아우르는 개념으로 사용될 수 있다. 그렇지만 유희라는 말은 그것이 실생활에서 사용될 경우 대부분 정적인 어감이 짙게 깔려 있기 마련이며, 그런 면에서 그것이 동적인 것들과 제대로 조화를 이루기란 그리 쉽지 않아 보인다.

예를 들어 유희와 자연스럽게 어울릴 수 있는 말은 논어(論語)에 나오는 '안빈낙도(安貧樂道)'라든가 혹은 장자(莊子)에 나오는 '소요유(逍遙遊)'와 같은 것들이며, 그 안에서 얻는 '유유자적(悠悠自適)'의 즐거움이야말로 진정한 의미에서의 유희가 될 수 있을 것이다. 특히 『장자』에는 「소요유」편 외에도 「전자방(田子方)」편과 「산목(山木)」편에 유(遊)에 관하여 다음과 같이 언급되어 있는데, 그것들은 주로 수양(론)과 관련된 것들이다.

> '유심물초(遊心物初)', 즉 '마음을 만물의 시초에서 놀게 한다', '허기유세(虛己遊世)', 즉 '자기를 텅 비우고 세상에서 노닐다'라는 의미를 갖는다. 또한 '인간은 항상 긴장하면서 강건하게만 살아갈 수는 [···] 없다. 휴식과 안정 [···] 이 필요하다. 장자는 이런 것을 유(遊) 또는 소요유(逍遙遊)를 통해서 말하고자 하였다.' 다시 말해서 그것은 '현실생활의 모든 것으로부터 벗어나 자유와 해방을 맛보고자 하는 [···] 경지를 추구하고 표현한' 것이다.
>
> 『장자』, 9~29쪽/ 『우리들의 동양철학』, 235쪽/ 『논어』, 180~181쪽 참조.

또한 사전에서조차 유희적인 것을 '진정이 아니고 반(半) 놀이 삼아 일하는 것'으로 정의하고 있으며, 그렇게 보았을 때 '유희'는 날뛰거나 열중하는, 다시 말해서 어떤 것에 '몰입'하는 행위와는 상당한 거리가 있는 말이 되는 셈이다.

따라서 '유희'가 중국어, 즉 한자에서 놀이 개념을 대표하는 말이 될 수 있다고 한다면, 또한 그것이 실제로 몰입이라는 의미와 충분할 정도로 거리가 있는 말이라고 한다면, 중국의 놀이 개념을 지배하고 있는 성격은 몰입이 아닌 오히려 그것으로부터 어느 정도 벗어나 있는 것, 더 정확하게 말하자면 대상으로부터 어느 정도 '거리를 두고 있는 것'이라 할 수 있을 것이다.

2) 이탈(離脫)

호이징어에 따르면, 중국과는 다르게 일본에는 놀이기능을 나타내는 명확한 말들이 몇 가지 있다. 그러한 말들 중에 대표적인 것으로는 명사인 '아소비(あそび)'가—동사로는 '아소부(あそぶ)'가—있는데, 그것들은 한편으로는 진지함과 반대되는 의미로, 또한 다른 한편으로는 진지함과 연결되어 있는 의미로 사용되기도 한다. 전자의 경우 그 말은 '일반적인 놀이, 오락, 휴식, 여흥, 시간 보내기, 여행, 소풍, 방탕, 도박, 빈둥거리기, 빈둥거리고 누워 있기, 실직상태' 등을 뜻하며, 후자의 경우에는 '어떤 스승 밑에서 공부하는 것' 혹은 '다도회(茶道會)에서 차를 나누어 마시는 것'과 같은 격식과 품위를 갖춘 행동들과 연결되어 쓰이게 된다.

그렇지만 진지한 경우이든 그렇지 않은 경우이든 간에 그 말이 무엇엔가 집중한다거나, 혹은 열중하는 등의 몰입적인 행위를 나타내는 경우는 그리 많지 않다. 그도 그럴 것이 일본인들에게 있어서 진지함 혹은 엄숙함은 그들에게 있어서 생활의 '이상(理想)'과 다를 바가 없음에도 불구하고, 그것들 뒤에는 언제나 '삼라만상이 놀이에 불과하다'는 적잖이 초탈(超脫)적이거나 약간은 허무적인 사상이 자리하고 있기 때문이다. 그렇게 보았을 때 일본인들에게 있어서 놀이는 근본적으로 '진지한 듯 보이나 어느 정도 거리를 두고 있는 행위', 혹은 '거리를 두고 있으면서도 한편으로 진지함을 완전히 잃지는 않는 행위'로서 이해되고 있다고 할 수 있을 것이다.

가메야마 요시아키(龜山佳明) 등이 쓴 『문화사회학으로의 초대』라는 책을 보면, 거기에서 일본의 학자 하세 마사토(長谷正人)는 그러한 거리두기를 '이탈(離脫)'로, 그리고 그에 맞서는 진지함을 '구속(拘束)'이라는 말로 표현하고 있다. 그의 관점에서 보았을 때 놀이는 그와 같이 '완전한 이탈'이나 '절대적 구속'이 아니라, 그것들의 중간에 있는 제3의 요소가 되며, 그럴 경우 그것은 곧 놀이가 그것들 사이의 인력(引力)이 서로 균형을 이루는 비교적 안정된 위치에 있게 된다는 것을 의미하는 것이다.

하세 마사토는 놀이를 제3의 요소, 즉 일종의 '거리두기'로 생각할 수 있었던 것은 사회학자 이노우에 슌(井上 俊)의 주장을 받아들인 결과였다. 이노우에 슌의 연구에 따르면,

> 과거 서구의 학문은 '성(聖)과 속(俗)'의 이원론에만 치우쳐 있었기 때문에 '유(遊)', 즉 놀이를—그것 우리의 삶에 있어서 실제로 차지하는 비중이 상당함에도 불구하고—은연중에 간과해 버리는 실수를 저지르게 되었다.
>
> (그의 견해에 따르면, 그랬던 것이 산업화와 더불어 여가시간이 늘어

나게 되고 또한 그 여가시간이 다시 산업으로 연결되는 과정에서 놀이는 '학문사적 흐름과는 전혀 무관하게' 연구의 대상으로 주목받게 되기에 이른 것이다.)

『문화사회학으로의 초대』, 15~18쪽 참조.

그러한 지적을 바탕으로 하세 마사토는 놀이의 진정한 가치를 재평가하려 하고 있는데, 그에 대한 논의를 위해 그가 끌어들였던 사례는 야마나카 사다오(山中貞雄) 감독, 오우고우치 덴지로(大河內傳次郞) 주연의 1935년도 일본 영화 〈당게사젠(丹下左膳) 여화. 백만 냥짜리 단지〉였다. 그 영화의 줄거리를 간단하게 요약해 보면 이러하다.

별로 쓸모없어 보이는 '단지' 하나가 이 사람 저 사람을 거쳐 지나가게 되는데, 실은 그 단지에 백만 냥의 보물이 숨겨져 있는 위치를 나타내는 지도가 붙어 있었다. 그러한 사실을 알게 되는 것은 그들 중 겨우 몇몇 사람들뿐이었으며, 그들 사이에서 '단지 찾기' 경쟁이 벌어지면서 여러 가지 사건이 발생하게 된다.

그들 중에 '하라 사부로(源三郞)'라는 사람도 있었는데, 하세 마사토의 견해에 따르면 경쟁에 뛰어든 하라 사부로의 태도에서 우리는 놀이의 또 다른 성격, 즉 '거리두기'의 성격을 발견할 수 있다는 것이다. 구체적으로 하라 사부로는,

단지를 […] 찾기 위해 매일처럼 나가 돌아다니지만 조금도 진지하게

> 찾으려 하지는 않는다. 오로지 […] 활터의 미녀들에게만 눈독을 들이며 한가로이 놀고 있을 뿐이다. […] 그는 찾고 있는 물건이 바로 자기 눈앞에 있는데도 전혀 눈치 채지 못하고 있다. 그뿐만이 아니라, 결국에는 어렵사리 그 사실을 알게 되었음에도 불구하고 그는 그 단지를 [다른 사람에게] 맡겨버리고 만다. '그렇게 하지 않으면 바람을 피울 수가 없다'는 이유에서이다. 그리고는 단지를 찾으러 가는 것처럼 하고는 활터에서 빈둥대기만 한다.

이러한 하라 사부로의 태도에 대해서 하세 마사토는 다음과 같이 평가하고 있다.

> 하라 사부로는 정말 멋지게 놀이의 원리대로 살고 있다. '속(俗)'의 원리에 따라 '단지'의 지도를 보고 백만 냥을 찾아내 버리면 놀 수가 없게 된다. 때문에 그것을 손에 넣어서도 안 된다. 그렇다고 일확천금[이…] 불성실한 생각에 지나지 않는다는 '성(聖)'의 논리에 따른다 해도 역시 '놀이'는 불가능하게 된다. 때문에 하라 사부로는 한편으로는 단지를 찾으려고 하면서도, 다른 한편으로는 찾는 것을 언제까지고 계속 질질 끌고 가는 아슬아슬한 균형 속에서 정말 교묘하게 […] 놀이를 하고 있는 것이다.
>
> 『문화사회학으로의 초대』, 18~20쪽.

영화에서 하라 사부로는 의심의 여지없이 모든 것으로부터 벗어난 생활을 하고 있다. 그는 그 어디에도 완전하게 속해 있지 않은 상태, 즉 이탈의 상태에서 그러한 생활 자체를 즐기고 있는 것이다. 그렇기 때문에 그에게 매일같이 빈둥댈 장소를 제공해주고 있는 '활터'는 그의 놀이 공간인 동시에 모든 것으로부터 거리를 둘 수 있게 해주는 소위 '유토피아적 공간'의 의미를 가지고 있다. 그곳은 '정의(聖)의 원리' 혹은 '실생활(俗)의 원리'가 아니라 오직 '놀이의 원리'가 지배하는 공간이며, 또한 여기에서 말하는 놀이의 원리란 그 어느 것에도 얽매임 없이 놀이 그 자체를 즐기는 것을 말한다. 그럼에도 불구하고 그것은 결코 놀이에 빠져들어 그것에 몰입하는 것을 의미하지는 않는다. (만약 그가 놀이에 몰입했다고 한다면 그는 '단지 찾기'를 완전히 잊거나 포기했을 것이다.) 오히려 그러한 몰입을 포함하는 모든 종류의 몰입으로부터 벗어나는 것, 즉 모든 것으로부터의 '거리두기' 그 자체라 할 수 있다. 이러한 내용 모두를 고려했을 때, 이 경우 역시 거리두기는 놀이 개념을 형성하고 있는 중심적인 요소의 하나로 간주될 수 있을 것이다.

3) 여유(餘裕)와 운치(韻致)

우리의 역사 전체를 놓고 보았을 때, 조선시대의 '선비'는 유교문화를 주도적으로 이끌어 나갔던 가장 대표적인 부류라 할 수 있다. (그렇기 때문에 선비에 대한 논의는 우리 문화의 근간으로서 유교의 역할을 드러내기 위한 가장 효과적인 방법이 될 것이다.) 조선 초기에 선비는 주로,

> '유학을 공부하여 관리가 되려는 사람이나 관리가 된 사람'을 가리켰다. 그러나 선비라는 말은 그 후 몇 차례 이런저런 의미 변화를 거치

> 게 되었으며, 대체적으로 유교적 가르침에 따라서 '도덕을 지키고 학문에 힘쓰는 사람'을 뜻하는 말로 자리를 잡게 되었다.
>
> 『조선시대 유교문화』, 44~49쪽 참조.

그들은 무엇보다 유교의 최고 덕목으로 '예의(禮義)'를 숭상했으며, 그렇기 때문에 그들이 '절차의 형식과 엄숙한 태도'를 대단히 중시했던 것은 지극히 당연한 일이었다. 또한 그러한 경향은 점차 선비라는 특정한 계층이나 집단을 넘어서 사회의 전반적인 풍속으로까지 발전했으며, 그 결과 선비문화는 개인과 가정생활은 물론 사회나 국가의 운영방식에까지 심대한 영향을 미치게 되었다.

예의를 실천하기 위해서 선비들은 언제나 자신을 엄격하게 절제하려 노력했다. 그래서 선비들은 언제나 그들의 행위가 '경(敬)'의 자세를 잃지 않는 것으로 나타나도록 요구받았다. 그러나 그들이 그렇게 엄격하게 절제된 생활을 하는 동안 한편으로 그러한 생활은 '정서의 억제와 기상의 억눌림'을 일으키는 원인이 되었으며, 따라서 억제된 정서나 억눌린 기상을 시원하게 펴주는 일은 선비생활의 또 다른 면모로서 '여유와 운치가 있는 선비문화'를 이루기 위한 필수요소로 인식되었다. 그랬기 때문에 선비들은 예를 들어,

> 평소에 독서를 하다가도 자주 뜰을 거닐면서 기상을 펴도록 권유하여 독서와 소요를 병행하도록 요구하여 왔다. [⋯] 선비들은 야트막하고 부드러운 산자락에다 그윽한 계곡을 따라 맑고 잔잔한 냇물이 흐르는 곳을 즐겨 찾아든다. 산자락 아늑한 곳에 자리 잡은 선비들의

거처는 세속과 일정한 거리를 두고 떨어져 있으면서도 세상을 내다보며 걱정할 수 있는 거리를 지키고 있다.

오랜 독서와 강학의 여가에 때로는 깊이 산속으로 들어가 노닐기도 하고(遊山), 산을 오르기도(登頂) 하였다. 산을 높이 오르며 학문과 수양을 향상하는 자세를 체험하기도 하고, 가슴 속에 눌러두었던 기상을 시원하게 펼치기도 하였던 것이다. […] 산마루에 올라 탁 트인 시야에서 그동안 사색에 골몰하면서 막혔던 안목을 열고, 평소에 독서하면서 웅크렸던 자세에서 벗어나 가슴을 활짝 폄으로써 활달한 기상을 기르는 것이라 할 수 있다.

『한국의 선비와 선비정신』, 93~99쪽 참조.

이와 같이 선비들은 엄격하게 자신을 절제하는 한편, 정서와 기상이 억눌리지 않도록 시시때때로 자연을 찾아 '호연지기(浩然之氣)'를 기르는 동시에 그 안에서 충분한 여유와 운치를 즐기곤 했다.

자연을 찾아 여유와 운치를 즐기는 것, 그것은 선비들에게 있어서 자기 수양의 한 방편이었다. 다시 말해서 그것은 한편으로 독서나 강학 사이에 이루어지는 놀이의 성격을 가지고 있기도 하지만, 그럼에도 불구하고 그것 역시 궁극적으로는 자기 수양의 연속이었다는 것이다. [실제로 그들에게 있어서는 '책상 앞에서 독서하는 정적(靜的) 공부와 뜰을 거닐며 사색하거나 산에 올라 새로운 세계를 깨닫는 동적(動的) 공부가 함께 실천되어야 할 기본 요소로 제시된다.'] 그렇기 때문에 선비들은 놀이를 하는 동안에도 자기 수양이라는 목적에 어긋남이 없도록 언제나 자신을 엄격하게 절제하는 태도를 잃어서는 안 되었다.

구체적으로 선비들은 놀이의 '흥취(興趣)'에 대해서 '검속(鈐束)'을 마주하도록 세워놓았는데, 그에 따라 그들은 자신들의 주업(主業)인 독서와 강학으로부터 벗어나 놀이를 할 때조차도 언제나 그러한 검속에 합당한 절차와 법도를 실천하려 노력했다. 즉 놀이를 하는 경우에도 그것에의 몰입을 제한함으로써 그 순간에도 자기를 수양하고 품격을 유지하려 했다는 것이다. [예를 들어 '시를 짓는 데 몰두하여 기교를 다하기만 하고 학문과 수양으로 자신의 행동을 검속하지 않는다면 도학의 선비가 되기에는 부족한 '문사(文士)'로 일컬어지기도' 했다.] 이와 같이 어떠한 경우에도 스스로 자신을 절제하는 것, 그것은 선비의 생활 전반을 지배하는 제일의 원리로 작용했다.

만약 선비들에게 있어서 놀이가 여유와 운치를 즐기는 것이라고 한다면 그것은—우선 독서와 강학으로부터, 그리고 무엇보다—놀이에의 몰입 그 자체로부터 일정한 정도 이상 거리를 두는 행위라 할 수 있다. 그리고 선비문화가 조선시대를 이끌었던 정신적 바탕이 되었다고 한다면, 그것은 하나의 모범으로서 단지 선비계층에서 뿐만 아니라 당시의 모든 사람들이 따라야 했던 생활방식이나 태도의 기준이 되었을 것이다. 이러한 내용을 고려했을 때 조선시대의 놀이 성격에 관하여 우리는 이렇게 판단할 수 있을 것이다.

> 선비정신을 중심으로 하는 조선시대의 문화적 성격상 가장 이상적으로 여겨졌던 놀이방식은 '몰입'이라기보다는 오히려 '거리두기'에 가까웠다.

현대인 삶에서 놀이는 새삼 강조할 필요가 없을 정도로 중요한 의미를 갖는다. 과거에 놀이가 주로 '준비'나 '소비'의 성격을 갖는 부수적인 행위로 여겨졌다면 현대로 올수록 그것은 '생산'과 '창조'의 원동력으로 주목받고 있다. 그런 이유로 학문의 영역에서도 다양한 방식으로 놀이의 성격을 규명해 나가고 있으며, 그 결과로서 많은 놀이이론들은 각각의 필요에 따라 역시 매우 다양한 방식으로 활용되고 있다.

놀이에 대해서 그렇게 다양한 접근과 활용이 이루어지고 있음에도 불구하고, 그것들의 공통점을 찾아 계속 거슬러 올라가다 보면 종국에 가서는 모든 놀이이론들이 한 곳으로 모아지는 경향을 나타내게 되는데, 그곳은 다름 아닌 '몰입'이라는 전제적 기반이었다. 그러나 그것은 주로 서양의 경우 그러했고, 그것과 비교했을 때 동양적 시각에서 놀이는 그러한 몰입으로부터 벗어나려는 활동 혹은 이미 벗어나 있는 상태를 의미하는 경우도 많았다. 그러므로 몰입과 거리두기는 놀이에 내재된 양면적인 성격으로 보는 것이 합리적인 판단이라 할 수 있겠다.

서양의 학문을 받아들이고 연구하는 과정에서 '놀이는 몰입이다'와 같은 일방적인 내용은 우리가 미처 의식하지 못하는 사이에 이미 매우 자연스러운 것이 되어버렸다. 특히 학문의 영역에서 놀이는 대부분 진지하게 몰입하는 행위라는 관점에서만 논의되고 있을 뿐이며, 그것의 중요한 이면, 즉 유희적 측면, 이탈의 측면, 여유와 운치의 측면과 같은 거리두기의 성격은 거의 고려되고 있지 않은 것이 사실이다. 그렇다고 한다면 우리는 균형을 잃지 않는 시각을 유지한다는 의미에서 거리두기로서 놀이의 성격 역시 몰입에서의 경우와 마찬가지로 충분한 정도의 비중을 두고 다루어 나가야 할 것이다.

해석과비판

INTERPRETATION AND CRITICISM 05

CHAPTER **05**

역사와 의식

역사적 의식이 발생하면 전통은 파괴된다.
그리고 전통의 파괴는 곧 이해가 바뀌게 된다는 것을 의미한다.

1. 로렌쩌의 '장면적으로 이해하기'

우리의 이야기는 원래 가다머가 주장했던 '놀이' 개념과 하버마스가 제시했던 '전이' 개념 사이의 관계를 중심으로 진행되고 있었다. 그러다가 놀이라는 개념 자체에 확실히 해두어야 할 내용들이 많았기 때문에 놀이이론의 바탕이 될 만한 몇몇 이야기들을 살펴보았다. 이제 원래의 이야기로 다시 돌아와서 그 이야기를 계속 진행시켜 보기로 하자.

가다머가 놀이 개념을 내세웠던 이유는 '이해'가 우리에게는 마치 중단 없이 계속되는 놀이와 같아서 '우리가 이해의 경험을 중단하고 그것으로부터 빠져나올 수 없다'는 것을 이야기하기 위함이었다. 문제는 이해의 발생과정에서 언제나 '선입견'이 작용한다는 사실이었는데, 하버마스는 선입견이 반드시 극복되어야 한다는 전제 아래에서 이해의 과정을 관찰하고 반성할 수 있는 길을 찾고자 했다. 그러려면 무엇보다 중요한 것은 당연히 '이해로부터 빠져나와 그것과 거리를 두고 관찰할 수 있어야 한다'는 것이다. 그리고 그것이 바로 선입견의 영향을 받지 않은 상태에서 그것을 반성할 수 있는 유일한 방법이 될 수 있을 것이다.

그러한 반성은 물론 일상적으로는 전혀 불가능한 일에 속한다. 그러나 하버마스가 보았을 때, 아주 특수한 경우라고 한다면 그것이 완전히 불가능한 것만은 아니었다. 그는 정신분석에서의 '전이상황'이 그렇게 특수한 경우에 해당한다고 생각했는데, 전이상황은 대체적으로 이러한 특성을 가지고 있었다.

> 정신분석 과정에서 환자는 이따금 자신의 증세상황을 정신분석가에게 그대로 반복하게 된다. 그런 상황은 증세상황과 내용적으로 동일한 구조를 갖게 되는데, 그래서 그것은 정신분석가가 증세에 참여해 있으면서 동시에 그것을 관찰하는 상황이 되는 것이다.

이렇게 전이상황은 상황에 대한 참여와 관찰이 동시에 일어날 수 있는 특수한 경우에 해당하며, 바로 그런 면에서 그것은 오직 참여만 가능한 것으로 전제되는 가다머의 이해 개념과 정면으로 충돌하게 되는 것이다.

정신분석에서 분석가는 환자의 증세를 치료하기 위해서 먼저 증세와 관련된 자료들을 수집하고, 그 다음 그것들이 서로 어떻게 연결되어 있는지를 확인해 들어가야 한다. 그런 것을 '의미연관'을 밝히는 작업이라고 하는데, 그것은 치료과정 전체를 하나로 꿸 수 있는 말로서 어떻게 보면 흔히들 말하는 '프로파일링(profiling)'과도 유사한 성격을 가지고 있는 것 같다. (물론 정신분석은 범죄수사와는 전혀 다르게 진행될 것이다.) 어쨌든 그렇게 해서 일단 증세의 의미가 드러나게 되면 그것은 환자에게서 발생한 왜곡이 어떤 내용의 것인지 파악된 것과 같다. 그렇기 때문에 환자가 그 내용을 받아들이기만 한다면 환자는 스스로 자신의 증세를 극복할 수 있게 될 것이다.

그런 목적을 가지고 진행되는 분석의 과정에서 정신분석가는 환자의 진술이나 증세에 관련된 표현들을 토대로 그것을 마치 어떤 '장면(場面)'처럼 구성해서 해석하는 방식을 사용하기도 한다. (여기에서 말하는 '장면'은 영어로는 'scene', 독어로는 'Szene'라고 하는데, 영화에서 말하는 '장면'과 같은 의미로 생각해도 될 것이다.) 다시 말해서 분석의 과정에서 환자의 진술이나 증세에 관련된 표현들은 정신분석가에게 '하나의 상황이 담긴 하나의 장면'으로 파악될 수 있다는 것이다.

구체적으로 정신분석가는 우선 환자의 증세상황을 하나의 장면으로 구성하고, 그것을 출발점으로 해서 환자의 과거로 거슬러 올라간다. 그러면서 그는 그 '장면 속 상황'과 내용적으로 연결될 수 있는 어떤 것을 찾아야 하는데, 그런 것을 발견하고 나서야 비로소 그 다음 단계로 넘어갈 수 있게 된다. 그 다음 단계에서 정신분석가는 그것을 다시 하나의 상황이 담긴 하나의 장면으로 구성하고, 그 상황을 환자의 증세상황과 연결시킨다. 그리고 그 장면들이 상황적으로 서로 무리 없이 연결될 경우, 그것은 곧 정신분석가가 증세의 원인을 발견했음을 의미하는 것이다. 이러한 과정을 '장면적으로 이해하기(das szenische Verstehen)'라고 하는데, 그것의 전체적인 진행과정을 도식으로 나타내 보면 이렇게 표현될 수 있을 것이다.

['장면적으로 이해하기'의 진행과정]

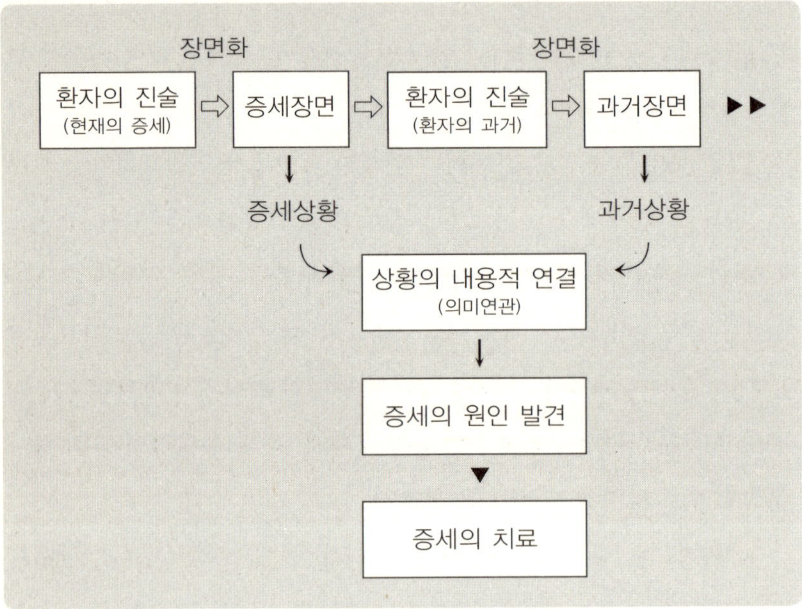

장면적으로 이해하기의 과정에서 장면을 구성하는 것을 '장면화(場面化)'라고 하는데, 장면화는—혹은 '장면화된 것'은—아직 그 자체로서 어떤 의미를 가지고 있는 것은 아니다. 장면화는 단지 환자의 증세와 관련된 여러 부분들을 '삶의 역사'라는 관점에서 의미적으로 연결시켜 나가기 위한 하나의 예비단계일 뿐이다. 장면적으로 이해하기에서는 그러한 의미적 연결, 즉 '의미연관'을 통해서만 증세와 관련된 환자의 삶의 역사를 전체적인 시각에서 파악해낼 수 있다. 그렇기 때문에 자신의 증세에 대한 환자의 진술들은 개별적인 정보들일 뿐이고, 정신분석가는 그 진술들을 의미적으로 서로 연결시킬 수 있는 단서를 아직 발견하지 못한 상태이다. 만약 그런 단서를 발견할 수 없다면 장면적으로 이해하기에서 분석가는 환자의 증세에 관련된 것들의 전체적인 의미연관도 알아낼 수 없을 것이다.

장면적으로 이해하기에서 하나의 장면에는 하나의 상황이 담겨 있는데, 각각의 상황들은 장면 속 행위자들—환자 그리고 환자와 갈등을 빚고 있는 대상—사이의 관계, 그리고 그들 사이에서 발생한 갈등의 내용으로 구성된다. 그렇게 장면화와 상황구성이 끝나면 정신분석가는 각각의 장면들에 담겨 있는 상황들의 의미연관을 고려하면서 그것들을 서로 연결시키게 된다.

그러한 연결은 주로 현재의 장면으로부터 과거로 거슬러 올라가는 방식으로 이루어지는데, 그 이유는 현재의 증세가 모든 것의 기준이 되어야 하는 것은 물론이고, 과거와 비교했을 때 현재에 비교적 구체적이고 상세한 정보들이 많이 있기 때문이다. 그런 면을 고려한다면 장면적으로 이해하기는 현재의 장면을 기준으로 아직 분명하게 드러나지 않는 과거의 장면을 '완성(完成)'해 나가는 과정이라고 할 수도 있을 것이다.

그렇게 그 두 장면들이 상황적으로 서로 연결되고 그것으로 과거의 장면이 완성되면 비로소 환자에게서 발생한 왜곡의 내용이 정신분석가에게 드러나며, 그것으로부터 정신분석가는 환자의 증세에 대한 치료의 실마리를 찾을 수 있게 된다. 이러한 과정이 하나의 분석방식으로 정신분석가에게 미리 주어져 있기 때문에 정신분석가는 일반인들로서는 도저히 이해할 수 없는 환자의 진술들을 '의미 있는 내용'으로 받아들일 수 있는 것이다.

장면적으로 이해하기에서 환자의 상황은 크게 '실제상황', '유아기 상황', '전이상황', 이 세 가지 상황으로 나뉜다. 실제상황은 현재 환자 자신이 가지고 있는 증세상황을 말하며, 환자의 진술은 바로 그 증세상황에 대한 것으로부터 시작된다. 정신분석가는 환자의 진술을 들으면서 다음과 같은 두 가지 사실을 기준으로 그것을 장면화하게 된다. 하나는 실제상황이 그의 '전체 삶의 역사'에서 하나의 부분이라는 것이고, 다른 하나는 그 상황 속에서 행위자들의 상호작용이 '특정한 구조'를 이루고 있다는 것이다.

정신분석가는 그런 상호작용 구조에 주목하면서 그것을 앞으로 파악하게 될 다른 상황의 상호작용 구조와 연결시키게 된다. 그런 방식으로 위에 나열된 세 가지 상황에 공통적인 상호작용 유형을 찾아내게 되면 그와 더불어 환자의 증세가 의미하는 바 역시 분명하게 드러나게 될 것이다. 이것이 바로 장면적으로 이해하기에서 정신분석가가 환자의 진술을 들으면서 적용할 수 있는 규칙이라 할 수 있다.

만약 정신분석가가 이러한 규칙을 가지고 있지 않다면 장면화를 통해서 환자의 증세를 분석해 나가는 방식은 '이렇다' 할 만한 뚜렷한 효과를 내기 어려울 것이다. 왜냐하면 그러한 규칙이 없이는 첫 단계에서 정신분석가가 다른 장면들에 대해서 거의 고려하지 못할 것이고, 그 결과 각 장면들 사이의 상황적 연관성도 제대로 파악하지 못할 것이기 때문이다.

장면적으로 이해하기는 실제장면이 환자의 과거로부터 기인했다는 사실을 출발점으로 하고 있다. 그래서 실제장면은 환자가 잊고 있어서 지금은 의식할 수 없는 과거의 '조각들'을 온전하게 완성시키기 위한 열쇠가 되는 것이다. 정신분석가는 그렇게 완성된 과거를 다시 실제장면과 비교하고, 그렇게 함으로써 실제장면의 의미를 해석해 나가게 된다. 그러므로 그런 과정에서 과거장면에 담긴 상황은 실제장면의 상황, 즉 증세상황의 원인으로 간주될 수 있는데, 원인이 되는 과거의 상황은 다음과 같은 두 가지 종류로 나누어 생각할 수 있다. 하나는 그것이 환자의 유아기에 있는 경우이고, 다른 하나는 그렇지 않은 경우이다. 특히 '그렇지 않은 경우'에는 그 원인을 개인적 체험의 특수성에 찾아야 할 것이다. 예를 들어 프로이트는 '잠자리에 드는 습관(Schlafzeremoniell)'을 대표적인 사례로 제시했는데, 하나의 증세로서 그것은 환자의 유아기와는 별다른 관계가 없다.

'잠자리에 드는 습관'은 잠자리에 들기 전에 거의 꼭 하게 되는 어떤 습관들을 말한다. 쉽게 말해서 자기의 취침이 방해받지 않도록 어떤 조건을 만드는 것을 잠자리에 드는 습관이라고 부르는 것이다. 정상적인 사람들도 그런 습관을 가지고 있는 경우는 대단히 많다. 그러나 그것이 합리적으로 이해할 수 있는 범위를 벗어나서 강박적이거나 기괴한 방향으로 흘러간다면 그것은 치료를 요하는 증세가 되는 것이다.

예를 들어 목이 마르거나 혹은 소변이 마려워서 잠이 깨지 않게 하기 위해서 잠자리에 들기 전에 꼭 물을 마시고 화장실을 다녀오는 정도는 별로 문제가 없을 것이다. 혹시 핸드폰과 자명종 시계를 침대 옆에 가져다 놓고 집에 있는 커튼을 모두 닫아두지 않으면 불안해서 도저히 잠이 오지 않는다고 해도, 그런 정도는 치료를 요하는 증세라고 보기 어려울 것이다. 그러나 조금 섬뜩한 경우를 가정해서, 만약 누군가가 잠자리에 들기 전에 반드시 식탁 위에 식칼들을 줄 세워 늘어놓고, 방바닥에 물을 흥건하게 뿌려둔 상태에서 자신의 머리를 의자에 부딪치는 일을 반복해서 한다고 생각해 보자. 그런 경우라고 한다면 그것은 두말 할 나위 없이 즉시 치료를 해야 할 증세에 속할 것이다.

증세의 원인이 환자의 유아기에 있는 경우, 정신분석가는 장면적으로 이해하기를 통해서 현재의 증세상황과 과거의 유아기 상황을 내용적으로 연결시키게 된다. 앞서 언급되었던 바와 같이 이것은 실제상황의 상호작용 구조와 유아기 상황의 상호작용 구조 사이의 관련성을 알아내기 위한 것이다. 그리고 그 두 가지 상황이 구체화되고 상호작용 구조가 드러나게 되면 정신분석가는 '상호작용 유형'을 파악할 수 있게 되는데, 그것은 환자의 유아기 상황에 담긴 상호작용 구조는 환자의 각 장면에서 유사한 형태의 상황으로 반복되기 때문이다.

하지만 실제장면과 유아기 장면을 상황적으로 연결하는 과정에서 환자의 증세에 관련된 모든 내용이 완벽하게 드러났다고 보기는 어려울 것 같다. 왜냐하면 실제장면과 유아기 장면의 연결이 충분할 정도로 분명하게 이루어졌다고 할지라도, 그것만으로 두 장면의 상황적 연결이 정확하다고 '확언'하기에는 아무래도 부족한 면이 있기 때문이다. 어쩌면 이 단계에서 가지고 있는 정신분석가의 판단은 아직까지 '추측'하는 수준에 머무르고 있는 것인지도 모를 일이다.

실제장면과 유아기 장면을 연결하는 단계만을 놓고 본다면 정신분석가는 환자의 진술을 듣고 그것을 통해서 각각의 장면을 완성하려 하거나 그 장면들 사이의 상황적 관계를 구성하려 하고 있을 뿐이다. 그렇기 때문에 만약 정신분석가가 두 가지 장면의 연결만으로 증세의 의미를 파악했다고 한다면, 그것으로부터 나온 해석은 그 해석이 결과적으로 옳았다고 할지라도—이론적인 관점에서 보았을 때—완벽한 근거로 뒷받침되어 있다고 하기 어려울 것이다. 그의 해석이 정확하다고 분명하게 '확인' 할 수 있기 위해서는 정신분석가가 단순하게 환자의 진술을 듣고, 들은 내용에 대해서 판단하는 것 이상의 어떤 단계가 필요하다. 물론 그것은 정신분석가가 환자의 두 가지 장면과 상황에 대해서 지금보다는 훨씬 더 직접적인 관계를 맺는 단계가 되어야만 할 것이다.

'전이상황'은 환자가 유아기 상황을 실제상황에서 반복하는 것처럼 그것을 다시 정신분석가에게도 그대로 반복하는 상황이다. 그렇기 때문에 정신분석가는 전이상황을 통해서 환자의 증세와 관련된 상황 안에 있으면서 그 상황을 직접 체험할 수 있는 것이다. 그럴 경우 정신분석가는 환자의 증세상황에 대해서 제3자(第三者)가—즉 '관찰자'가—아니라, 그 상황의 직접적인 '당사자'가 되는 셈이다. 만약 정말로 그렇게 '증세로의 참여'가 가능하다고 한다면 우리는 환자의 증세에 대한 정신분석가의 해석을 간접적인 관찰을 통한 '추측'이 아니라, 직접적인 경험을 통한 '확인'으로 간주할 수 있을 것이다.

그 과정에서 환자는 특히 '유아기 시절 자신의 부모 중 한쪽 편과 맺었던 상황적인 관계'를 정신분석가에게 그대로 전이시키게 되는데, 그 관계는 실제상황의 상황적인 관계에— 즉 환자 그리고 증세의 대상

사이의 상황적 관계에—동일하게 연결될 수 있다. (그렇게 그 세 가지 상황은 내용적으로 동일한 성격의 상황이라고 할 수 있다.) 로렌쩌(A. Lorenzer)라고 하는, 우리나라에는 아직까지 그렇게 많이 알려져 있지 않은 학자가 있다. 그는 이 분야에서 탁월한 업적을 남겼는데, 그가 제시했던 사례를 여기에 그대로 옮겨 보도록 하겠다.

어떤 환자가 정신분석가와 상담을 하면서 오늘 직장에서 그의 상사와 '일하는 시간'에 관련된 문제로 말다툼을 벌인 일에 대해서 이야기한다고 가정해 보자. 그는 정신분석가에게 이렇게 말하게 될 것이다.

'나는 오늘 일하는 시간 때문에 직장상사와 충돌이 있었습니다.'

정신분석가는 이 장면을 다음과 같은 구조로 파악할 것이다.

환자 – 일하는 시간 – 직장상사

그런데 정신분석가는 얼마 전에 환자가 이미 두 차례에 걸쳐서 '상담시간 조정'에 대해서 이야기했던 것을 기억하고 있다. 환자의 이야기는 물론 '환자–정신분석가'의 관계에서 이루어진 것이다. 그리고 만약 환자가 누군가에게 그 문제에 대해서 이렇게 이야기한다고 가정해 보자.

'나 오늘 상담 받으러 가서 정신분석가 선생님하고 상담시간 때문에

약간 마찰이 있었어.'

그렇다면 그것으로 상황은 이렇게 완성될 수 있을 것이다.

환자 – 일하는 시간 – 직장상사

환자 – 상담시간 – 정신분석가

이어서 환자가 하는 진술의 연결고리가 그의 어린 시절 아버지와의 충돌로까지 이어져 있다고 가정해 보자. 환자는 반항하지만—직장상사에게 그렇게 했던 것처럼, 그리고 정신분석가에게 그렇게 했던 것처럼—결국 굴복하면서 동의하게 된다. 그러므로 지금까지 이야기했던 세 가지 상황 속에서 행위자들의 상호작용은 모두 같은 성격을 가지게 된다. 그것을 정리해 보면 이렇게 될 것이다.

실제상황 : 일하는 시간 때문에 그의 직장상사와 충돌

전이상황 : 상담시간 때문에 그의 정신분석가와 충돌

유아기 상황 : 실제상황, 전이상황과 같은 방식으로 그의 아버지와 충돌

실제상황, 전이상황, 유아기 상황은 같은 상호작용 유형에 의해 규정되며, 따라서 그 세 가지는 다음과 같이 서로 같은 상황이다.

실제상황 = 전이상황 = 유아기상황

Sprachzerstörung und Rekonstruktion, 112~113쪽.

이와 같이 실제상황과 같은 상황을 정신분석가는 전이상황에서 직접 체험할 수 있다. 그리고 전이상황을 다시 유아기 상황에 연결시킬 수 있다. 정신분석가는 장면적으로 이해하기에서 실제상황과 전이상황이 유아기 상황과—'당시와 같이(wie-damals)'의 방식으로—반복된다는 것을 이미 알고 있다. 따라서 전이상황을 거치고 나서 내린 정신분석가의 판단은 그가 환자와 같은 상황을 체험했다는 것을 근거로 옳은 해석이라고 '확인'될 수 있을 것이다. 다시 말해서 정신분석가는 환자의 상황 외부에서 단지 관찰자의 위치에만 있었던 것이 아니라, 환자의 상황 안에 직접 참여했기 때문에 그의 분석은 일반적인 경우와 비교할 수 없을 정도로 정확하다는 것이다.

2. 전이상황의 제한조건들

환자를 치료하는 과정에서 정신분석가에게 무엇보다 중요한 것은 환자의 증세를 '편견 없는 눈으로' 바라보는 것이다. 그러기 위해서 정신분석가는 자신의 작업과 관련된 많은 요소들을 정확하게 통제할 수 있어야만 한다. (통제할 요소들 중에는 물론 정신분석가 자신에 대한 것들도 포함되어 있다.) 그럼에도 불구하고 그러한 통제는 그의 시각을 어떤 특정한 기준에 맞추는 것을 의미하는 것이 아니다. 정신분석가는 오히려 자신의 판단에 영향을 미칠 수 있는 모든 기준들로부터 벗어나기 위해 노력해야 하며, 또한 실제로 그렇게 할 수 있어야 한다.

환자의 증세 자체에 집중하기 위해서 정신분석가는 특히 모든 '사회적 가치판단'으로부터 벗어날 필요가 있는데, 그것은 환자의 증세의 원인이 그러한 가치판단의 범위 안에 갇혀 있지 않을 가능성이 많기 때문이다. 그와 관련해서 프로이트는 이렇게까지 말하고 있다.

> 만약 환자가 겪고 있는 문제가 사회가 바라는 '도덕적인 속박' 같은 것에서 나온 것이라고 한다면 정신분석가는 그에게 이렇게 충고할 수 있을 것이다.
>
> '사회에서 높이 평가하고 있는 가치라고 하더라도 그것이 실현되기 어려운 이상(理想)에 속한다고 한다면, 그것에만 지나치게 얽매어 있지 말고 스스로 만족스런 생활을 하면서 증세를 치료해 나가야 한다.'
>
> *Einführung in die Psychoanalyse*, 416쪽.

여기에서 프로이트가 말하는 만족스런 생활은 특히 '성적(性的)으로 인생을 마음껏 누린다'는 것이다. 그는 그것이 우리가 정신적으로 건강해질 수 있는 하나의 길이라고 생각하고 있다. 그러나 그것은 절대로 '막나가도 된다'는 식의 이야기가 아니다. 바로 다음에 이어서 프로이트는 이렇게 선을 그어두고 있다. '방탕하라고 권하는 것이 분석요법의 요령이라는 것은 당치도 않은 말이다.' 이 말로 미루어 보건대 아마도 그는 우리에게 이런 이야기를 하고 싶어 하는 것 같다. '금욕적인 방향에만 치우치지 말고 그것과 육욕적인 방향이 균형을 이루도록 해야 한다.'

만약 정신분석가가 특정한 가치판단에 매어 있을 경우, 그것은 그대로 환자에 대한 '편견(偏見)'으로 이어지게 될 것이다. 환자에 대한 정신분석가의 편견은 분석 전체를 왜곡시킬 수 있으며, 그렇기 때문에 정신분석가는 반드시 그런 점을 경계해야만 한다. 이러한 내용은 지금 이야기하고 있는 전이상황에서 상당히 곤란한 문제를 일으킬 수 있는데, 프롬(E. Fromm)이라는 학자는 전이상황과 정신분석가의 상태에 대해서 다음과 같이 평가하고 있다.

> 정신분석가는 전이가 일어나기 전에 무엇보다도 환자에 대해서 백지 상태로 있어야만 한다. 그렇게 해야만 그가 자신에 대한 환자의 태도 변화를 전이로 이해할 수 있을 것이기 때문이다. 그러나 그러한 설정은 거의 환상에 가까운 것이다.
>
> *Psychoanalyse*, 291쪽.

정신분석가가 자신과 환자에게서 일어나는 변화를 언제나 정확하게 파악할 수 있는 것은 아니다. 그렇기 때문에 어떤 조건들이 환자와 자신에게 어떤 영향을 미치고 있는지에 대해서도 정확하게 알기가 어렵다. 환자와 자신에 대해서 판단할 객관적인 기준이 없다는 것, 그것은 정신분석가가 쉽게 해결할 수 있는 문제가 아니다. 특히 전이의 원인이 환자가 정신분석가에게 어떤 감정을 갖기 쉬운 '상황' 때문이라고 한다면 정신분석가는 환자에게서 언제부터 전이가 발생한 것인지, 혹은 실제로 전이가 발생한 것인지조차 정확하게 알 수 없을 것이다.

그럴 경우 전이는 그저 상황에 따라 일상에서조차도 수시로 일어났다가 사라지곤 하는 감정상의 평범한 변화에 불과한 것이다. 특히 그것이 분석가에 대한 호감의 경우라고 한다면, 극단적으로 말해서 성인으로서 누군가를 대할 때 생겨나는 존경심이나 애정 같은 것 역시 모두 전이된 상황이라고 할 수 있으며, 그러한 호감은 모두 유아기 시절 부모 중 한쪽에 가졌던 감정의 반복이라고 해야 할 것이다. 그러나 그것은 결국 일상과 전이의 구분이 불분명하다는 것을, 그리고 더 나아가 정신분석가가 환자로부터 전이가 일어났는지 판단하는 것이 실제로는 매우 어렵다는 것을 의미한다.

정신분석 과정 전반에 걸쳐서 정신분석가는 많은 조건들을 통제해야 한다. 그럼에도 불구하고 환자의 증세에 관련된 그 어느 것에도 '조작적인 수준'의 영향을 미쳐서는 안 된다. 만약 자신이 원하는 효과를 얻기 위해서 정신분석가가 조작에 해당하는 행위를 한다면, 환자가 가지고 있는 증세의 원인이 정신분석가에게 정확하게 드러나기는 매우 어려울 것이다. 그러나 전이상황의 경우 정신분석가의 개입은 사실상 전이가 발생하기 전부터 문제가 될 수 있다.

전이가 증세에 대한 판단이나 치료에 중요한 영향을 미친다고 생각한다면 정신분석가는 당연히 전이의 발생을 기대하거나 기다리게 될 것이다. 그런데 전이가 생각했던 것보다 더디게 일어나게 될 경우, 정신분석가는 자신도 모르는 사이에 자신이 원하는 방식으로 전이가 나타나도록 환자를 유도하게 될 수도 있다. 이러한 문제들은 정신분석적 상담이 대부분의 경우에 시간이나 장소 등의 제약을 받으면서 이루어지기 때문에 발생하는 것이다.

특히 상담을 위한 시간이 가장 큰 문제가 되는데, 일반적으로 정신분석가와 환자가 증세의 치료를 위해서 같이 있을 수 있는 시간은 분명하게 정해져 있다. 그게 아니라 예외적으로 충분한 시간이 있는 경우라고 할지라도, 정신분석가는 환자에게서 전이와 같은 변화가 일어날 때까지 무작정 기다리고 있을 수만은 없을 것이다. 시간 자체도 문제가 되겠지만 최악의 경우에 그러한 변화가 전혀 나타나지 않을 수도 있기 때문이다.

정신분석가는 자신도 모르는 사이에 환자에게서 어떤 변화를 유도해내려고 할 수 있으며, 그것은 그들 사이의 관계가 특정하게 조작되어 변질될 수도 있음을 의미한다. 그리고 그런 상황 아래에서라고 한다면 실제로 전이가 발생한다 하더라도, 환자의 증세상황이 정신분석가에게 있는 그대로 반복되었다고 보기는 어려울 것이다. 다시 말해서 정신분석가의 의도적인 개입이 완전하게 차단되지 않는다면 전이상황은—환자의 증세상황과 동일하지 않은—가공된 상황 혹은 증세와 별다른 관련이 없는 상황이 될 가능성이 높다.

그렇게 되면 정신분석가는 그런 변질된 상황을 환자의 증세상황과 연결시키게 될 것이고, 결과적으로 그는 환자의 증세에 대해서 잘못된 판단을 내리게 될 것이다. 그것은 그가 환자의 증세의 치료에 실패할 수 있다는 것을, 혹은 환자를 더 큰 혼란에 빠뜨릴 수도 있다는 것을 의미한다. 그러나 정신분석가는 환자의 증세를 치료한다는 궁극적인 목표에 따라 환자가 증세에 대한 원인을 드러내도록 유도할 수밖에 없다. 환자와의 대화는 이미 그러한 유도의 시작이라고 보아야 할 것이다. 만약 분석가의 그러한 유도 자체가 정당하다고 한다면 환자나 환자의 증세에 대한 정당한 개입과 부당한 개입을 어떻게 정확하게 구분할 수 있겠는가?

전이상황에 대해서 프롬이 제기했던 문제들은 주로 이론적인 차원에 속하는 것들이다. 그에 비해서 정신분석가에게 요구되는 통제능력은 대체로 실천적인 차원에서 논의될 성질의 것들이다. 예를 들어 정신분석가가 환자나 환자와 관련된 모든 것에 대해서 중립적인 시각을 가져야 한다는 것, 그것은 결코 그가 '환자에 대해서 아무런 시각도 가져서는 안 된다'는 것을 의미하는 것이 아니다.

정신분석가 역시 다른 모든 사람들처럼 환자로부터 자연스럽게 어떤 인상을 받게 될 것이다. 그리고 경우에 따라서 그것은 환자의 치료를 방해하는 요소로 작용할 수도 있을 것이다. 그러나 만약 정신분석가의 도움으로 환자의 증세가 사라졌다고 한다면, 그런 경우에도 그가 환자에 대해서 어떤 인상을 받았다는 것 자체가 문제가 될 수 있을까? 절대로 그렇지는 않을 것이다. 그렇게 보았을 때 실제로 문제가 되는 경우는 정신분석가가 환자에 대해서 치료를 방해할 정도로 심각한 편견을 가지고 있는 경우, 오직 그런 경우에만 국한될 것이다. 그렇다면 정신분석가에게 요구되는 중립적 시각은 완전한 중립이 아니라 심각한 편견이 되지 않는 정도의 중립, 즉 증세의 치료를 방해하지 않을 정도의 중립이면 충분한 셈이다.

마찬가지로 정신분석가가 전이에 부당하게 개입해서는 안 된다는 제한조건 역시 전이상황의 본질적인 의미와 가치를 뒤흔들 정도로 치명적이지는 않아 보인다. 정신분석가도 그러한 위험성을 잘 알고 있을 것이며, 그렇기 때문에 그는 그러한 실수를 범하지 않기 위해서 스스로를 경계할 것이다. 그 정도면 충분하다. 물론 그러다가도 정신분석가는 자신도 모르는 사이에 전이의 발생을 유도하거나 그것에 특정한 영향을 미치게 될 수도 있다. 그러나 단지 그런 이유만으로 그의 분석에 문제가 있다고, 혹은 그가 증세의 의미를 정확하게 파악하지 못했다고 주장할 수 있을까? 그것은 정도에 따라 다르게 평가되어야 하며, 그렇게 본다면 그것에 대한 판단기준은 사실상 매우 상대적인 것이라 할 수 있다.

이러한 내용들을 모두 고려했을 때 전이의 발생과 진행의 모든 과정에서 정신분석가에게 요구되는 통제능력에 대해서는 다음과 같은 정도의 기준을 적용한다면 별다른 문제가 없을 것이다.

> 정신분석가의 분석에 의해서 환자의 증세가 치료되었을 경우, 그가 충분한 통제능력과 분석능력을 발휘했다고 보는 것이 옳을 것이다. 그리고 그 분석의 과정에서 정신분석가가 전이상황으로부터 도움을 받았다면 그 전이상황은 별다른 문제없이 발생하고 진행되었다고 보아야 할 것이다.

3. 전이상황과 일상언어

전이상황에서 정신분석가는 실제로 환자의 증세상황에 참여했으며, 그러한 직접적인 참여를 통해서 그는 환자의 무의식의 내용을 '정확하게' 알아낼 수 있었다. 그리고 정신분석가가 환자의 무의식의 내용을 정확하게 알아냈다는 것은 그가, 비록 일상언어적 의식임에도 불구하고 환자의 의식에 대하여 '메타-언어적'·'이론언어적' 위치에 있었음을 의미한다. 더구나 전이상황은 정신분석가가 환자의 증세에 직접적으로 참여하는 상황이기 때문에 그러한 직접성은 정신분석가의 분석에 대한 일상적인 수준을 넘어서는 정확성을 보증한다. 이것이 하버마스가 가다머와의 논쟁에서 정신분석, 특히 '장면적으로 이해하기'를 언급하면서 기대할 수 있는 내용이었다. 그러나 이러한 내용은 그것이 '이해의 보편적 성격'이라는 관점에서 논의될 경우 결국 넘어설 수 없는 한계를 드러내게 된다.

하버마스의 기대나 주장은 그 자신의 이론 안에서는 타당할지도 모르겠지만 가다머가 이야기하고 있는 것과는 근본적으로 다른 차원에 속해 있다고 보는 것이 옳을 것이다. 다시 말해서

> 가다머의 '이해와 (일상)언어의 관계'는 본질적인 것이며, 따라서 하버마스가 먼저 그러한 관계를 해체시키지 않고서 이해에 대한 반성을 시도한다면 그러한 시도는 어떠한 경우에도 다시 그러한 본질적인 문제로 되돌아갈 수밖에 없다.

지금까지의 이야기를 종합해 볼 때 하버마스가 정신분석을 통해서 가다머의 주장에 빈틈이 있다는 것을 증명할 수 있는 방법은 다음과 같은 두 가지인 것 같다. 하나는 정신분석가가 분석과정에서 스스로 일상언어를 벗어날 수 있음을 보이는 것이고, 다른 하나는 그가 환자의 무의식의 내용을 직접적으로 관찰할 수 있음을 보이는 것이다. 그러나 정신분석가도 결국은 사람일 텐데, '이해하는 존재'인 그가 일상언어로부터 벗어나는 것은 절대로 불가능한 일이다. 그렇기 때문에 하버마스가 실제로 시도할 수 있는 것은 두 번째 방법, 즉 무의식에 대한 직접적인 관

찰이 가능함을 증명하는 방법밖에는 없을 것이다.

그런 이유로 그는 전이상황에서 정신분석가가 특별한 능력을 발휘할 수 있음을 보이려 하고 있고, 그에 대한 증거로서 그는 전이상황이 환자가 자신의 무의식을 정신분석가에게—그를 대상으로—직접 드러내는 상황이라는 점을 강조하고 있는 것이다. 그러나 가다머의 '이해' 개념은 그것이 정신분석과 연결되어 이야기되면서 하버마스가 애초에 가졌던 생각보다 훨씬 더 예민한 모습을 드러내게 된다.

하버마스의 입장에서 보았을 때 정신분석가가 환자의 무의식의 내용을 직접적으로 파악했다는 것, 그것을 가다머의 주장에 적용할 경우 그것은 아마도 이러한 이야기가 될 것이다. '선입견의 내용이 파악되었으며, 따라서 그것에 대한 반성의 가능성이 열렸을 뿐만 아니라, 또한 메타-언어 혹은 이론언어의 가능성도 증명되었다.' 그러나 가다머는 하버마스의 주장을 전혀 다른 관점에서 바라보고 있다.

가다머에게서 중요한 것은 정신분석가가 환자의 무의식의 내용을—전이상황에서의 경우와 같이—직접적인 방식으로 알아낼 수 있느냐 없느냐 하는 것이 아니다. 그것은 '정신분석가가 환자의 무의식의 내용을 직접적인 방식으로 알아냈다'는 사실을 과연 '정신분석가가 환자의 무의식 그 자체를 반성했다'는 것과 동일시할 수 있겠느냐 하는 것이다. 그러므로 문제의 핵심은,

무의식의 '내용'이 아니라 무의식 '그 자체'이다.

만약 정신분석가가 환자의 무의식 그 자체를 반성할 수 없다면 환

자의 무의식에 대해서 어떤 방식의 반성을 하게 되든지, 그것은 필연적으로 '이해'의 영역 안에 속하는 반성일 뿐이다. 그리고 그것은 곧 '장면적으로 이해하기'에서 정신분석가의 반성 역시 결과적으로 가다머의 '이해'로부터 분명하게 차별화될 수 없다는 것을 의미한다. 그런 맥락에서 가다머는 전이상황에 대하여 하버마스에게 이러한 물음을 던질 수 있게 되는 것이다.

> '전이상황에서 환자가 자신의 무의식 그 자체를 정신분석가에게 직접 드러냈다'는 사실이 '정신분석가가 환자의 무의식 그 자체를 반성했다'는 주장과 곧바로 연결될 수 있는가?

전이상황에서 전이를 일으킨 쪽은 환자였다. 그는 자신이 의식하지 못하는 사이에 이미 무의식의 상황으로 돌아가 버린 것이다. 반면에 정신분석가에게서는 전이상황 내내 아무런 변화도 일어나지 않았다. 그것은 특히 정신분석가가 계속해서 일상언어의 차원에만 머물러 있었다는 것을 의미한다. 그럼에도 불구하고 만약 그가 메타-언어 혹은 이론언어의 위치에 있었다고 주장한다면 그것은 정확하게 어떤 것을 말하는 것일까?

정신분석가는 그 자신의 판단과 능력으로 메타-언어 혹은 이론언어의 위치로 움직인 것이 아니었다. 위치를 바꾼 것은 단지 환자의 의식과 무의식이었을 뿐이다. (환자가 무의식의 상황으로 돌아가 버렸다는 말을 여기에 적용해보자!) 정신분석가에게서 일어난 변화는 환자의 변화로부터 기인한 '상대적인' 변화에 불과했다. 전이상황에서 정신분석가 자신에게서 실제로는 아무런 변화도 일어나지 않았던 것이다. 그렇기 때문에 전이상황은 기껏해야 환자가 자신의 무의식을 일방적으로 정신분석가의 일상언어적 의식에 드러내는 상황이라고 할 수 있을 것이다. 그러므로 전이상황에서 환자의 변화는 분석가가 환자의 무의식 그 자체를 반성했다는 것과 결코 동일한 것으로 간주될 수 없다. 그 두 가지 사이에는 결코 극복될 수 없는 분명한 간극이 있다.

> 환자가 드러내는 무의식을 정신분석가가 일상언어적으로 받아들이지 않았다면, 다시 말해서 환자의 무의식이 정신분석가에게 '말되어진 것 혹은 말해진 어떤 것(ein Gesagtes)'으로 드러나지 않았다고 한다면, 정신분석가는 어떤 경우에도—설사 그것이 환자가 자신의 무의식을 직접 그에게 드러내는 상황이라 할지라도—그것으로부터 아무것도 알아낼 수 없을 것이다.

가다머의 관점에서 보았을 때, 전이상황이 그의 주장에 대한 예외가 될 수 있기 위해서는 정신분석가의 일상언어적 의식이 일상언어의 영역과 한계를 분명하게 뛰어넘을 수 있어야만 한다. 그것 외에 다른 경우는 있을 수 없다. 그러나 그것은 전혀 불가능한 일이다. 왜냐하면 그것은 결국 정신분석가가 자기 자신으로부터 완전히 벗어나는 것을 의미하기 때문이다. (이해하는 존재가 '이해'로부터 벗어나는 것은 불가능하다.) 정신분석가의 일상언어적 의식은 언제까지나 일상언어적 의식일 뿐이다. 그리고 그것의 활동은 예외없이 '이해'의 영역에 속할 수밖에 없다.

전이상황을 포함하는 정신분석의 전(全)과정에서 정신분석가가 자기 자신인 일상언어적 의식으로부터 벗어난 때가 있었는가? 결코 그렇지 않다. 전이상황에서 환자의 변화는 오직 환자에게만 속해 있을 뿐이다. 환자에게서 일어난 변화는 정신분석가의 본질적인 성격, 즉 이해하는 존재로서 '이해함'에 대해서 아무런 영향도 미칠 수 없었다. 다시 한번 강조하겠지만, 정신분석가가 환자로부터 무엇을 이해했다면 그것은 예외 없이 '말해진 어떤 것'이다. 따라서 정신분석가가 반성했던 것 역시 환자의 무의식 그 자체가 아니라—하버마스가 그것과 동일한 것으로 생각했던—'말해진 어떤 것'이었다. 그리고 그것은 명백하게 언어적 경험이었다. 전이상황의 특수성을 그대로 인정한다 하더라도, 그것으로부터 정신분석가가 알아낸 모든 것은 예외없이 일상언어적으로 이해한 것일 뿐이다.

4. 하버마스의 성공과 실패

하버마스가 가다머에게 맞서면서 정신분석을 내세웠던 이유는 이러한 것이었다.

> 가다머의 '이해하는 의식'은 체계적으로 왜곡된 의사소통의 경우에는 적합하지 못한 것으로 드러난다. [⋯] 병리적인 경우라고 한다면 [⋯] 대화 참여자들은 자기들의 의사소통이 붕괴되어 있음을 깨닫지 못한다. 그것은 다름 아닌 거짓 의사소통의 상태라고 할 수 있는데, 그런 경우에는 오직 외부에 있는 관찰자만이 그들이 서로 오해하고

있다는 사실을 포착할 수 있다. 왜냐하면 거짓 의사소통도 어쨌든—물론 거짓된 것이기는 하겠지만—'합의'를 만들어내기 때문이다. 그렇게 형성된 오해의 체계 안에서라고 한다면 문제는 제대로 인식될 수 없을 것이다.

Hermeneutik und Ideologiekritik, 133~134쪽.

하버마스의 관점에서 보았을 때 가다머의 '이해' 개념은 분명한 한계를 드러내고 있다. 이해하는 의식에게는 의사소통 과정에서 발생하는 오해의 체계를 인식하거나 바로잡을 수 있는 능력이 없다. 이해의 과정은 일상언어적 의사소통만으로 이루어지며, 우리의 의식은 일상언어적 차원의 의사소통에만 참여할 수 있을 뿐이다. 그렇기 때문에 일상언어적 차원에서 왜곡이 발생할 경우—그런 경우를 충분히 생각할 수 있음에도 불구하고—가다머의 주장만으로는 그것에 대해서 아무것도 설명할 수 없으며, 따라서 아무 대책도 내놓을 수 없는 것이다. 반면에 하버마스는 그러한 왜곡이 왜, 어떤 이유로 발생하는지, 또한 그것을 어떻게 치료할 수 있는지 분명하게 밝히고 있다. 그리고 그런 치료가 적용되는 구체적인 사례로서 정신분석을 제시하면서 그것의 치료과정을 치밀한 계획에 따라 한 단계 한 단계 따라나가고 있는 것이다.

하버마스의 시도가 성공하기 위해서 그는 우선 정신분석 그 자체가 이론적으로도 그리고 실제적으로도 성공적이라는 것을 증명해 보여야 한다. 그리고 다시 그것이 가다머의 주장에 무리 없이 적용될 수 있음을 보여야 한다. 이것이 하버마스가 원하는 것을 얻기 위한 조건이라고 한다면, 첫 번째 조건은 이미 만족스러울 정도로 충족되어 있다고 보아도 될 것 같다. (정신분석이 이론적으로 얼마나 치밀하고 탄탄한 것이었나? 그리고 그 이론을 적용해서 증세가 성공적으로 치료된 사례들이 얼마나 많이 있었는가?) 따라서 만약 하버마스가 두 번째 조건만 충족시킬 수 있다면 그는 결국 자신의 목표에 도달하게 될 것이며, 그와 더불어 가다머가 주장하는 이해의 특수하고도 보편적인 성격은 하버마스에 의해서 제한될 수밖에 없을 것이다. 그것이 가능하기 위해서 하버마스가 해야 하는 작업은 여기에서 다시 다음과 같은 두 가지 단계로 나누어지게 될 것이다. 첫째, 정신분석이 가다머의 주장에 무리 없이 적용될 수 있을 정도로 그 두 가지가 구조적으로 충분히 유사한가를 검증하는 단계, 둘째, 정신분석을 실제로 가다머의 주장에 적용해서 그것의 한계를 드러내는 단계.

이번에는 가다머의 입장을 다시 한 번 간단하게 정리해 보도록 하자. 가다머는 우리가 '이해하는 존재'라고 주장했는데, 그의 주장이 옳다고 한다면 '이해함'은 우리가 존재하는 방식이 되는 셈이다. 그리고 그것이 우리의 '존재방식'이라고 한다면 그것은 어떠한 경우에도 우리의 자의적인 선택의 결과일 수 없다. 그러므로 가다머의 견해를 그대로 따라가 보면 '이해'는 우리 정신활동의 어느 일부가 아니라, 우리의 모든 정신활동의 기반 혹은 그 모든 정신활동 자체라고 할 수 있다. 다시 말해서 우리가 어떤 식으로 존재한 다음에 이해를 경험하게 되는 것이 아니라, 이해의 경험 그 자체가 이미 우리의 존재라는 것이다.

가다머는 그와 관련된 논의에서 '그것이 어떤 성격의 것인가? 혹은 그것이 어떤 과정으로 발생하게 되는가?'에 대해서만 이야기하고 있을 뿐이다. 반면에 '그 안에 어떤 내용이 포함되어 있는가?' 하는 것에 대해서는 어떠한 구체적인 언급도 하지 않고 있다. 간단히 말해서 그가 하고 있는 이야기는 '이해가 대화의 방식으로 발생하며, 대화 참여자들은 특정 시야나 관점과 같은 나름의 배경을 가지고 있다'는 것이 전부이다. 그렇게 보면 거기에는 이미 '배경에 대해서는 검증이 불가능하니까 결과만 있는 그대로 받아들이라'는 전제가 깔려 있는 셈이다.

가다머가 말하는 '이해'의 과정이 언제나 이미 가지고 있는 어떤 시야나 관점에서 출발한다고 한다면, 그것은 결과적으로 우리가 언제나 '선입견'을 가지고 이해한다는 것과 같은 이야기가 된다. 그런데 문제는 '우리의 시야나 관점 같은 선입견이 어떤 내용의 것인가?' 혹은 '그것이 실제로 어떤 작용을 어떻게 하고 있는가?' 하는 것에 대해서 우리가 전혀 알 수 없다는 것이다. 가다머는 '그런 것들이 실제로 있다'는 것과 '우리가 그것들을 의식한다'는 것 사이에 어떤 차이가 있는지 '빛'의 역할에 대한 비유를 통해서 다음과 같이 이야기하고 있다.

> 빛은 물론 그것이 비추고 있는 어떤 것이 아니다. 빛은 다른 것을 보이게 하는 동안에, 오직 다른 것을 보이게 함으로써만 자신을 드러낸다.
>
> *Wahrheit und Methode*, 486쪽.

하버마스가 가다머와의 논쟁에 정신분석을 끌어들였던 것은 단순한 '아이디어' 차원에서만은 아니었다. 왜냐하면 정신분석은 다음과 같은 두 가지 면에서 가다머의 '이해' 개념에 내용적으로 매우 밀접하게 연결되어 있기 때문이다. 첫째, 정신분석의 대상으로서 환자의 증세는 '의식할 수 없는 영역'에 속한다. (가다머가 말하는 '선입견'도 의식할 수 없는 영역에 속한다.) 둘째, 정신분석가는 환자의 증세, 즉 그의 무의식을 다루게 된다. (가다머가 말하는 '선입견'을 다루는 것과 같다.) 이러한 구조적 유사성을 고려했을 때, 하버마스가 정신분석을 가지고 가다머에게 맞섰던 것은 대단히 적절한 방식이었다고 볼 수 있을 것이다. 그러나 '그러한 구조적 유사성이 과연 가다머의 주장을 실제로 제한할 수 있겠는가?' 하는 것은 별도로 진행되어야 할 이야기일 것이다.

가다머는 이해를 '언어적 사건'으로 규정했으며, 그런 이유로 이해의 성격은 언어의 성격에 의해서 결정될 수밖에 없다. 같은 맥락에서 만약 이해 자체에서 어떤 문제점이 발견된다고 한다면 그 문제점에 대해서는 언어 자체에 대한 반성을 통해 접근해 들어가야 할 것이다. 그럼에도 불구하고 하버마스의 입장에서 보았을 때, 가다머는 언어를 '절대화'시키면서 그것에 접근할 수 있는 길을 사전에 모두 차단해 놓고 있다. 그것이 바로 그들 사이에서 논쟁이 시작된 계기였는데, 그렇다면 그 논쟁의 논점은 한마디로 이렇게 압축될 수 있을 것이다. '언어 그 자체가 반성될 수 있겠는가?'

가다머의 관점에서 언어는 모두 일반적인 언어, 즉 일상언어일 뿐이다. 반면에 하버마스는 일상언어 외에도 이론언어를 가정했다. 그의 가정에 따르면, 이론언어는 일상언어와는 다른 차원에 위치해 있으면서 그곳으로부터 일상언어를 반성할 수 있다. 우리가 이론언어가 어떤 것인지 알 수 있는 경우는 그것이 매우 특수한 경우에 특별한 역할을 함으로써 자신을 드러내는 때인데, 하버마스는 그 특수한 경우가 바로 정신분석이며, 그 특별한 역할은 정신분석가의 역할이라고 주장하고 있다. 그도 그럴 것이 정신분석에서 환자의 증세는 일상언어의 차원에서 발생하며, 만약 정신분석가의 치료에 의해서 증세가 사라졌다고 한다면 그 치료는 일상언어보다 높은 차원, 즉 메타-언어적·이론언어적인 차원에서 이루어졌다고 볼 수 있기 때문이다.

정신분석가의 치료 역시 일상언어의 차원에서 이루어지는 것이다. 그래서 그것과 일상적인 차원의 해석이 어떤 점에서 뚜렷하게 구별될 수 있는지는 그리 분명한 것 같지 않다. 그것은 정신분석 과정이 대체적으로 이렇게 이루어져 있기 때문이다.

> 정신분석가는 환자의 이야기를 듣고 그것에 대해 판단한다. 그리고 환자는 정신분석가의 판단에 동의하고, 그것으로 환자의 증세는 극복된다.

듣고 판단하는 것, 그리고 그 판단에 동의하는 것, 정신분석의 과정이 그렇게 구성되어 있다고 한다면 그것은 분명하게 일상언어의 차원에서 이루어지는 대화일 뿐이며, 그러므로 언어 그 자체를 반성하려는 하버마스의 시도는 결국 실패할 수밖에 없을 것이다.

그것은 전이상황에서도 역시 마찬가지이다. 전이상황에서 정신분석가가 정말로 환자의 증세적 상황의 일부가 된다고 하더라도, 그는 어쨌든 환자의 이야기를 듣고 그 이야기에 대해서 판단하는 구조를 벗어날 수 없다. 그런 상황에 대해서 하버마스가 할 수 있는 말은 단지 이런 정도에 불과할 것이다. '정신분석가를 그의 환자와 비교했을 때 그의 역할은 환자보다 '상대적으로' 한 단계 높은 차원의 것으로 평가될 수 있을 것이다.'

설득력이 있는 이야기이다. 그러나 그것은 역할을 기준으로 하는 상대적인 우위이지, 언어의 차원을 기준으로 하는 실제적인 우위가 아니다. 따라서 우리는 정신분석을 중간에 두고 그들이 펼쳤던 논쟁으로부터 이러한 결론을 끌어낼 수 있을 것이다. '하버마스의 시도가 대단히 훌륭하기는 했으나 결과적으로 성공에 이르지는 못했다.'

5. 가다머와 하버마스 공통의 딜레마

이야기를 훨씬 더 위쪽으로 거슬러 올라가 보기로 하자. 가다머의 작업은 모든 학문의 토대를 찾는 관심으로부터 시작된 것으로 볼 수 있다. 그런 관심으로부터 그는 특히 학문의 주체로서 우리 자신에 대한 성격규정에 연구의 초점을 맞추었으며, 그 결과로서 우리가 이해하는 존재, 즉 '이해함'이라는 사실을 밝혀냈다. 또한 우리의 존재가 역사성을 바탕으로 하고 있다는 사실을 고려한다면 이해의 발생을 경험하는 우리의 의식은 자연스럽게 영향사적 의식으로 드러나게 된다.

학문 주체의 성격이 그렇게 규정되었다고 한다면 그 규정은 마땅히 모든 학문들에도 예외없이 적용되어야 할 것이다. 그것은 곧 영향사적 의식의 역사성이 모든 학문의 토대가 된다는 것을 의미하는데, 그런 점이 고려되지 않았다고 한다면 처음부터 출발점을 잘못 선택했다고 볼 수 있겠다. 그러나 한편으로 역사성이 우리 의식의 성격을 나타내는 한, 우리의 의식은 언제나 그런 역사성이 유발하는 부정적인 영향을 받게 될 가능성에 직면해 있는 셈이다. 그럼에도 불구하고 그 영향은 내용을 검증할 수 없는 방식으로 발생하기 때문에 그것이 구체적으로 어떤 내용의 것인지 그런 것을 묻는 것도 무의미할 뿐만 아니라, 누군가 그렇게 묻는다 하더라도 그 물음에 정확한 답을 찾는 것은 아예 불가능한 일일 것이다.

가다머는 이해가 왜곡되거나 혹은 반성될 가능성을 처음부터 매우 쉽게 배제해 버릴 수 있었다. 이해가 우리의 존재와 관련되어 있는 한, 그것은 적어도 반성될 수 있는 하나의 대상이 아니기 때문이다. 반면에 하버마스의 입장에서 가다머는 단지 역사성이 앞서 작용하고 있다는 것만을 강조하고 있을 뿐이다. 그러나 앞서 작용한다고 해서 그것이 곧바로 정당하다는 근거가 될 수 있는 것은 아니다. 정당성은 어디까지나 '검증'을 거친 이후에나 비로소 부여받을 수 있는 것이기 때문이다.

하버마스의 요구가 무리한 것이 아니라고 한다면 가다머는 자기가 주장한 내용에 대해서 스스로 '제한조건'을 덧붙여야 할 것이다. (하버마스는 그것을 '자동적으로 비판적 반성의 개입을 요청하게 된다'라고 표현했다.) 이와 같이 가다머가 이해와 영향사적 의식을 내세우고 있다고 한다면 하버마스는 비판적 반성으로 그것에 응수하고 있는 것이다. 그렇게 보았을 때 하버마스의 비판적 반성은 가다머의 이해와 더불어 학문의 영역 전체에, 더 나아가서 우리 정신생활의 영역 전체에 또 다른 토대가 된다고 할 수 있을 것이다.

하버마스가 가다머에게 '검증도 없이 어떻게 이해 자체에 정당성을 부여할 수 있겠는가?' 하고 묻는 이유는 결과적으로 다음과 같은 두 가지를 주장하기 위해서이다. 하나는 가다머의 해석학에는 정당성의 검증을 위한 비판적 기능이 없다는 것, 그리고 다른 하나는 그것이 오직 비판적 반성에 의해서만 가능하다는 것이다. 비판적 반성의 능력을 증명하기 위해서 하버마스는 먼저 영향사를 극복할 방법부터 찾아야 한다. 그것이 먼저 극복되지 않는다면 그러한 검증작업 역시 검증 대상인 역사성의 영향을 받을 수밖에 없기 때문이다. 그래서 하버마스는 일상언어적 이해에 이론언어적 반성을 마주세움으로써 비판적 반성의 가능성을 증명하고자 했다. 그는 비판적 반성이 이론언어적 차원에서나 가능한 심층적인 분석능력을 가지고 있음을 확신했다. 그러나 하버마스가 시도했던 분석은 그것이 정말로 심층적인 분석이었음에도 불구하고 역사성을 극복할 수 있을 정도는 아니었다. 하버마스식 이론언어는 결국 (가다머의) 일상언어와 뚜렷하게 구별될 수 없었으며, 결론적으로 그것은 그의 비판적 반성이 이론언어적 차원의 반성에 실패했다는 뜻이 되는 것이다.

결과만 놓고 본다면 하버마스의 비판적 반성은 분명히 심각한 곤경에 처하게 된다. 그리고 그런 상황에서 하버마스가 취할 수 있는 태도는 대체적으로 둘 중에 하나인 것 같다. 그것은 가다머의 견해에 더욱 적극적으로 맞서거나, 아니면 그것을 기꺼이 자신의 이론 안으로 받아들이는 것이다. 전자는 정신분석보다 더 강한 반례를 찾아보는 것을 의미하며, 후자는 그러한 시도를 완전히 포기하는 것을 의미한다.

하버마스에게 정신분석은 가다머의 견해에 대한 '유일한' 반례였기 때문에 더 강한 반례를 찾는 노력은 아무런 의미도 없을 것이다. 따라서 그는 선택의 여지가 없이 비판적 반성의 한계를 인정하고, 가다머의 주장을 수용하는 선에서 그것의 성격을 새롭게 규정해야 할 것이다. 그러나 그렇다고 해서 그것이 곧 가다머의 주장이 모두 그대로 유지될 수 있다는 것을 의미하는가? 혹은 그가 하버마스의 생각을 완전히 무시해 버려도 된다는 것을 의미하는가? 결코 그렇지 않을 것이다. 비록 하버마스가 가다머의 주장에 대한 반례를 찾아내는 작업에는 실패했음에도 불구하고 적어도 그가 논쟁을 시작하면서 제기했던 문제들은 아직까지 그대로 남아 있기 때문이다. 그러므로 하버마스는 여기에서조차 가다머에게 이런 물음을 던질 수 있을 것이다.

> 당신은 이해가 왜곡되어 발생할 가능성을 여전히 부정할 수 없을 것이다. 그렇다고 한다면 당신 역시 어떻게 하든지 비판적 반성을 당신의 이론 안으로 받아들이려는 노력을 해야 하지 않을까?

달라진 것은 하버마스가 더 이상 지금까지와 같은 방식으로, 즉 직접적인 반례를 찾는 방식으로 가다머의 주장에 맞설 수 없게 되었다는 사실 뿐이다. 그것은 가다머와 하버마스의 논쟁이 아직 완전히 끝나버린 것이 아님을 의미한다. 그들은 서로에게 아직도 하고 싶은 이야기가 많이 남아 있을 것이다.

앞에서 이야기했던 바와 같이 가다머의 관심은 학문의 토대를 찾는 것에 있었다. 그 토대는 성격상 모든 학문의 출발점이 되어야 하며, 가다머가 내렸던 결론은 그것이 무엇인가 하는 것을 분명하게 말해주고 있다. 그러나 대단히 역설적이게도 그 토대는 가다머에게만은 학문적 작업의 출발점이 아니라 어디까지나 도착점이었다. 그리고 다른 모든 학문들의 입장에서도 그것은 출발점이라기보다는 오히려 막다른 골목에 가까웠다. 그 막다른 골목에서 학문의 주체로서 우리 인간은 더할 나위 없이 유한한 존재로 규정되며, 그에 따라 모든 학문들은 바로 그곳에서 무기력하게 자신의 한계를 인정할 수밖에 없게 되어버린 것이다. 따라서 만약 가다머의 주장을 적절하게 그리고 효과적으로 반박할 수 없다고 한다면 모든 학문들은 이제부터 그 '근본적인 유한성'을 그것들의 출발점으로 삼아야 할 것이다. 그러나 적어도 학문에 있어서 유한성은 인정의 대상이 아니라 극복의 대상이 되어야 하는 것이 아닐까?

그것은 학문의 본질과 직접적으로 관련되어 있다. 만약 학문이 먼저 그것의 한계를 인정하고 그것으로부터 출발해야 한다면, 그것으로부터 나온 결과가 우리에게 과연 어떤 의미와 가치가 있을까? 지금처럼 유한성이 학문의 토대가 된다는 것은 결국 학문의 기반을 흔드는 것이며, 그런 의미에서 가다머는 한편으로 모든 학문의 토대를 발견했던 동시에 다른 한편으로 바로 그곳에서 모든 학문의 토대를 흔들어 버렸던 것이다.

가다머는 우리의 존재가 학문적 방법에 앞선다는 사실로부터 그것이 모든 학문의 토대가 되어야 한다고 생각했다. 그러나 그 토대는 그것이 학문적 방법에 앞서 있기 때문에 바로 그런 이유로 학문적 대상이 될 수 없다. 그러한 주장은 가다머에게 다음과 같은 문제를 일으키게 된다. '그의 주장이 다른 학문들의 토대가 될 수 있을지는 몰라도 그렇게 되면 그것은 다른 학문들로부터 완전히 고립될 수밖에 없다.'

가다머는 이해의 역사성을 학문적으로 접근이 불가능하고 또한 극복도 불가능한 우리의 본질로 간주했다. 그리고 그 역사성이 전통과 같은 선입견의 작용을 의미한다고 한다면, 가다머의 주장이 겪는 고립은 바로 그런 선입견(의 주장)으로부터 기인했다고 할 수 있을 것이다. 그렇다고 한다면 그런 고립으로부터 벗어나기 위해서 가다머는 선입견을 다른 학문들과 연결시킬 방도를 찾아야 할 것이다. 그런데 그것이 지금과 같은 논쟁상황에서 어떤 의미를 가질 수 있을까? 바로 이런 것이 아니겠는가?

'선입견은 정당성에 대한 검증을 통해서 다른 학문들과 연결될 수 있으며, 또한 그러한 검증의 시도 자체가 이미 다른 학문들과의 연결이다.' 가다머가 자신의 주장을 철저한 고립으로부터 벗어나게 하려면 그는 어떤 방식으로든 비판적 반성을 그의 이론 안으로 받아들여야 할 것이다. 또한 그렇게 해야 하버마스가 했던 정당한 요구와 더 이상 마찰을 일으키지 않게 될 것이다.

논쟁의 일차적 결론으로서 '이해의 역사성', 즉 우리 인간의 유한성은 잠정적인 우위를 점하게 된 가다머에게나 혹은 상대방의 그런 우위를 인정해야 하는 하버마스 모두에게 매우 어려운 과제를 안겨주었다. 결론만을 놓고 보았을 때 특히 비판적 반성을 주장했던 하버마스에게 그것은 그의 시도가 사실상 실패로 끝난 것과 다름이 없었다. 하버마스가 어떤 것을 어떤 방식으로 논의한다 하더라도, 비판적 반성과 영향사적 의식이 분리되지 않으면 비판적 반성의 결과는 다시 역사성의 영향권 안에 놓이게 된다. 그러나 그러한 분리는 절대로 불가능하다는 사실이 이미 우리 앞에 분명하게 드러나 있다. 따라서 하버마스는 그의 이론 안으로 반드시 가다머가 주장하는 이해의 역사성을 받아들여야만 하며, 또한 그 스스로 비판적 반성과 이론언어의 한계를 정하는 작업을 시작해야만 할 것이다.

반면에 하버마스의 입장에서 보았을 때 그는 어쨌든 가다머의 주장과 일정한 정도의 거리를 유지하려 할 수밖에 없을 것이다. 비록 그의 시도가 실패로 끝나기는 했지만 그 시도의 계기가 되었던 주장은 여전히 정당한 것으로 남아 있기 때문이다. 그러므로 그가 선택할 수 있는 최선의 대안은 다음과 같은 것이며, 그것을 충족시키는 대상을 향해서 새롭게 자신의 이론을 이끌어야 할 것이다.

> 비판적 반성의 대상은 이해나 언어 그 자체가 아니라 '그것들, 그리고 그것들에 영향을 미치는 것 사이의 영향관계'이며, 동시에 그 영향관계는 우리의 의식이 물론 그것이 영향사적 의식임에도 불구하고 반성할 수 있는 것이어야 한다.

가다머의 주장이 비교적 온전하게 유지될 수 있다는 것이 지금까지의 이야기에서 내릴 수 있는 결론이었다. 그럼에도 불구하고 그 결론은 가다머와 하버마스 사이의 논쟁을 완전한 종착점으로 이끌지는 못했다. 방금 이야기했던 바와 같이 하버마스는 가다머의 주장을 자신의 견해 안으로 받아들여야 하는 새로운 과제를 부여받았다. 그리고 가다머 역시 하버마스의 정당한 주장에 맞도록 자신의 이론을 수정해야 하는 새로운 과제를 부여받았다. 따라서 정신분석과 관련된 내용을 중심으로 했던 이야기들이 종료됨과 더불어 우리에게는 오히려 거기서부터 더 새롭고 발전적인 이야기들이 나올 가능성이 열리게 되는 것이다.

6. 언어와 사회

가다머는 이해하는 존재로서 우리의 의식을 영향사적 의식이라고 규정했다. 영향사적 의식이란 역사의 영향을 받는 의식이며, 따라서 이해는 역사성을 그 본질로 갖게 된다. 이해가 역사성을 갖는다는 것, 그것은 이해의 발생과정에서 우리의 의식에 과거의 역사가 전승된다는 것, 그리고 우리의 의식이 그렇게 전승되는 역사를 경험한다는 것을 의미한다. 이것이 가다머의 주장에 담긴 이해의 가장 중요한 성격이라고 한다면 거기에는 다음과 같은 두 가지 내용이 전제되어 있다고 볼 수 있는데, 그 전제들은 가다머와 하버마스가 가지고 있는 입장 차이를 매우 뚜렷하게 보여주고 있다. 하나는 이해가 (혹은 그것의 과정은) 오직 개인적인 경험의 차원에서 이야기될 수 있는 사건이라는 것이다. 그리고 다른 하나는 이해의 역사성이—시간적으로—수직적인 영향관계의 관점에서 그것을 중심으로 설명되어야 하는 개념이라는 것이다. (물론 '지평융합'이라는 관점에서 본다면 이해는 공간적·수평적 의미나 성격을 갖기도 한다. 그러나 그것의 형성은 어디까지나 역사성을 바탕으로 하고 있으며, 그런 의미에서라고 한다면 그것의 시간적·수직적 의미나 성격이 우선적으로 고려되어야 할 것이다.)

가다머의 견해에 따르면 이해는 언제나 개인에게서만 발생하는 사건이며, 개인으로서 우리 인간은 그러한 사건을 경험하는 존재, 즉 '이해하는 존재'이다. 만약 개인으로서 우리 인간이 존재하지 않는다면 이해되는 것 역시 있을 수 없으며, 그런 의미에서 인간의 존재는 이해될 수 있는 것들의 근본적인 성격을 규정하는 단 하나의 기준이 된다. 그러나 그것이 곧 '이해의 발생이 개인의 선택에 의존한다'는 것을 의미하지는 않는다. 인간의 존재는 인간이 선택할 수 있는 모든 것에 앞서 있으며, 인간이 그렇게 존재하는 한, 이해될 수 있는 것들이 우리 인간에게 이해되고 있을 뿐이다. 또한 가다머의 이해 개념이 인간의 존재를 통해서 설명될 수 있다면, 이해에 대한 설명에서 인간의 존재는 복수가 아니라 언제나 단수, 즉 '개인'이다. 이해는—우리들의 이해가 아니라—오직 '나'의 이해이며, 그렇기 때문에 만약 가다머가 이해와 관련해서 '우리'를 언급한다면 그것은 단순히 '나'의 집합으로서 '우리'를 의미할 뿐이다.

하버마스는 가다머와는 완전히 다른 방향에서 이해 개념을 바라보고 있다. 가다머의 목적이 이해 혹은 이해하는 존재 자체의 성격을 규명하는 것이라고 한다면 하버마스의 관심은 주로 그것에 영향을 미치는 다양한 사회적 조건들을 밝히는 것에 있다. 즉 가다머가 이해를 철저하게 개인의 차원에서 논의하고 있는 반면, 하버마스에게서 이해 개념은 '사회적 삶의 세계'라는 영역으로 확장되는 것이다. 그는 사회가 개인들이 서로 영향을 주고받는 장소, 즉 '상호작용'의 장소로서 역할을 하고 있다고 본다. 그렇기 때문에 사회적 상호작용은 그에게 역사성과 더불어 이해의 성격을 결정하는 매우 중요한 요소가 되는 것이다. 따라서 가다머가 이해의 역사성에 대하여—시간적으로—수직적인 영향관계를 전제하고 있다면, 그것과 비교했을 때 하버마스의 관점은 다음과 같은 배경으로부터 출발한다고 볼 수 있다. 즉 이해의 성격은—공간적으로—'수평적인' 영향관계의 관점에서, 즉 상호적인 영향관계의 관점에서 이야기해야 한다.

이와 같이 그 두 철학자는 동일한 대상을 향해서 서로 다른 방향으로부터 출발했다고 할 수 있다. 그렇기 때문에 그들은 결국 어떤 특정한 지점에서 서로 충돌할 수밖에 없었는데, 그 특정한 지점은 바로 '언어'였다. 그런 이유로 언어는 가다머와 하버마스의 모든 관점들이 한꺼번에 교차하는 장소라고 할 수 있을 것이다.

언어는 가다머의 주장 거의 모두를 포괄하는 가장 넓은 개념이다. 가다머는 언어를 '이해' 그 자체로 간주했으며, 그런 면에서 언어는 어떤 면에서 '우리 자신'이라고까지 할 수 있었다. 그는 언어의 그런 포괄적인 성격을 특히 '놀이' 개념을 통해서 밝히고 있는데, 그와 관련된 내용은 우리가 앞에서 이미 충분하게 다뤘던 바 있다. 어쨌든 놀이 개념을 통해서 가다머가 하고자 했던 이야기는 바로 이런 것이었다. '마치 중단될 수 없는 놀이를 하고 있는 것처럼 우리는 언어로부터 결코 벗어날 수 없다. 그렇기 때문에 우리가 언어로부터 빠져나와서 그것 자체를 하나의 대상으로 반성하는 것은 불가능하다.'

가다머가 언어를 주로 개인 차원에서 이야기하고 있다면 하버마스는 그것을 '사회이론'의 차원으로 옮겨놓고 따져보려 하고 있다. 사회이론을 배경으로 할 경우 관심의 대상은 언어 그 자체가 아니라, '언어와 언어 외적 요소 사이의 상호작용'으로 바뀌게 될 것이다. 그렇게 되면 하버마스는 그가 원래 가지고 있었던 목표, 즉 전통과 같은 선입견의 반성에 한 걸음 더 가까이 다가서게 될 가능성이 높다. 왜냐하면 이해와 언어를 사실상 동일시하는 상황에서 전통이 선입견으로서 이해에 영향을 미치고 있다고 한다면 같은 방식으로 그것은 언어에도 영향을 미치고 있을 것이기 때문이다. 따라서 이제 그런 영향을 언어와 언어 외적 요소 사이의 관계로 정확하게 정리하기만 한다면 지금의 이야기는 하버마스의 주도하에 마무리가 될 수도 있을 것이다. 중요한 것은 이 모든 것이 '사회'를 배경으로 하기 때문에 가능하다는 것이다. 구체적으로 하버마스의 관점에서 언어는 사회와 다음과 같은 관계를 맺고 있다.

> 사회적 행위는 일상언어적 의사소통 안에서 형성되고 언어 역시 사회적 과정에 의존한다.
>
> 언어는 사회적 지배와 사회적 권력의 매개체이고, 조직화된 권력관계들을 정당화하는 작업에 봉사한다. 그렇기 때문에 언어를 통해서 실제적인 강요가 사회 속으로 들어가게 된다.
>
> 사회 안에서 발생하는 생산양식의 변화는 언어적 세계 개념의 구조를 변경시킨다.
>
> *Hermeneutik und Ideologiekritik*, 52쪽.

이와 같이 하버마스는 언어가 사회에 특정한 영향을 미치고 있으며, 동시에 언어 역시 사회로부터 특정한 영향을 받고 있다고 생각한다. 예를 들어 그는 '노동'과 '지배'가 언어와 함께 사회적 행위를 이해할 수 있는 객관적인 요소들이라고 생각한다. 그리고 그러한 사회적 요소들 중의 하나로서 언어는 다른 사회적 요소들과의 관계 속에서 비로소 세계경험으로 연결될 수 있다. (그렇게 보았을 때 '노동'과 '지배' 같은 것은 명백하게 사회 안에서 언어와 서로 영향을 주고받는 언어 외부적 조건이라고 할 수 있을 것이다.)

비판적 반성의 대상이 지배, 강요, 권력 같은 것이라고 한다면 언어도 반드시 비판적 반성의 적용 대상이 되어야 한다. 왜냐하면 하버마스가 말했던 것처럼 언어 역시 그런 것들에 얼마든지 관련되어 있을 수 있기 때문이다. 그러므로 가다머가 언어를 그렇게 중시하고 있다면 그는 자발적으로 비판적 반성을 자신의 이론 안으로 받아들여야 할 것이다. 이처럼 개인을 중심으로 했을 때 이야기가 전반적으로 가다머에게 유리하게 돌아갔던 것과는 반대로, 사회를 중심으로 이야기할 경우 다시 하버마스에게 주도권이 넘어오게 되는 것처럼 보인다. 그러나 가다머는 한편으로는 하버마스의 지적을 옳은 것으로 인정하면서도 또 다른 한편으로는 그것에 상반되는 태도를 보이고 있다. 가다머가 했던 말이다.

> (내가 취하는 태도는) 실제로 매우 거칠고 일방적이며 불합리하게 보인다. 그럼에도 불구하고 이 말은 여전히 유효하다 : '이해될 수 있는 존재는 언어이다.'
>
> *Hermeneutik und Ideologiekritik*, 71쪽.

가다머는 이해에 대한 언어 외적 요소들의 작용 가능성을 부정하지 않는다. 그가 주장하는 것은 단지 우리의 이해와 관련해서 의미를 가질 수 있는 존재는 예외없이 언어라는 것이다. 그것은 하버마스가 말했던 언어 외적 요소들의 경우에도 역시 마찬가지이다. 그런 취지에서 가다머는 다음과 같이 말한다. '강요를 담고 있는 사회적 실체들이 자신을 드러내는 곳, 그곳은 언제나 언어적 의식이다.'

그 말은 마치 언어 외부에 사회적 실체가 따로 있어서 언어가 그것을 우리에게 매개하고, 그런 매개를 통해서 우리가 그것들을 실체로서 인정하게 된다는 말처럼 들리기 쉽다. 그러나 그간 가다머가 해온 이야기들을 생각해 보면 그것을 그런 의미로 받아들이는 것은 별로 바람직해 보이지 않는다. 아마도 그가 하버마스에게 실제로 하고자 했던 이야기는 이런 것 같다.

> 당신의 말대로 사회적 실체가 있다 하더라도, 어쨌든 우리가 그것을 실체로 받아들일 수 있는 것은 그것이 우리의 의식에 '언어로' 드러났기 때문이다. 그러므로 우리에게 있어서 사회적 실체라고 하는 것 역시 언어일 뿐이다.

우리는 언어를 통해서 어떤 것을 이해하는 것이 아니다. 이해할 수 있는 '실체'는 언어뿐이며, 그런 의미에서 언어 그 자체가 이미 이해인 셈이다. 우리는 앞에서 정신분석이 언어 그 자체의 반성에 성공하지 못했다는 결론을 내렸고, 그 다음에 하버마스가 그의 이론을 새로운 방향으로 이끌어야 한다는 이야기를 했었다. 그리고 그 새로운 방향은 다름이 아니라 '언어와 언어 외적 요소 사이의 영향관계'에 비판적 반성을 적용하는 것이었다. 그러나 거기에서조차도 소위 '언어에 영향을 미치는 것'은 우리에게 언어로 드러나야만 비로소 '실체'가 될 수 있었다. 따라서 사회를 배경으로 할 경우 물론 더 새롭고 발전적인 이야기들이 나올 가능성이 열리기는 하겠지만, 그렇다고 할지라도 그동안 굳어진 전체적인 구도가 변화를 겪는 일은 발생하지 않을 것이다.

7. 영향사적 의식과 역사적 의식

가다머가 『진리와 방법』을 내놓고 왕성하게 학술활동을 했던 시기가 대체적으로 1960, 1970년대라고 한다면, 그 시기에는 이미 '포스트-모던' 문화가 대중화된 흐름으로 자리 잡아 가고 있었기 때문에 그에게 있어서도 '보편'을 말하는 것 자체가 적잖이 부담스러웠을 것이다. 구체적으로 '포스트'는 '~ 다음의' 혹은 '~ 이후의' 정도의 의미를 갖는다. 그렇기 때문에 포스트-모던은 근대 이후, 즉 '탈근대(脫近代)'로서 근대에 대한 반발의 의미를 담고 있다. 실제로 근대가 '이성, 합리, 계몽, 과학'과 같은 것에 대한 신뢰를 바탕으로 한다면 포스트-모던은 그런 것들 모두를 의심하고 해체시키려 하는 특징을 가지고 있었다. (학문적으로는 훨씬 오래 전부터 그런 경향이 생겨났으나 대중화된 흐름으로 자리 잡은 것은 비교적 근래의 일이다. 학자들마다 견해가 엇갈리고 있지만 대체적으로 가다머가 활동하던 1960, 1970년대는 이미 포스트-모던 문화가 자리를 잡아가던 시기였으며, 1980, 1990년대에 이르러서는 거의 모든 분야에 포스트-모던 흐름이 스며들었다.)

그런 시기에 가다머가 그렇게 무리하게 보이는 주장을 감행했다고 한다면 그것에 대한 논란은 사실상 예견된 것으로 보는 것이 옳을 것이다. 더구나 그가 우리 자신을 '영향사적 의식'으로 규정하면서 마치 그것이 우리를 역사성 안에 가두어 놓는 듯한 인상을 주었기 때문에 논란이 빠르게 확대되었던 것은 어쩌면 당연한 일이었는지도 모르겠다. 어쨌든 한 가지 확실한 것은 영향사의 성격상 우리의 의식이 이해에 관련된 모든 것에 대단히 수동적이거나 무기력한 상황에 놓이게 된다는 것이다. 하버마스로 대표되는 비판이론가들은 그런 내용을 그대로 받아들일 수 없었으며, 그래서 그들은 언어와 사회에 대한 탁월한 식견(識見)을 가지고 가다머와 맞서게 되었다.

가다머와 대립하면서 하버마스의 노력은 몇 단계에 걸쳐서 구체화되는데, 가장 독창적인 아이디어로서 주목받았던 내용은 앞에서 우리가 다루었던 정신분석에 관련된 이야기였다. 그의 견해에 따르면, 정신분석은 일상을 벗어난 수준의 '비판적 반성'이 작용하는 경우로서 영향사에 대한 반성에 매우 근접해 있다고 볼 수 있었다. 그러나 그것 역시 결정적인 순간에 한계를 노출하게 되고, 결과적으로 영향사의 극복에는 실패할 수밖에 없다는 사실이 드러났다. 그래서 하버마스는 논의의 배경을 바꾸고 그 폭을 넓혀서 '언어와 사회 사이의 영향관계'로부터 새로운 실마리를 찾으려 하는 것이다.

하버마스가 그렇게 했던 이유는 물론 가다머의 이해 개념이 언어와 밀접하게 연결되어 있을 뿐만 아니라, 배경을 사회로 전환함으로써 가다머식의 일방(향)적인 영향관계를 상호간의 영향관계로 전환시킬 수 있으리라 생각했기 때문이다. 그러나 그렇다고 해서 하버마스가 이미 실패로 결론이 난 '영향사의 극복'에 미련을 버리지 못하고 다시 그것을 물고 늘어지려 하는 것 같지는 않다. 그렇게 볼 수 있는 이유는 바로 하버마스의 다음과 같은 태도 변화 때문이다.

하버마스는 영향사의 극복을 '이해의 실천적 변화 가능성'으로 연결시키고 있다. 그것은 그가 더 이상 이론적 논증에 매달리지 않고 실천적 가능성을 찾는 것으로 작업의 방향을 전환했다는 것을 의미한다. 그런 면에서 그는 이미 가다머의 주장에 상당 부분 동의하게 된 것으로 보인다. 일부 학자들은 그것을 하버마스가 가다머에게 밀려버린 결과로 해석하기도 하지만, 그러나 다른 한편으로 그것에 대해서는 이러한 해석도 얼마든지 가능할 것이다. 즉 '하버마스가 가다머의 견해를 대폭 수용함으로써 서로의 견해차를 좁히는 동시에 기존의 이야기들을 보완, 또는 개선시키고 있다.'

가다머는 이해를 '존재'라는 관점에서 논의하면서 그것을 인간 '현존재'에 대한 일반적인 규정으로 제시했다. 그의 견해에 따르면 '이해함'은 이해하는 존재로서 우리 자신의 보편적이면서도 특수한 성격이다. 보편적이라는 것은 인간이라면 누구나 다 그러하다는 의미이고, 특수하다는 것은 오직 인간만이 그러하다는 의미이다. 그런 보편과 특수가 집약된 성격이 바로 '역사성'인데, 이해함과 관련해서 그가 말하는 우리 자신이 우선 우리의 '의식'을 의미한다는 점을 고려했을 때 우리의 의식은 자연스럽게 '영향사적 의식'으로 드러나게 된다.

우리의 의식이 영향사적 의식이라고 한다면 그것은 역사성으로부터 기인하는 부정적인 영향에 노출되어 있을 가능성이 높다. 그래서 하버마스는 그런 영향이 불가피하다는 것만 강조할 것이 아니라, 그것의 정당성을 내용적으로 검증해야 한다고 주장하고 있는 것이다. 그러면서 그는 가다머의 영향사적 의식에 대해서 '역사적 의식'을 마주 세우는데, 영향사적 의식이 역사로부터 영향을 받는 의식이라고 한다면 역사적 의식은 반대로 역사에 영향을 미치는 의식, 즉 영향사를 반성하는 의식인 셈이다.

실제로 하버마스가 지속적으로 선입견이나 전통을 직접 반성하려는 방식을 고집하고 있는 것 같지는 않다. 다시 말해서 그가 '이해함에 어떻게 비판적 반성을 적용할 것인가?' 하는 물음에 계속 집착하고 있는 것 같지는 않다. 그 역시 이제 비판적 반성의 주체가 영향사적 의식이라는 것을 잘 알고 있기 때문일 것이다. 바로 그런 이유에서 그는 거꾸로 '이해함의 실천이 바뀌고 있다'는 사실로부터 '그렇게 만드는 것은 과연 무엇일까?' 하는 물음으로 논의의 방향을 돌리게 되는 것이다.

그렇게 해서 그가 찾아낸 결론에 따르면 그것은 다름 아닌 '역사적 의식'이었다. 역사적 의식에 대한 그의 생각은 대체적으로 이러하다.

> 역사적 의식이 발생하면 전통은 파괴된다. 그리고 전통의 파괴는 곧 이해가 바뀌게 된다는 것을 의미한다.
>
> *Hermeneutik und Ideologiekritik*, 299쪽.

그런 관점에서 본다면 논쟁의 말미에서 언급되었던 '프랑스 혁명'이 전통에 대해서 역사적 의식이 작용한 대표적인 사례로 적합할 것이다. 지금의 이야기와 관련해서 하버마스는 프랑스 혁명을 대체적으로 다음과 같이 평가하고 있는 것 같다.

> 당시의 전통에—즉 소위 말하는 '구시대적 모순(ancien régime)'에—맞섰던 것은 역사적 의식이었으며, 그에 따라 프랑스 혁명은 역사적 의식이 이해의 실천을 바꾸어 놓은 사건이라 할 수 있을 것이다.

우리에게서 그에 상응하는 사례를 한번 찾아보도록 하자. 4·19 혁명은 이승만의 독재에 항거했던 민주·민중혁명이었다. 그것은 역사적 의식으로부터 비롯된 사건이었으며, 그 사건은 우리의 의식에 많은 영향을 미쳤다. 물론 그 혁명이 채 결실을 맺기도 전에 박정희가 일으킨 5·16 군사 쿠데타로, 또 전두환이 일으킨 12·12 군사 쿠데타로 세상이 다시 혼란스러워지기도 했지만 혁명의 불씨는 완전히 사그라지지 않고, 5·18 광주 민주화 운동으로 이어졌으며, 그런 과정을 거치면서 이제 우리의 의식은 독재나 폭압에 당당하게 맞설 수 있는 역사적 의식으로 굳게 자리를 잡았다.

그렇다면 프랑스 혁명과 우리의 4·19 혁명, 그리고 5·18 광주 민주화 운동 등은 결과적으로 비판적 반성이 전통에 영향을 미치고, 그에 따라 '이해'도 그것으로부터 영향을 받은 사건으로 간주될 수 있을 것이다. 그런데 거기에서 역사적 의식이 근본적으로 영향사적 의식이라는 사실이 어떤 식으로든 문제를 일으키고 있는가?

가다머 역시 그 정도의 이야기는 사실로 받아들일 수 있을 것이다. 그리고 그가 그렇게 한다 하더라도 그의 해석학이 심각한 곤란에 빠지는 일은 발생하지 않을 것이다. 왜냐하면 그의 주장과 같이 '이해가 바뀐다'는 것과 '이해가 제거된다'는 것은 분명하게 구분될 수 있기 때문이다. 그 점에 대해서 그는 이렇게 이야기하고 있다.

> 이해가 제거될 수 없는 한, 역사적 의식이 발생했다고 해서 전통이 힘을 잃었다고 할 수는 없다. 그것은 전통이 보여주는 끊임없는 회복의 힘에서—혹은 회복의 욕구에서—드러나 보인다. 전통이 파괴되었다고 해서 다시 회복될 수 있는 힘까지 모두 잃어버린 것은 아니다.
>
> *Hermeneutik und Ideologiekritik*, 299~300쪽 참조.

그것은 프랑스 혁명의 경우에서도 역시 마찬가지이다. 혁명 이후 나타난 '왕정복고'는 그의 입장에서 보았을 때 전통이 가지고 있는 회복의 능력을 반증하는 것이며, 그런 의미에서 그는 다음과 같이 말하고 있다. '단지 전통은 스스로 지속적인 변화 안에 있을 뿐이다.'

반면에 '이해가 제거될 수 없다'는 것 역시 전통의 지속성을 주장하기 위한 탄탄한 근거가 될 수는 없을 것이다. 왜냐하면 역사적 의식이 발생한다면, 물론 이해가 제거되지는 않겠지만, 어쨌든 바뀔 수는 있을 것이기 때문이다. 따라서 가다머는 하버마스의 주장을 받아들이면서 단지 다음과 같은 물음을 던져서 그의 주장을 제한해두면 충분할 것이다. '역사적 의식이 전통으로부터 독립적으로 형성될 수 있는가?'

가다머의 일관된 주장처럼 역사적 의식이 영향사적 의식이라고 한다면 그것은 분명하게 전통의 영역에 속해 있을 것이다. 반면에 역사적 의식은 전통을 변화시키며, 그런 의미에서 그것은 비판적 반성의 역할을 하고 있다. 따라서 지금까지 이야기했던 것들을 근거로 우리는 '이해를 바꾸는 힘은 무엇인가?' 하는 물음에 대해 다음과 같은 답을 제시할 수 있을 것이다.

> 그것은 바로 비판적 반성인데, 비판적 반성은 역사로부터 형성됨에도 불구하고 역사를 변화시키는 힘을 가지고 있다. 그리고 그런 변화는 결과적으로 이해를 실천적으로 바꾸는 역할을 하게 된다.

역사로부터 배운다는 면에서 우리의 의식은 영향사적 의식인 동시에 다른 한편으로 역사적 의식이기도 하다. 역사적 의식으로서 우리는 그런 배움의 과정을 통해서 자연스럽게 비판적 반성의 능력을 얻게 된다. 그리고 일단 비판적 능력이 발휘되면 이해는 언제든지 바뀔 수 있다. (만약 우리가 역사성 안에 갇혀 있기만 한다면 어떻게 그런 능력을 발휘할 수 있겠는가?) 이 모든 과정은 우리 삶 속에서 끊임없이 순환하게 되는데, 그것이 바로 이해하는 존재로서 역사성을 가진 우리 자신의 진정한 모습이다.

반성은 우리 정신활동의 한 종류이며,
그렇기 때문에 선입견은 당연히
그것에도 앞서 작용한다. 당신 생각처럼 선입견이 반성되는 것이 아니라,
반대로 반성이 선입견으로부터 영향을 받고 있는 것이다.

이야기를 마치며

지금까지 우리는 함께 먼 길을 여행해 왔다. 학문의 체계가 어떤 토대 위에 세워진 것인가 하는 것으로부터 시작해서 우리가 보고 있는 대상에 어떤 것들이 영향을 미치고 있는지, 또한 그런 영향들이 가지고 있는 의미는 무엇이며, 그것들이 어떻게 평가되고 제한될 수 있는지, 그런 문제들에 대해서 참으로 많은 이야기들을 했던 것 같다. 그 중에서도 가장 흥미로웠던 것은 역시 가다머와 하버마스 사이에서 벌어졌던 논쟁이 아닌가 하는데, 그것이 매우 수준 높은 논쟁이었다는 것은 다시 말할 필요도 없으려니와 '도대체 인간의 생각이 어디에까지 미칠 수 있는 것일까?' 생각해 본다면 감탄이 절로 나올 만한 아주 특별한 경험이 아닐 수 없었다.

가다머는 학문분야들 사이의 대립을 인간의 정신활동이라는 큰 틀에서 해결하려 했으며, 그 과정에서 그는 인간이 보편적으로 '이해하는 존재'라는 사실을 알게 되었다. 이해하는 존재로서 우리는 '대상'을 있는 그대로 '인식'하는 것이 아니라, 우리의 특정한 시각이나 관점이 반영된 '현상'으로 '경험'하고 있다. 그렇기 때문에 우리에게 유의미한 것 역시 있는 그대로의 대상이 아니라, 우리가 특정한 방식으로 경험하고 있는 현상이었다. 그런 맥락에서 현상이 우리에게 드러나는 방식에 대한 설명, 혹은 그렇게 드러나는 현상을 우리가 경험하는 방식에 대한 설명, 그런 것들은 바로 우리 존재에 대한 규정으로 간주될 수 있었다.

현상의 경험과 관련해서 '이해'는 우리의 존재를 함축하고 있는 말이다. 가다머는 이해에 대해서 크게 두 가지 내용을 주장하고 있는데, 하나는 그것이 언어 대 언어 사이의 대화를 통해서 발생한다는 것이었고, 다른 하나는 그런 대화가 언제나 어떤 특정한 시야나 관점을 바탕으로 이루어진다는 것이었다. 그러나 그러한 내용들이 우리의 존재와 관련되어 있는 한, 그것은 다음과 같은 점에서 논란을 일으킬 여지가 충분했다.

> 우선, 사회를 배경으로 언어를 바라볼 경우, 경우에 따라서는 언어 이외의 사회적 요소들이 언제라도 언어에 악영향을 미칠 수도 있다.
>
> 또한 특정한 시야나 관점이 이해에 앞서 작용하고 있다고 한다면 그것은 결국 '선입견'이라는 말이 되는데, 정말로 곤란한 것은 그것 자체의 내용을 직접적으로 검증할 방도가 없다는 것이다.

이와 같이 문제가 분명하게 드러나 있음에도 불구하고 가다머는 계속해서 '그것이 우리의 존재와 관련되어 있으니 숙명처럼 그대로 받아들이라' 권하고 있을 뿐이다.

하버마스는 비판적 사회이론을 대표하는 학자로서 가다머의 주장이 모든 학문의 기반을 일시에 위태롭게 만들 수도 있음을 간파했다. 그래서 그는 어떻게든 새로운 길을 찾아보려고 노력했지만 그 역시 결국은 가다머의 주장에 상당 부분 그대로 동의할 수밖에 없었다. 단지 매우 특수한 방법을 동원해서 그것을 부분적으로나마 제한해 놓고자 하는데, 그 특수한 방법은 바로 우리가 많은 공을 들여 살펴보았던 '정신분석'이었다.

정신분석에서 증세는 환자의 일상언어가 왜곡된 것이며, 정신분석가는 이론언어의 입장에서 환자에게서 발생한 왜곡을 바로잡게 된다. 특히 그 과정에서 겪게 되는 '전이'는 정신분석가가 환자의 증세를 관찰하는 동시에 그것에 직접 참여하는 상황으로서 분석결과의 정확성을 보증하기에 충분했다. 그리고 그런 내용을 가다머의 주장에 적용할 경우, 정신분석가가 일상언어적 왜곡을 바로잡았다는 면에서 가다머의 주장이 하버마스에 의해서 성공적으로 제한될 수 있는 듯 보이기도 했다. 그러나 가다머의 입장에서 그것은 도저히 받아들이기 어려운 이야기일 뿐이었다. 하버마스의 대책이 실효성이 있으려면 무엇보다 이론언어는 일상언어로부터 완전히 벗어나 있어야 하는데, 가다머에게 있어서 그것은 결국 '우리가 우리 자신으로부터 벗어난다'는 것과 마찬가지 이야기가 되어버리고 말기 때문이다.

하버마스가 주장하듯이 사회 안에서 일상언어는 언어 이외의 요소들로부터 계속해서 영향을 받고 있다. 그런 영향을 아무 검증도 없이 그대로 방치해 둔다면 우리의 모든 언어적 정신활동은 우리가 미처 의식하지도 못한 상태에서 어느 쪽으로든 기울어 있게 될 가능성이 높다. 가다머로서도 그런 지적은 별다른 이견(異見) 없이 거의 그대로 받아들 수밖에 없을 것이다. 그럼에도 불구하고 그런 사실이 가다머의 주장을 직접적으로 흔들어 놓지는 못하는데, 그것은 하버마스가 다음과 같은 물음에 마땅한 답을 찾을 수 없을 것이기 때문이다.

> '언어 이외의 요소'라고 하는 것 역시 우리는 그것들을 오직 일상언어를 통해서만 어떤 실체로 받아들일 수 있지 않은가? 더구나 사회 안에서 누가 과연 일상언어적 문제에 관여하는 소위 '정신분석가'의 역할을 할 수 있겠는가?'

뭔가 될 듯 될 듯 하기는 했지만 결국 하버마스로서도 해결할 수 없는 문제가 드러나고 말았다. 그렇기 때문에 우리는 일단 하버마스가 가다머의 주장에 승복하는 것이 옳지 않겠나 하는 잠정적인 결론을 내렸던 바 있다. 그러나 그것은 아주 단순하게 '하버마스의 시도가 실패했다'는 것만을 의미할 뿐이지, '그가 했던 문제제기가 무의미했다거나 정당하지 못했다'는 것은 결코 아니었다. 다시 말해서 단지 그가 드러난 문제를 해결하지 못했을 뿐이지, 가다머의 주장에 대한 그의 지적은 여전히 유효한 것으로 남아 있다는 것이다. 따라서 비록 그들 사이의 논쟁 자체는 이미 종료가 되었다 할지라도 우리는 계속해서 하버마스의 이야기에 귀를 기울여야 할 것이다.

특히 하버마스의 '역사적 의식'은 영향사적 의식인 우리가 우리의 수동적이거나 무기력한 상황을 극복해 나가기 위한 하나의 발판이 될 수도 있었다. 우리는 단순하게 역사의 영향에 따라 형성된 시각 안에만 갇혀 사는 것이 아니다. 우리는 우리 스스로의 결단에 따라 역사에 영향을 미칠 수도 있으며, 그런 면에서 우리는 결국 역사와 영향을 주고받으면서 살아가는 그런 특유성(特有性)을 가진 존재가 되는 셈이다. 이것이 바로 우리가 그들의 이야기를 따라가면서 다루었던 내용들에 대한 대체적인 요약이라 할 수 있겠다.

이 책을 쓰는 내내 저자는 '누구라도 알아들을 수 있게' 그렇게 쉽게 가자는 생각을 버린 적이 없었다. 그런데 난이도를 높여가는 과정에서 그런 생각이 제대로 지켜졌는가 하는 것은 저자 스스로도 꽤나 의심스러운 부분이다. 상당히 까다로운 내용들이라서 그렇기도 했겠지만, 아마도 아직까지는 저자의 경험이 많이 부족한 탓이 아닐까 하는 자책을 하게 된다. 또한 그런 자책과 더불어 이 책을 읽으신 모든 분들께 대단히 송구하다는 말씀을 드리지 않을 수 없다. 그럼에도 불구하고 끝까지 참아가면서 결국 여기까지 오셨다고 한다면 아마도 공연한 시간낭비를 했다는 생각이 드시지는 않을 것이다.

이야기를 진행하면서 관련된 몇 가지 내용들도 함께 다루었는데, 특히 그것들은 현대에 이르러 가장 주목받고 있는 분야들이라 할 수 있을 것이다. 예를 들어 '놀이'와 '문화'는 이미 지식과 산업의 핵심적인 키워드가 되어 있으며, 일반심리학, 정신분석학, 분석심리학 등은 좁게는 개인에 대한, 넓게는 인류 전체에 대한 이해의 폭을 넓히는 역할을 계속하고 있다. 또한 그 외에도 필요한 경우에 그때그때마다 도움이 될 만한 설명들을 조금씩 곁들였는데, 하다못해 그런 것들로 인해서라도 얻은 것이 있다고 생각하신다면 저자로서는 그것만으로도 더할 나위 없이 큰 보람을 느낄 수 있을 것 같다.

가다머의 이야기처럼 우리는 확실히 유한한 존재이다. 그러므로 늘 겸손한 자세를 잃지 말아야 할 것이다. 우리가 얼마나 많이 알 수 있을지는 모르겠지만 그 가운데에서 완전한 것을 찾기는 대단히 어려울 것 같다. 한편으로 하버마스처럼 우리 자신의 한계를 스스로 극복하고 앞으로 나아가려는 자세도 매우 중요하다고 생각한다. 비록 완전한 것을 찾을 수는 없을지라도 언제든지 더 나은 것을 찾을 수는 있을 것이기 때문이다.

그렇게 더 나은 것을 찾으려는 노력, 그것이 바로 학문하는 자세라고 한다면 그러한 노력을 하고 있는 누구나 어떤 면에서는 이미 모두 '학자'인 셈이다. 배우고 익히는 것은 생각보다 고통스러운 일이다. 그러나 그 고통을 이겨내면 열매는 생각했던 것보다 훨씬 더 달콤할 것이다. 지금까지 이 책과 함께 했던 모든 분들이 '학자로서' 그런 달콤함을 느끼면서 살아가실 수 있었으면 정말로 좋겠다. 그분들께 언제나 행운이 함께 하시기를 …….

참고문헌

Abel, G., *Interpretationswelten: Gegenwartsphilosophie jenseits von Essentialismus und Relativismus*, Suhrkamp, Frankfurt/Main 1993.

Ajdukiewicz, K., *Problems and Theories of Philosophy*, Cambridge Univ. Press, Cambridge 1973.

Angehrn, E., *Interpretation und Dekonstruktion: Untersuchung zur Hermeneutik*, Velbrück Wissenschaft, Weilerswist 2003.

Babour, G., *Wissenschaft und Glaube: Historische und zeitgenössische Aspekte*, Vandenhoeck & Ruprecht, Göttingen 2003.

Bätschmann, O., *Einführung in die Kunstgeschichtliche Hermeneutik: Die Auslegung von Bildern*, 5 aktualisierte Aufl., Wissenscha-ftliche Buchgesellschaft, Darmstadt 2001.

Bleicher, J., *Contemporary hermeneutics: Hermeneutics as method, philosophy and critique*, Routledge & Kegan Paul, Londen 1980.

Böhm, U., *Philosophie heute*, Campus, Frankfurt/Main 1997.

Bollnow, O. F., Das *Doppelgesicht der Wahrheit: Philosophie der Erkenntnis*, Kohlhammer, Stuttgart 1975.

Brockhaus Enzyklopädie 12 Band (Mannheim : Brockhaus), 1990.

Cassirer, E., *Die Philosophie der Aufklärung*, Gesammelte Werke Band 15, Herausgegeben von Birgit Recki, Felix Meiner Verlag, Hamburg 2003.

Charlmers, D. J., *The conscious mind*, Oxford Univ. Press, New York 1996.

Concise Routledge Encyclopedia of Philosophy, Routledge, NewYork, 2000.

Coreth, E., *Grundfrage der Hermeneutik: Ein philosophischer Beitrag*, Herder, Freiburg, Basel, Wien 1969.

Dilthey, W., *Das Wesen der Philosophie: Mit einer Einleitung herausgegeben von Otto Pöggeler*, Felix Meiner Verlag, Hamburg 1984.

________, *Der Aufbau der geschichtlichen Welt in den Geisteswissenschaften*, Einleitung vorn Manfred Riedel, Surkamp taschenbuch Wissenschaft 354, 3-Aufl., Frankfurt/Main 1990.

Freud, S., *Die Traumdeutung*, hg. v. Joachim Fest und Wolf Jobst Siedler, S. Fischer Verlag GmbH, Frankfurt/Main 1982.

Fröhlich, W. D., *Wörterbuch Psychologie*, 21. bearbeitete und erweiterte Aufl., Deutscher Taschenbuch Verlag GmbH & Co. KG, München 1997.

Gadamer, H. G., *Kleine Schriften I: Philosophie Hermeneutik*, J. C. B. Mohr(Paul Siebeck), Tübingen 1967.

________, *Hermeneutik II Wahrheit und Methode: Ergängzungen Register*, Gesammelte Werke 2., J. C. B. Mohr(Paul Siebeck), Tübingen 1986.

________, *Neuere Philosophie I: Hegel, Husserl, Heidegger*, Gesammelte Werke 3., J. C. B. Mohr(Paul Siebeck), Tübingen 1987.

________, *Neuere Philosophie II: Probleme, Gestalten*, Gesammelte Werke 4., J. C. B. Mohr(Paul Siebeck), Tübingen 1987.

________, *Ästhetik und Poetik I: Kunst als Aussage*, Gesammelte Werke 8., J. C. B. Mohr(Paul Siebeck), Tübingen 1993.

________, *Ästhetik und Poetik II: Hermeneutik im Vollzug*, Gesammelte Werke 9., J. C. B. Mohr(Paul Siebeck), Tübingen 1993.

________, *Über die Verborgenheit der Gesundheit Aufsätze und Vorträge*, Suhrkamp Verlag, Frankfurt/Main 1994.

________, *Hermeneutik im Rückblick*, Gesammelte Werke 10., J. C. B. Mohr(Paul Siebeck), Tübingen 1995.

________, *Das Problem des historischen Bewusstseins*, J. C. B. Mohr(Paul Siebeck), Tübingen 2001.

________, *Die Lektion des Jahrhunderts: Ein Interview von Riccardo Dottori, Redaktion: Silke Grünnewig*, Wissenschaftliche Paperbacks Band 2, Lit Verlag, Münster 2001.

Gerd Grill, M. A.(Redaktionelle Leitung), *Meyers Neues Lexikon*, hrsg. Und bearb. Von Meyers Lexikonred, Meyers Lexikonverlag, Mannheim 1994.

Grondin, J., *Hermeneutische Wahrheit? Zum Wahrheitsbegriff Hans-Georg Gadamers*, 2-

Aufl., Beltz athenäum Verlag, Weinheim 1994.

________, *Einführung zu Gadamer, UTB für Wissenschaft:* UniTaschenbücher; 2139, J. C. B. Mohr(Paul Siebeck), Tübingen 2000.

Habermas, J., *Erkenntnis und Interesse,* Gesammelte Werke 17.(SuhrkampTaschenbücher Wissenschaft; I), Suhrkamp Verlag, Frankfurt/ Main 1973.

________, *Zur Logik der Sozialwissenschaften,* Gesammelte Werke 6, 5 erw. Aufl., Suhrkamp Verlag, Frankfurt/Main 1982.

________, *Der philosophische Diskurs der Moderne: Zwölf Verlesungen,* Gesammelte Werke 3., 3-Aufl., Suhrkamp Verlag, Frankfurt/ Main 1986.

________, *Nachmetaphisisches Denken,* Gesammelte Werke 4., 3-Aufl., Suhrkamp Verlag, Frankfurt/Main1989.

Hammermeister, K., *Hans-Georg Gadamer,* Beck'sche Reihe; 552: Denker, C. H. Beck Verlag, München 1999.

Hartmann, N., *Einführung in die Philosophie,* 5-Aufl., Luise Hanckel Verlag, Hannover circa 1961.

Heidegger, M., *Einleitung in die Philosophie,* Gesamtausgabe II. Abteilung: Vorlesungen 1919-1944(Band 27.), Vittorio Klostermann GmbH, Frankfurt/Main 1996.

________, *Onthologie. Hermeneutik der Faktizität*(Band 63.), Vittorio Klostermann GmbH, Frankfurt/Main 1988.

Hirschberger, J., *Geschichte der Philosophie(Band I.): Altertum und Mittelalter 12-Aufl.,* Verlag Herder, Freiburg im Breisgau 1980.

________, *Geschichte der Philosophie(Band II.):* Neuzeit und Gegenwart, 12-Aufl., Verlag Herder, Freiburg im Breisgau 1980.

Hofstätter, P. R., Das Fischer Lexikon 6 Psychologie, Fischer Bücherlei, Frankfurt/Main 1957.

Horkheimer, M., Adorno, T. W., *Dialektik der Aufklärung und Schriften 1940-1950,* Max Horkheimer Gesammelte Schriften Band 5., Herausgegeben von Alfred Schmidt und Gunzelin Schmid Noerr, S Fischer, Frankfurt/Main 1987.

Huber, G., *Psychiatrie: Lehrbuch für Studium und Weiterbildung,* 7-Aufl., Schattauer GmbH, Stuttgart 2005.

Hufnagel, E., *Einführung in die Philosophie,* Hermeneutik im Gardez!; Bd. 1, Herausgegeben von Erwin Hufnagel und Jure Zovko, Gardez! Verlag, St. Augustin 2000.

Ineichen, H., *Philosophische Hermeneutik,* Karl Alber GmbH, Freiburg/ München 1991.

Jakob, S., *Zwischen Gespräch und Diskurs: Untersuchung zur sozialhermeneutischen Begründung der Agogik anhand einer Gegenüberstellung von Han-Georg Gadamer und Jürgen Habermas,* Studien zur Geschichte der Pädagogik und Philosophie der Erziehung Band 4., Paul Haupt Bern und Stuttgart Verlag, Stuttgart 1985.

Jung, C. G., *Freud und die Psychoanalyse,* C. G. Jung Gesammelte Werke 4., Rascher Verlag, Stuttgart 1969.

Jung, M., *Hermeneutik zur Einführung,* Junius Verlag GmbH, Hamburg 2001.

Kaus, R. J., *Psychoanalyse und Sozialpsychologie:* Sigmund Freud und Erich Fromm, Beiträge zur neueren Literaturgeschichte Band 166., Universitätsverlag C. Winter, Heidelberg 1999.

Lorenzer, A., *Szenisches Verstehen zur Erkenntnis des Unbewussten: von Alfred Lorenzer,* Kulturanalysen Band 1., Herausgegeben von Ulike Prokop und Bernard Görlich, Tectum Verlag, Marburg 2006.

Ludlow, P., Nagasawa, Y., Stoljar, D., *There' s something about Mary: Essays on Phenomenal Consciousness and Frank Jackson' s Knowledge Argument,* The MIT Press, Cambridge, Massachusetts 2004.

Magee, B., *The great philosophers: an introduction to western philosophy/Bryan Magee,* BBC books, London 1987.

Malpas, J., Arnswald, U., Kertscher, J., *Gadamer' s Century: Essays in Honer of Hans-Georg Gadamer,* MIT Press, Massachusetts 2002.

Martin, Robert M., The meaning of language, The MIT Press, Massachusetts 1993.

Möller, H., *Vernunft und Kritik: Deutsche Aufklärung im 17. und 18. Jahrhundert,* Neue Folge Band 269, Suhrkamp, Frankfurt/ Main 1986.

Naujoks, E., *Die Französische Revolution und Europa 1789-1799,* W. Kohlhammer Verlag, Stuttgart 1969.

Palmer, R. E., *Hermeneutics: Interpretationtheorie in Schleiermacher, Dilthey, Heidegger, and*

Gadamer, Nordwestern Univ. Press, Evanston 1969.

Plieger, P., *Sprache im Gespräch: Studien zum hermeneutischen Sprachverständnis bei Hans Georg Gadamer,* WUV, Wien 2000.

Reese-Schäfer, W., *Jürgen Habermas,* Campus, Frankfurt/Main 2001.

Roderick, R., *Habermas und das Problem der Rationalität: eine Werkmono- graphie/Rick Roderick,* Argument, Hamburg 1989.

Rorty, R., *Philosophy and the Mirror of Nature,* Princeton University Press, New Jersey 1980.

_________, *Consequences of Pragmatism,* 8-Aufl., University of Minnesota Press, Minnesota 1988.

_________, *Contingeny, Irony and Solidarity,* Cambridge University Press, New York 1989.

Ruffing, R., *Einführung in die Philosophie der Gegenwart,* Wilhelm Fink Verlag, Paderborn 2005.

Schneewind J. B., Rorty, R., Skinner, Q.(Hrsg.), *Philosophy in history: Essays on the historiography of philosophy*, Cambridge University Press, New York 1984.

Scholz, O.R., *Verstehen und Rationalität: Untersuchung zu den Grundlage von Hermeneutik und Sprachphilosophie,* Philosophische Abhandlung Band 76., Vittorio Klostermann GmbH, Frankfurt/Main 1999.

Städtler, T., *Lexikon der Psychologie: Wörterbuch, Handbuch, Studienbuch,* Kröners Taschenausgabe Bd. 357., Alfred Kröner Verlag, Stuttgart 1998.

Tress, W., Nagel S.(Hrsg.), *Psychoanalyse und Philosophie: eine Begegnung,* Roland Asanger Verlag, Heidelberg 1993.

Warnke, G., *Gadamer Hermeneutics, Tradition and Reason,* Stanford University Press, Stanford California 1987.

Wettstein, R. H., *Kants Prinzip der Urteilskraft: Monographien zur philosophischen Forschung Band 202.,* Anton Hain Meis- enheim GmbH, Forum Academicum, Königstein/Ts 1981.

가메야마 요시아키 외, 『문화사회학으로의 초대』, 최샛별 옮김, 이화여대출판부, 2004.

A. A. 스미스, 『베버와 하버마스』, 김득룡 옮김, 서광사, 1991.

A. 스토, 『융』, 이종인 옮김, 시공 로고스 총서, 2001.

A. 토크빌, 『앙시앵 레짐과 프랑스 혁명』, 이용재 옮김, 박영률 출판사, 2006.

A. 하우저, 『문학과 예술의 사회사-고대, 중세편』, 백낙청 옮김, 창작과 비평사, 1991.

_________, 『문학과 예술의 사회사 - 근세편 上』, 백낙청 외 옮김, 창작과 비평사, 1991.

_________, 『문학과 예술의 사회사 - 근세편 下』, 백낙청 외 옮김, 창작과 비평사, 1991.

_________, 『문학과 예술의 사회사-현대편』, 백낙청 외 옮김, 창작과 비평사, 1991.

C. G. 융, 『인간과 상징』, 이윤기 옮김, 열린 책들, 1996.

_________, 『원형과 무의식』, 한국 융 연구원 저작 번역위원회 옮김, 솔 출판사, 2003.

C. 프리틀라인, 『서양철학사』, 강영계 옮김, 서광사, 1985.

D. 리비에르, 『프랑스의 역사』, 최갑수 옮김, 까치글방, 1998.

E. 프롬 외, 『프로이트 심리학 비판』, 오태환 옮김, 선영사, 1995.

G. 뒤랑, 『상상계의 과학과 철학』, 진형준 옮김, 2000.

_________, 『상상계의 인류학적 구조들』, 진형준 옮김, 문학동네, 2007.

G. 프리드만, 『프랑크푸르트 학파의 사상적 연원』, 송휘칠 옮김, 탐구당(탐구신서 299), 1987.

G. 쿼릭, 『달콤한 시간 : 어른 놀이와 몰입』, 박석희 옮김, 경기대학교 연구교류처, 1997.

G. Lefebure, 『프랑스 혁명』, 민석홍 옮김, 을유문화사, 1993.

H. 인아이헨, 철학적 해석학, 문성화 옮김, 1998.

I. 칸트, 『순수이성비판 1』, 백종현 옮김, 아카넷, 2009.

_________, 『순수이성비판 2』, 백종현 옮김, 아카넷, 2009.

J. F. 시튼, 『하버마스와 현대사회』, 김원식 옮김, 동과서, 2007.

J. J. 코겔만스, 『후설의 현상학』, 임헌규 옮김, 청계출판사, 2000.

J. 하버마스, 『의사소통행위이론1』, 장춘익 옮김, 나남출판사, 2006.

_________, 『의사소통행위이론 2』, 장춘익 옮김, 나남출판사, 2006.

J. 호이징어, 『호모 루덴스』, 김윤수 옮김, 도서출판 까치, 1994.

K. 심스, 『해석의 영혼 폴 리쾨르』, 김창환 옮김, 도서출판 앨피, 2009.

M. Vovelle, 『왕정의 몰락과 프랑스 혁명』, 최갑수 옮김, 일월서각, 1992.

N. 윌리암스, 『정신분석적 사례이해』, 권석만 외, 학지사, 2006.

O. 회페, 『임마누엘 칸트』, 이상헌 옮김, 문예출판사, 1998.
P. 리쾨르, 『해석학과 인문사회과학』, 톰 존슨 편역, 윤철호 옮김, 서광사, 2003.
R. 게스, 『비판이론의 이념』, 신중섭 외 옮김, 서광사, 2006.
R. 베리, 『30분에 읽는 융』, 양혜경 옮김, 랜덤하우스 중앙, 2004.
R. 샤하트, 『근대철학사』, 정영기 외 옮김, 서광사, 2007.
R. 카이와, 『놀이와 인간』, 이상률 옮김, 문예출판사, 1994.
R. 커니, 『현대 유럽철학의 흐름』, 임헌규 외 옮김, 도서출판 한울, 1992.
R. 팔머, 『해석학이란 무엇인가』, 이한우 옮김, 문예출판사, 1988.
S. 엘하르트, 『심층심리학 입문』, 윤홍섭 역, 계명대 출판부, 1983.
S. B. 오트너, 『문화의 숙명』, 김우영 옮김, 실천문학사, 2003.
U. 그뮌더, 『비판이론』, 손동현 옮김, 성균관대학교 출판부, 1998.
W. 슈나이더스, 『20세기 독일철학』, 동문선, 2005.
고지현 외, 『프랑크푸르트 학파의 테제들』, 도서출판 옹기장이, 2010.
금장태, 『한국의 선비와 선비정신』, 서울대학교 출판부, 2001.
김기덕 외, 『문화콘텐츠 입문』, 북코리아, 2006.
박정호 외, 『현대 철학의 흐름』, 도서출판 동녘, 1996.
서봉연 외, 『심리학 개론』, 박영사, 1989.
서양근대철학회, 『서양근대철학』, 창작과 비평사, 2001.
송휘철, 『프랑크푸르트 학파의 사상적 연원』, 탐구당, 1987.
심성경 외, 『개정 유아교육개론』, 창지사, 2004.
양해림, 『현대 해석학 강의』, 집문당, 2007.
윤평중, 『포스트 모더니즘 철학과 포스트 마르크스주의』, 서광사, 1992.
이남인, 『현상학과 해석학』, 서울대출판부, 2004.
이부영, 『분석심리학』, 일조각, 2000.
이선영, 『문예사조사』, 민음사, 1991.
이숙재, 『유아 놀이활동』, 창지사, 2004.
이진우 엮음, 포스트 모더니즘의 철학적 이해, 서광사, 1993.
전경갑, 『현대와 탈현대의 사회사상』, 한길사, 2002.
정기철, 『해석학과 학문과의 대화』, 문예출판사, 서울, 2004.
정진 외, 『유아놀이와 게임활동의 실제』, 학지사, 1994.

정창권, 『문화콘텐츠학 강의(쉽게 개발하기)』, 커뮤니케이션북스, 2007.
최봉영, 『조선시대 유교문화』, 사계절 출판사, 1997.
최연구, 『문화콘텐츠란 무엇인가』, 살림지식총서 217, 살림출판사, 2006.
최혜실, 『문화콘텐츠, 스토리텔링을 만나다』, 삼성경제연구소, 2006.
편집부 엮음, 『변증법 입문』, 도서출판 이삭, 서울, 1985.
한임순, 『유아교육 개론』, 동문사, 1989.
한국철학사상연구회, 『우리들의 동양철학』, 도서출판 동녘, 1997.
홍기수, 『하버마스와 현대철학』, 울산대출판부, 1999.

『국어사전』, 성안당, 1997.
『국어 대사전』, 금성출판사, 1992.
『논어』, 유교문화연구소 옮김, 성균관대학교 출판부, 2005.
『장자』, 최효선 옮김, 고려원, 1994.
『칸트사전』, 도서출판 b, 2009.

저자 **최고원**

한국 외국어 대학교에서 문학, 역사, 철학 등을 공부하고 같은 학교 대학원 철학과에서 석사 과정을 마쳤다. 그 후 독일로 건너가 마인츠(Mainz) 대학교 철학과에서 박사 학위를 취득했다. 귀국하고 나서 몇몇 대학교에서 강의를 했으며, 현재는 아주대학교 교수로 재직 중이다.

해석학, 사회이론, 문화이론, 정신분석에 관련된 여러 편의 논문을 발표한 바 있다. 그리고 지금은 학생들과 더불어 '서양으로부터 나온 다양한 이론들을 어떻게 하면 우리 사회에 무리 없이 적용할 수 있을까?' 하는 문제를 고민하고 있다.

해석과 비판 **진리와 논리 사이에서**

발행일 1쇄 2012년 5월 20일

지은이 최고원

펴낸이 여국동

펴낸곳 도서출판 인간사랑

출판등록 1983. 1. 26. 제일-3호

주소 경기도 고양시 일산동구 백석동 1178-1번지 2층

전화 031)901-8144(대표) | 977-3073(영업부) | 031)907-2003(편집부)

팩스 031)905-5815

전자우편 igsr@naver.com | igsr@yahoo.co.kr

블로그 http://blog.naver.com/igsr

인쇄 인성인쇄 **출력** 현대미디어 **종이** 세원지업사

값 20,000원

ISBN 978-89-7418-060-7 93100

* 잘못된 책은 바꿔드립니다.

* 이 책의 내용을 사용하려면 저작권자와 도서출판 인간사랑의 동의를 받아야 합니다.